工程管理新坐标系列教材

建设部高等学校工程管理
专业指导委员会推荐用书

# 国际工程项目管理

吕文学　主编



科学出版社
北　京

## 内容简介

本书共十一章，第一章概述了国际工程和国际工程项目管理的基本概念、国际工程项目管理过程、项目管理模式和项目管理环境。第二章阐述了国际工程项目组织设计、项目人力资源管理和国际工程项目经理权力、职责和综合素质要求。第三章至第十一章结合国际工程施工、DB和EPC等承包模式的特点，阐述了项目管理知识在国际工程项目管理中的应用，包括国际工程项目的工作范围管理、进度管理、费用管理、质量管理、沟通管理、风险与保险管理、货物采购管理、合同管理和HSE管理。

本书适合国际工程项目管理人员、咨询工程师、监理工程师、设计人员、合同工程师、律师等从事国际工程管理的人员阅读参考，也可作为公司内训和各级管理人员进行项目管理培训的教材。

**图书在版编目（CIP）数据**

国际工程项目管理／吕文学主编. —北京：科学出版社，2013

工程管理新坐标系列教材　建设部高等学校工程管理专业指导委员会推荐用书

ISBN 978-7-03-037009-9

Ⅰ. ①国… Ⅱ. ①吕… Ⅲ. ①国际承包工程-工程项目管理-教材 Ⅳ. ①F746. 18

中国版本图书馆CIP数据核字（2013）第045476号

责任编辑：张　凯／责任校对：李　莉

责任印制：徐晓晨／封面设计：蓝正设计

**科学出版社**出版

北京东黄城根北街16号

邮政编码：100717

http://www.sciencep.com

**三河市骏杰印刷有限公司**印刷

科学出版社发行　各地新华书店经销

*

2013年3月第　一　版　开本：787×1092　1/16

2019年11月第十四次印刷　印张：16

字数：380 000

**定价：46.00元**

（如有印装质量问题，我社负责调换）

# 前　言

在工程管理实践中，“项目”和“项目管理”术语的使用频率很高，但项目与合同存在什么关系呢？在市场环境下，业主与承包商是买卖双方，他们通过签订和严格履行工程承包合同完成双方的交易，因此，“项目”一词本质上等同于“合同”，而承包商的“项目管理”实质上是“合同管理”，即承包商的项目管理是以工程承包合同为核心的一类工程项目管理。完成一个工程项目，就是履行完成一份合同，而每一份合同具有项目的全部属性。在本书的编写过程中，我们始终秉承依据工程承包合同进行项目管理的理念，承包商的全部项目管理活动必须纳入合同框架下，必须严格遵守合同约定，同时倡导实施合作伙伴管理，实施和完成工程并修补工程中存在的任何缺陷。

在撰写本书的过程中我们发现，图书市场中已经存在许多与工程项目管理相关的教材和专著，这些教材和专著各有所长，同时也深感要真正写好本书并得到读者的认可是多么的不易。编写过程中，我们查阅了大量的中外文资料，并得到了国内同行的热情支持和帮助，特别是何伯森教授和我的同事张水波和陈勇强教授，他们为本书提出了许多宝贵意见。本书同时也引用了许多其他专家和学者的文献资料，在此真诚地向他们表示感谢。

我从 1993 年开始从事国际工程管理方面的教学和研究，讲授国际工程承包、国际工程招标投标与合同管理、国际工程索赔管理、国际工程谈判等课程，主持和参与多项国家和部委的相关研究课题，曾三次直接参加国内外大型国际工程项目的管理，同时，为我国多家大型国际工程公司提供专题培训和相关的咨询服务。本书融入了我这些年从事国际工程项目管理的心得和研究成果，希望能和读者一起分享。

杨林峰（兰州理工大学土木工程学院）老师参与了本书第六章和第八章的编写，我的学生杨权利、严谦、刘涧、武寰宇、王晓旭等为本书的编写做出了贡献，他们在资料查阅、案例收集、书稿整理、图表制作和排版等方面做了大量辛苦而细致的工作，同时，他们也是本书的第一批读者，从学生角度提出了很多有益的见解。

本书参阅了当前国内外大量专著和文献，特向参考文献中所列著作和文章的所有作者致以深切的谢意。

谨以此书献给国际工程管理界的同仁，也献给已经或未来成为我的同行的学生们。本书还存在不足之处，但可以肯定，本书还将改进再版，希望下一版的内容中有您的参与和支持。对本书有任何意见和建议，请随时与我联系，可发信至 luwenxue@tju. edu. cn。

吕文学

2013 年春于天津大学

# 目　录

# 第一章

# 绪　论

## 第一节　国际工程项目管理概述

### 一、项目

“项目”(project)一词已经被广泛地应用于社会经济、文化和军事的各个领域，如工业、软件开发、科研等，并有许多管理专家和项目管理协会组织试图通过简单通俗的语言对项目进行抽象性概括和描述。ISO10006 对项目的定义为：“由一系列具有开始和结束日期、相互协调和控制的活动组成的，通过实施而达到满足时间、费用和资源等目标的独特的过程。”美国项目管理学会(Project Management Institute，PMI)在其《项目管理知识体系指南》(*A Guide to the Project Management Body of Knowledge*，PMBOK)2008 版中对项目的定义是：“为创造独特的产品、服务或成果而进行的临时性工作。”因此，项目具有两个基本特征，即独特性和临时性。

独特性(也称唯一性)是指每个项目在某些特定的方面有别于其他项目，每个项目都是独一无二的。尽管这些项目的可交付成果中可能存在一些相同的特征，但这并不会改变项目所具有的独特性。例如，即便使用相同的材料，或者由相同的项目团队建造居民楼，但每一幢楼的地理位置和涉及的工程地质都是独一无二的。

临时性(也称一次性)是指每个项目都有明确的起点和终点，不具有重复性。当一个项目的目标已经实现时，或当项目因不会或不能达到目标而终止时，或当项目的目标不再需要时，该项目即达到了它的终点。临时性并不意味着项目持续时间短，许多项目可能要经历若干年。

### 二、国际工程项目

国际工程项目(international construction project)是指一个工程项目的可行性研究、勘测、咨询设计、融资、设备采购和安装、施工以及培训等各个阶段的参与者来自不止一个国家或国际组织，并且按照国际上通用的项目管理理念和实践惯例进行管理的项目。它涉及资金、技术、生产资料、劳务、管理、信息等各种生产要素的国际间流动和配置，涵盖国际货物贸易、技术贸易和服务贸易等诸多领域。

从我国的角度来看，国际工程项目既包括我国公司在海外参与的工程项目，也包括国内的涉外工程项目。所以我们研究国际工程不仅是走向国外市场的需要，也是巩固国内市场的需要，同时还是我国建筑业与国际接轨的需要。

国际工程项目包括国际工程咨询和国际工程承包两个主要的领域。国际工程咨询包括可行性研究、项目评估、勘测、设计、招标文件编制、招投标管理、项目管理、监理等以高水平的脑力劳动为主的服务工作。国际工程承包主要包括工程项目施工、设备和材料的采购以及设备安装调试、分包、提供劳务等工作。目前越来越多的业主倾向于采用设计-建造(design-build，DB)、设计-采购-施工(engineering-procurement-construction，EPC)、设计-建造-运营(design-build-operation，DBO)等总承包项目管理模式，以减少变更、控制成本和降低风险，因此国际工程承包正逐渐向"咨询+承包"的综合服务方向发展。

国际工程项目具有以下特点：

(1)多学科交叉，综合性强。国际工程项目涉及多个专业领域的多个学科，因此项目管理过程十分复杂，对人才综合素质的要求非常高。对于从事国际工程项目管理的人员来说，既要掌握某一专业领域的技术知识，也要掌握国际法律、金融、外贸、保险、财会等多方面的专业知识。

(2)跨国的经济活动。一个大型国际工程项目的业主、工程师、承包商、分包商、贷款银行和劳务等来自多个国家，具有不同社会背景和利益目标。而且国际工程项目的各参与方既受工程所在国的法律制约，又受到本国的法律约束。经营活动涉及的法律范围极广，诸如招投标法、公司法、劳动法、保险法等，因此项目管理过程十分复杂。

(3)以合同管理为核心。国际工程项目的履约活动必须遵守双方所签订的合同，行政指令不能凌驾于合同之上，且应遵循国际上多年来已形成惯例的、行之有效的一整套合同管理方法。为保证工程项目的顺利实施，项目各参与方必须严格按合同约定，履行自己的责任和义务，同时获得自己本应拥有的权益。

(4)风险很大。国际工程项目管理的各个环节易受国际社会环境和自然环境因素的影响，风险很高。因此，从事国际工程项目管理不仅要关心工程本身的问题，还要关注工程所在国及其周围其他国、货物采购来源国的政治和经济环境的变化，并恰当地通过保险、套期保值等方式转移损害风险和商业风险。

## 三、项目管理与国际工程项目管理

### (一)项目管理

PMI的PMBOK2008版对项目管理(project management)的描述是："项目管理就是将知识、技能、工具和技术应用于项目活动，以满足项目的要求。需要对相关过程进行有效管理，来实现知识的应用。"在设计-招标-建造(design-bid-build，DBB)等项目管理模式中，业主与承包商两大主体是通过合作实现双方的目标，但从追求各自经济利益的角度来看，更多的是处于对立而非合作的关系，因此他们对项目的要求时常存在冲突的一面。通过合理运用和整合项目管理过程，可以兼顾各利益相关者(stakeholder)对项目的要求，提高工程项目成功运作的可能性。

(二)项目的主要利益相关者

项目利益相关者(又称干系人)是参与该项目或其利益可能受该项目实施或完成影响的个人和组织。项目管理团队(project management team)必须弄清楚谁是本项目的利益相关者，明确他们对项目的需求和期望，并对这些需求和期望进行管理并施加影响，确保项目成功。

利益相关者既可能看到积极的结果，也可能看到消极的结果。对项目抱有积极期望的利益相关者可以促进项目的成功；而消极的利益相关者可能会阻碍项目的顺利实施，忽视消极的利益相关者会提高项目失败的可能性。

国际工程项目的利益相关者很多，涉及的专业领域很广，图 1-1 列出了工程项目的主要利益相关者。

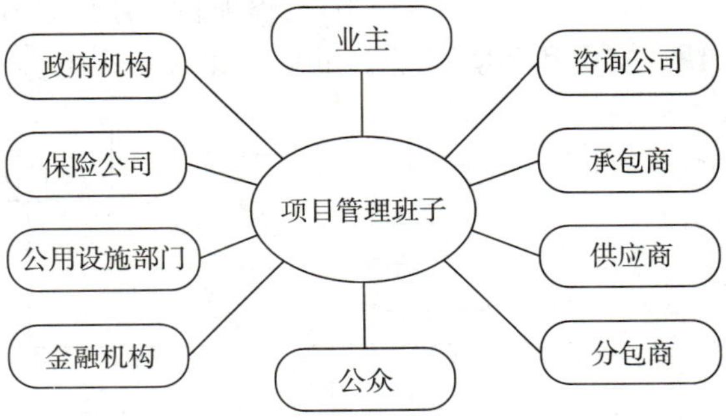

图 1-1 国际工程项目的主要利益相关者

下面是国际工程项目中的主要利益相关者的要求和期望，各方的要求和期望常常相差很远，因而很难全部满足。

(1)业主——得到有关政府部门的支持，以较低的成本、较短的工期获得高质量的工程。

(2)咨询公司——合理的报酬，宽松的工作进度计划，迅速提供信息，迅速决策，可以及时获得工作报酬。

(3)承包商——顺利获得工程项目所在国的许可证、执照和批准，业主公平公正地处理问题，按照合同约定及时支付工程进度款和预付款，材料、货物供应商根据进度计划及时供货，拥有技能熟练、成本较低的劳务人员。

(4)供应商——经济环境和政治环境稳定，材料或货物的规格明确，从订货到发货的时间充裕，质量要求是合理、可接受的，及时获得承包商或业主的货款。

(5)金融机构——工程项目可以顺利实施，无不可抗力情况发生，工程成本在可接受范围之内，项目运营阶段可以产生预期现金流。

(6)公众——工程项目建设和运营过程中无污染、无公害，可以促进就业，工程项目产品价格便宜。

(7)政府机构——项目投产后可以促进该地区 GDP(国内生产总值)的增长，符合国家相关法律和法规。

(8)保险公司——项目实施过程中各方人员无伤亡，承包商的工程设备运转正常，业主的材料和设备及有关财产免受不可抗力等因素的损坏。

(9)公用设施部门——及时提出对服务的要求，把项目建设的干扰降至最低限度。

(10)分包商——施工图纸准确并及时送达，材料和设备及时送达现场，不受其他承包商的打扰，防护措施安全可靠，及时获得工程款支付，顺利通过工程检验和验收。

（三）国际工程项目管理

国际工程项目的管理是一项具有多个既分别独立又相互联系的目标、多工序、复杂而又庞大的系统工程。一个大型复杂的国际工程项目的管理，实际上就是利用人力、机械设备、材料、资金、时间等有限资源，在一定的条件下对进度、费用和质量等目标进行科学的计划，对项目实施过程中的定量数据作深入动态分析并进行有效的调整控制，最终输出项目的可交付成果。

PMI 的 PMBOK2008 版认为项目管理包括项目综合管理、项目范围管理、项目进度管理、项目成本管理、项目质量管理、项目人力资源管理、项目沟通管理、项目风险管理和项目采购管理九大知识领域。广义的项目采购管理包括合同管理，但本书将采购管理理解为狭义的项目设备和材料采购管理，并将合同管理单独作为国际工程项目管理的一部分。另外，作为国际工程项目，还应该在此基础上添加具有国际工程项目特色的健康、安全和环境管理(health，safety and environment，HSE)。本书结构体系如图1-2所示。

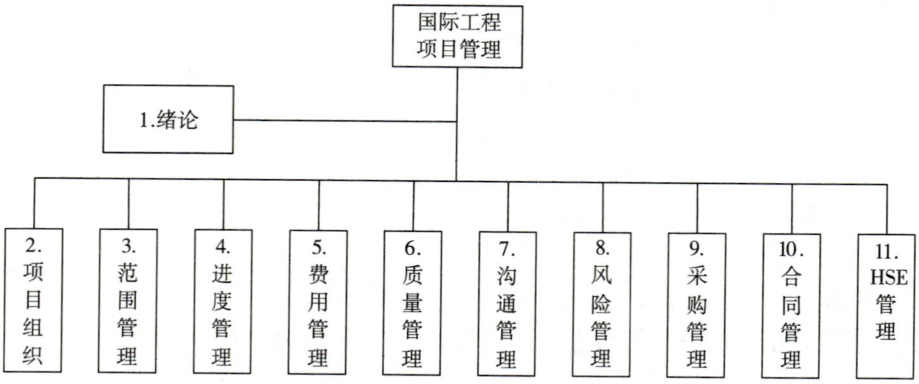


图 1-2 国际工程项目管理概貌

注：每个框图内的数字代表它们所在的章节

## 四、国际工程项目主要参与者

一个国际工程项目往往有很多单位参与并承担不同的建设任务，下面将着重介绍传统 DBB 项目管理模式中的主要参与者。

（一）业主

业主(owner)是工程项目的提出者、组织论证立项者、投资等重要事项决策者、资金筹措者和项目实施总体规划者，也是项目的产权拥有者，并负责项目生产、经营和还贷。业主作为项目的投资者，其最终目的是通过项目投资及过程控制，实现投资的预期收益。因此，业主的项目管理工作贯穿于工程项目策划、设计、施工、交付及保修的全过程。

英文中 employer(雇主)、client(委托人)、promoter(发起人)在工程合同中均可理解为业主，开发房地产的业主又被称为开发商(developer)。

（二）工程师

在国际工程中，工程师(engineer)指的是为业主提供有偿的技术和/或项目管理服务，对工程项目实施全方位的监督、检查和协调工作的咨询工程师(consulting engineer)。工程师既可以指一个具体的人，也可以指业主聘用的咨询公司，可根据合同的上下文做出判断。工程师行使和履行在合同中明文规定的或隐含的权力和职责。工程师无权修改合同，也无权解除承包商的任何责任。在国际咨询工程师联合会(FIDIC)的"新红皮书"中，工程师是工程项目的实际管理者，是参与工程众多角色中最核心的角色之一。

### (三)承包商

承包商(contractor)通常是指承担工程项目施工及设备采购、安装的公司或几个承包商组成的联营体。如果业主将一个工程分为若干独立的部分并分别招标，与几个承包商签订独立的合同，凡直接与业主签订承包合同的都被称为承包商。在工程项目建设过程中，承包商对于工程的质量、进度、成本、风险、安全等各个方面信息的掌握情况及把握程度都要强于业主。

### (四)分包商和指定分包商

分包商(subcontractor)是指那些直接与承包商签订合同，承担承包商与业主签订合同中的一部分任务的公司或实体。从合同管理的角度看，业主和工程师并不直接管理分包商，他们对分包商的工作有要求时，一般通过承包商进行沟通。

对于工程中一些属于特别专业的关键部位或永久设备，业主希望由一个有经验、有专长、自己熟悉和信赖的公司来承揽，他就会将该公司作为承包商的指定分包商(nominated subcontractor)并要求承包商与其签订合同，即由业主指定将承包商合同下的某项工作分包给该公司实施。

承包商必须对分包商和指定分包商的行为负全部责任。因此，对指定分包商，如果承包商能够提出合理的反对意见，业主不应再要求承包商雇用该分包商。

分包商的出现是社会进步和专业化分工细化的结果，在科技飞速进步的今天，任何一个承包商的能力和专业设置都不可能覆盖所有的专业。

### (五)供应商

供应商(suppliers)是指为建设工程提供工程设备、材料和施工机械的公司和个人。由于设备安装要求比较高、专业性强，供应商往往既承担供货工作，又承担安装和调试工作，如电梯、大型发电机组等。至少供应商会派出专家对承包商在现场的安装工作提供指导服务，甚至对业主的设备操作人员提供上岗前的培训。

供应商既可以与业主直接签订供货合同，也可以直接与承包商或分包商签订供货合同。这主要取决于业主与承包商签订的合同类型。

### (六)工料测量师

工料测量师(quantity surveyor)的主要任务是为委托人进行工程的计量和造价管理，协助委托人将工程成本控制在预定目标之内。工料测量师协助业主编制工程的成本计划，建议采用的合同类型，在招标阶段编制工程量表及计算标底，在工程实施阶段进行支付控制，以及编制竣工决算报表和最终决算报表。

### (七)评判人

国际工程的实施是一个十分复杂的管理过程，加之履约时间很长，涉及不同国家合同双方的经济利益以及公司的声誉，因而矛盾和争端是不可避免的。评判人(adjudicator)是指在工程实施过程中由双方(业主和承包商)聘请的、用于解决双方争端事项的独立专家小组(一人或三人)，其作用是对合同双方发生的争议进行调解。评判人的形式有多种，如 NEC 新工程合同条件中的评判人、FIDIC 1999 版系列合同范本中的争议评判委员会(dispute adjudication board，DAB)、世界银行标准招标文件中的争端审议委员会(dispute review board，DRB)等。

## 五、国际工程项目生命周期

为有效管理项目的最终可交付成果，在需要特别控制的位置将项目按时间排序进行分界，就形成了项目阶段(project phases)。项目的不同阶段大多是按顺序完成的，但在某些情况下也会以交叠的方式出现。例如，为了缩短工期，国际工程项目中经常采用快速跟进法(fast track)进行“边设计、边发包、边施工”。项目阶段划分的数量和必要性以及每个阶段所需的管理方法，取决于项目的规模、复杂程度和潜在影响。把项目划分成合理的几个阶段进行决策控制有助于项目成功实施。

### (一)项目阶段特征

每一个项目阶段都以一个或数个项目可交付成果的转移或移交作为其完成的标志。可交付成果就是某种有形的、可以核对的工作成果。可交付成果及其对应的各阶段组成了一个逻辑序列，最终形成了项目成果。

每一个项目阶段的工作重点不同，需要的技能也不同，通常会涉及不同的组织。在工程的设计阶段，一般由提供专业咨询设计服务的公司负责设计工作；而施工阶段，则由承包商组织工程施工，并对分包商、指定分包商进行全面的监督和管理。

每一个项目阶段通常包括一套计划的工作成果，用来确定完成的成果需要达到的功能和性能水平，因此需要对每个阶段进行目标管理控制，以成功实现各阶段的主要可交付成果或目标。

### (二)项目生命周期

项目生命周期(project life cycle)就是按顺序排列而有时又相互交叠的各项目阶段的集合。虽然不同类型和规模的项目生命周期是不一样的，但项目一般可以分为四个阶段：①启动项目；②组织与准备；③执行项目；④结束项目。

项目生命周期结构通常具有以下特征：

(1)成本与人力投入。在项目开始时所需投入的成本和人力较低，在项目执行期间达到最高，并在项目快要结束时迅速回落。这种典型的走势如图 1-3 所示。

(2)利益相关者的影响力、项目的不确定性在项目开始时最大，并在项目的整个生命周期内随时间推移而递减，如图 1-4 所示。调查研究表明，有效的项目前期规划可使 DB 项目的施工成本降低 15.1%，使 DBB 项目的施工成本降低 12.1%。

(3)变更代价。在不显著改变项目成本的前提下，改变项目产品最终特性的能力在项目开始时最大，变更的代价最低，并随项目进展而逐渐减弱，变更代价逐渐增大，如图 1-4 所示。

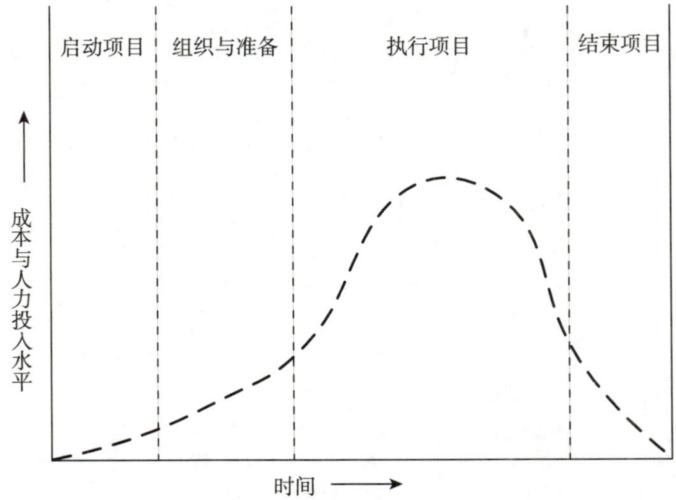


图 1-3 项目生命周期中典型的成本与人力投入水平

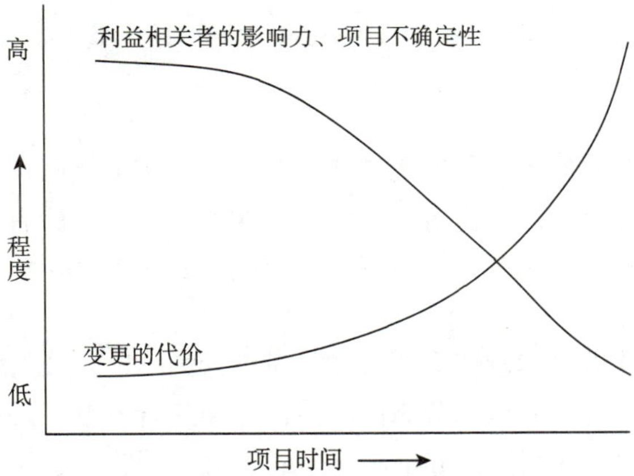


图 1-4 随项目时间而变化的变量影响程度

### （三）国际工程项目生命周期阶段划分

虽然各个国家的工程项目建设程序有所不同，政府的和私人的项目各不相同，但国际上很多大型工程项目一般均包括五个阶段，即可行性研究阶段、规划与设计阶段、施工阶段、试车(commissioning)和投产阶段以及运营阶段，如图 1-5 所示。

1. 可行性研究阶段

可行性研究是项目投资决策的重要依据，是项目管理前期工作的重中之重。本阶段的主要目标是通过投资机会的选择、可行性研究、项目评估和业主决策，对项目投资的必要性、可行性，以及为什么要投资、何时投资、如何投资等重大问题，进行科学论证和方法比较。本阶段工作量不大，但却对投资者以及项目的长远经济效益起着决定性的作用。为保证项目决策的科学性和客观性，可行性研究和项目评估工作应委托高水平的咨询公司独立进行。

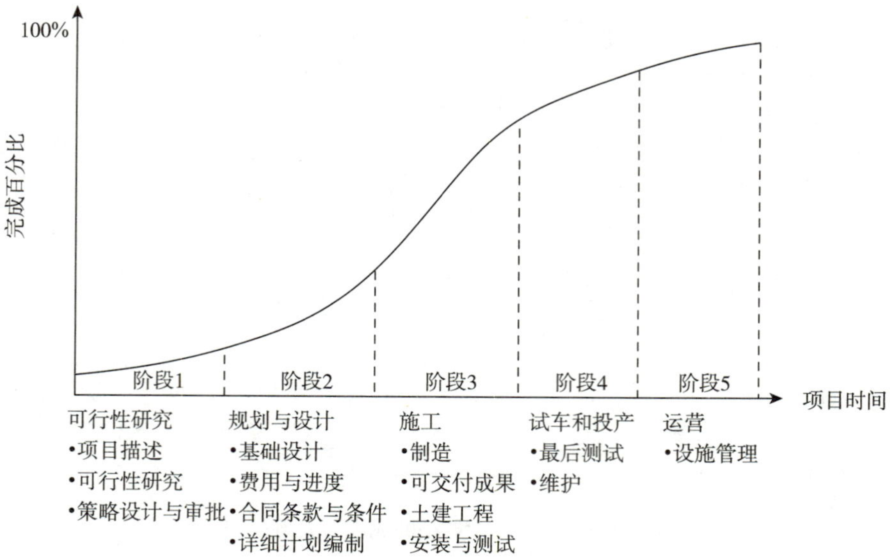


图 1-5 国际工程项目生命周期的划分示意图

2. 规划与设计阶段

本阶段的主要目标是确定项目实施模式，组建项目实施机构，确定资金来源，确定进度要求，办理各种审批手续，进行工程设计。在设计工作开始后的一段时间，有咨询设计单位协助业主进行工程施工招标(包括招标文件准备、资格预审、招标、评标等)、谈判和签订合同等工作。

各个国家的工程建设管理制度有所差异，对设计的阶段划分与叫法也多种多样，根据建设项目的复杂性程度，一般可分为两阶段设计和三阶段设计。对于普通的民用工程项目，习惯上分为初步设计(preliminary design)与施工图设计(working drawings design)。对于工业项目和较复杂的基础设施项目，在上述两个阶段之间增加一个技术设计(technical design)或扩大的初步设计(expended preliminary design)。在英美，一般将设计分为三个阶段，即概念设计(conceptual design)、基本设计(basic design)与详细设计(detailed design)。近年来，在详细工程设计开始前，还必须进行 HAZOP(hazard and operability，危险与可操作性)分析和 IPF(instrumented protective functions，仪表保护功能)审查，此类审查必须由具备相关资质的国际专业机构和人员进行，并根据其意见对前期工艺流程与技术方案进行修改，然后才能开始下一阶段的详细设计。

3. 施工阶段

本阶段包括施工、材料设备的采购、设备安装等，它们在实施阶段可同时进行。根据工程的性质和复杂性，业主可以将该阶段的全部工作委托给一家总承包商实施，也可将工程划分成相对独立的部分，分开招标。本阶段的主要任务是将“项目蓝图”变成实体，实现投资意图。由图 1-3 可知，在本阶段投入的人力、物力、财力最多，项目的管理过程非常复杂。

4. 试车和投产阶段

试车包括两个阶段，即承包商及其分包商进行工程调试和业主的试运行。在合同条件中应将所有的试车要求均包含在相应的条款和规范中。

工程调试的目的是检验安装的设备功能是否达到设计和规范的要求。承包商应将每一个部位和全部工程调试的时间均包含在整个工程的进度计划表中。业主试运行的目的是确保工程按合同约定安装和运行，检验工程运行的可靠性和稳定性。试车工作往往以业主方人员为主组织实施，承包商协助。

5. 运营阶段

随着国际工程市场的不断发展，许多新型的项目管理模式相继出现，设计、采购、施工、运营等项目阶段的工作可能由一个总承包商或联营体承揽。最近20年来，有引导地利用私人资本或由私营公司融资来提供传统上由政府提供的公共设施和社会公益服务的项目日益增多，常见的有PPP(public-private-partnership，公私合作)、PFI(private finance initiative，私人主动融资)、BOT(build-operate-transfer，建行-运营-转让)等项目管理模式，而这些模式一般都包括运营阶段，承包商主要通过运营阶段所获得的收益作为其投资回报。

另外，为了适应国际工程市场的需要，FIDIC于2008年9月推出了“金皮书”DBO项目合同条件[*Conditions of Contract for Design，Build and Operate Projects*(*first edition*，2008)]。承包商在完成项目的设计和建造后，同时负责一定时间(5～20年)的运营。FIDIC的DBO合同条件设计的运营期为20年。这种模式下，承包商并不负责融资，而是按合同约定的运营要求提供运营服务并获得相应的运营服务费。

## 第二节 国际工程项目管理过程

国际工程项目是一项综合性的工作，需考虑不同项目管理过程之间的相互联系和影响，并平衡对工程范围、工期、成本、资源和质量的要求。本节将介绍项目的管理过程以及它们之间的相互关系。

### 一、国际工程项目管理过程概述

根据PMI的PMBOK(2008版)，一个一般性项目应包括5个过程组和42个项目管理过程。5个过程组如下所示：

(1)开始(initiating)——获得一个新项目或现有项目的一个新阶段的批准，正式开始该项目或项目阶段的有关工作。

(2)计划(planning)——明确项目范围，策划项目的目标，并制定为实现目标应采取的措施。

(3)执行(executing)——实施计划中所确定的行动方案，努力实现项目目标。

(4)控制(controlling)——跟踪、审查和调整项目进展与绩效，并在必要时采取纠正措施，以实现预期目标。

(5)结束(closing)——正式移交项目，并有条不紊地结束扫尾工作。

42个项目管理过程是指：

(1)项目综合管理的6个管理过程，即制定项目章程、制订项目管理计划、指导与管理项目执行、监控项目工作、实施整体变更控制和结束项目或阶段。

(2)项目范围管理的5个管理过程，即收集需求、定义范围、创建工作分解结构、核实范围和控制范围。

(3)项目时间管理的6个管理过程，即定义活动、排列活动顺序、估算活动资源、估算活动持续时间、制订进度计划和控制进度。

(4)项目成本管理的3个管理过程，即估算成本、制定预算和控制成本。

(5)项目质量管理的3个管理过程，即规划质量、实施质量保证和实施质量控制。

(6)项目人力资源管理的4个管理过程，即制订人力资源计划、组建项目团队、建设项目团队和管理项目团队。

(7)项目沟通管理的5个管理过程，即识别项目利益相关者、规划沟通、发布信息、管理项目利益相关者期望和报告绩效。

(8)项目风险管理的6个管理过程，即规划风险管理、识别风险、实施定性风险分析、实施定量风险分析、规划风险应对和监控风险。

(9)项目采购管理的4个管理过程，即规划采购、实施采购、管理采购和结束采购。

除了管理过程，所有的项目或项目阶段还包含各种各样的技术过程，这些技术过程因应用领域和项目阶段的不同而彼此不同。

## 二、项目管理各个过程的相互关系

国际工程项目中，可行性研究、规划与设计、施工等各个阶段，都需要对项目或项目阶段的开始、计划、执行及结束过程进行监控，以保证工程的设计、实施等工作符合业主的预期及要求。因此，国际工程项目要求控制过程与其他工程项目管理过程相互作用。计划过程为执行过程提供项目管理计划和项目文件，而且随着项目的展开，不断更新项目管理计划和项目文件。各个过程的相互关系如图1-6所示。

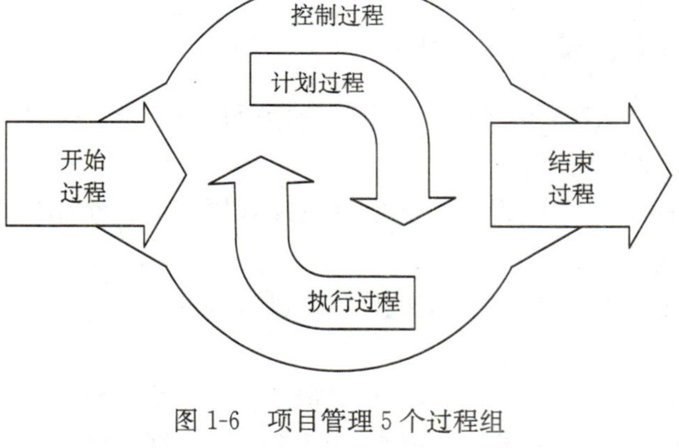


图1-6　项目管理5个过程组

资料来源：美国项目管理学会．项目管理知识体系指南(第4版)(PMBOK指南)[M].
王勇，张斌译．北京：电子工业出版社，2009

在第一章第一节已经介绍了阶段的基本概念。国际工程项目可以被划分为多个阶段，并且每个阶段又可以被划分为若干子阶段，用来保证对项目的适当控制。国际工程项目的阶段与阶段之间的关系一般有以下两种：

(1)顺序关系，即一个阶段只能在前一个阶段完成后才开始，如图 1-7 所示。这种按部就班的特点可以减少项目的不确定性，但一般工期较长。

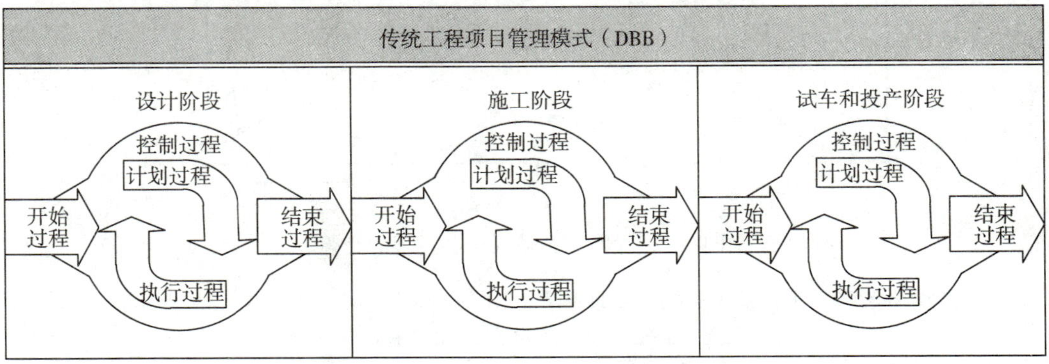


图 1-7 顺序关系举例

(2)交叠关系，即一个阶段在前一阶段尚未完成之前就开始，如图 1-8 所示。这种方法可以有效地压缩工期，因此被称为快速跟进法。如果在没有获得前一阶段的准确信息前就开始后一阶段的工作，那么快速跟进方式就可能导致返工，增加成本。

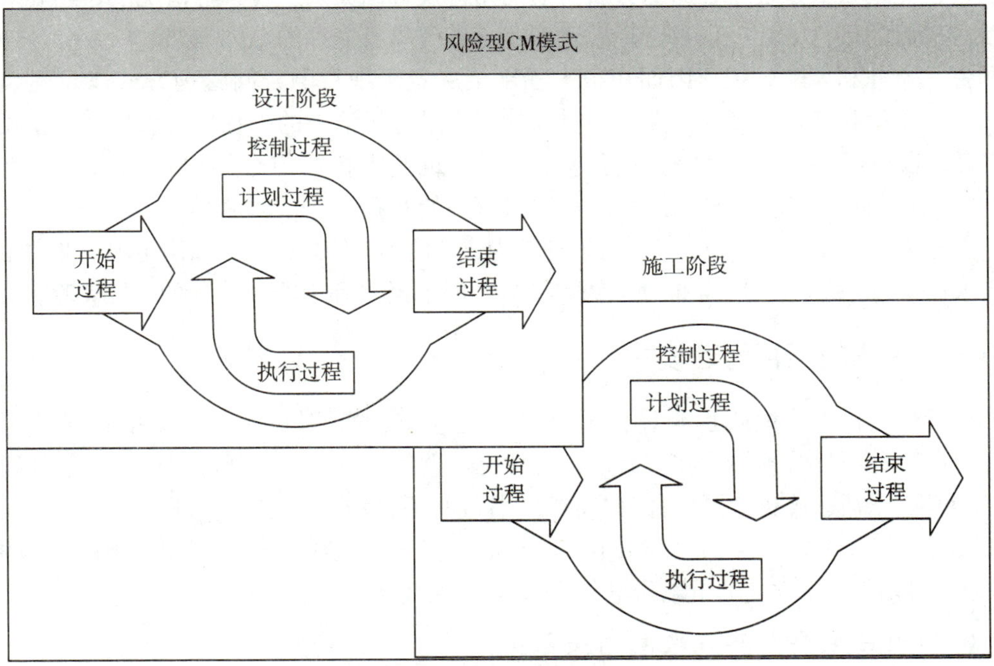


图 1-8 交叠关系举例

工程项目管理过程组不是独立的一次性事件，它们是贯穿项目每一个阶段、强度有所变化的互相重叠的活动。一个过程的输出通常成为另一个过程的输入，或者成为项目的可交付成果。图 1-9 说明了一个项目或阶段中各个过程是如何交叠和变化的。

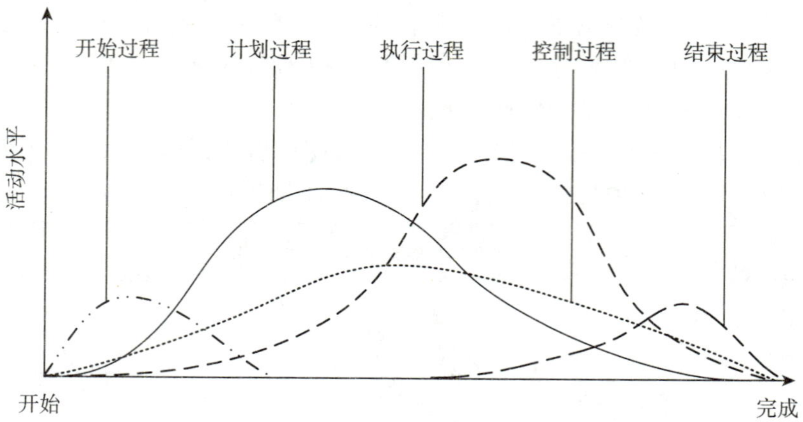


图 1-9 一个项目或阶段中各过程的交叠

资料来源：美国项目管理学会．项目管理知识体系指南(第 4 版)(PMBOK 指南)[M]. 王勇，张斌译．北京：电子工业出版社，2009

## 第三节 国际工程项目管理模式

国际工程项目管理模式(或工程项目交易方式)是指一个工程项目建设的基本组织模式以及在完成项目过程中各参与方所扮演的角色及合同关系。在某种情况下，还要规定项目完成后的运行方式。项目管理模式确定了工程项目管理的总体框架、项目参与各方的职责、义务和风险分担，因而在很大程度上决定了项目的合同管理方式以及建设速度、工程质量和造价。因此，业主最重要的能力是选择恰当的工程项目管理模式，英国著名的 LATHAM 报告(《政府与行业对英国建筑业中招标与合同协议的联合审查报告》)将工程项目管理模式称为进行成功项目管理的基石。

近年来，国际建设市场上已形成多种较为成熟的项目管理模式，以满足项目业主不同的需求，并且这些模式得到不断地创新和完善。下面介绍几种国际上常见的项目管理模式。

### 一、传统的项目管理模式

传统的项目管理模式也叫设计-招标-建造(design-bid-build，DBB)模式或通用模式，目前这种项目管理模式在世界上最为常见，世界银行、亚洲开放银行贷款项目和采用 FIDIC 1999 版《施工合同条件》(“新红皮书”)的项目均采用这种项目管理模式。根据美国设计-建造学会(Design Build Institution of America)的统计和预测，1985～2015 年，传统 DBB 交易方式的市场份额将会从 82%降低到 35%。

#### (一)项目主要参与方之间的关系

与 DBB 模式相关的项目各方关系如图 1-10 所示。这种模式下，由业主委托咨询公司开展前期可行性研究等工作，待项目评估立项后再雇用设计咨询公司进行初步设计和详细设计，聘用咨询工程师(或称为“工程师”)编制施工招标文件，设计基本完成后协助业主通过招标方式选择承包商。业主和承包商签订工程施工合同，由承包商与分包商、供应商单独订立分包及设备材料的供应合同并组织实施。业主也可能自己采购部分材料和设备，称为甲供材料和设备。

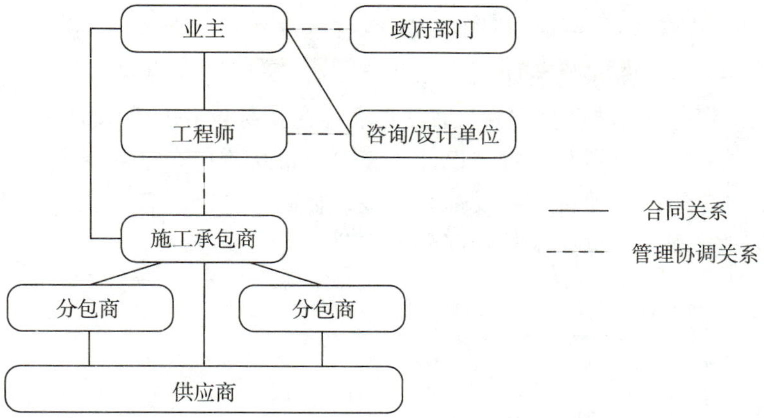


图 1-10　DBB 项目管理模式

业主一般指派业主代表与咨询工程师共同工作，将主要的合同管理工作委托工程师负责。由于投资控制对业主非常重要，所以业主有时选定工料测量师作为业主代表负责监督工程的设计和施工，而在施工阶段的有关管理工作一般授权工程师进行。在国外常常是做设计的工程师与业主签订委托服务合同，按照业主方和承包商合同中规定的工程师的职责和权限进行项目管理。

（二）DBB 项目的优缺点

对于业主而言，DBB 模式的优点是：

（1）由于 DBB 模式在国际工程承包市场得到长期、广泛地应用，其管理方法较为成熟，项目各方对有关工作程序都比较熟悉。

（2）业主可自由选择设计公司和工程师，可控制设计要求。

（3）DBB 模式体现了风险公平和合理分担的原则，即无论是业主或是承包商，哪一方对控制某种风险最有利并使项目的风险管理成本最低，则该风险就由该方承担。因此，DBB 模式下的风险管理成本较之其他项目管理模式最低。

DBB 模式的缺点：

（1）DBB 模式将项目设计和施工阶段分别招标，实施周期长，不利于业主的资金周转。

（2）业主方负责设计公司与施工公司之间的工作协调，工作较复杂，业主管理费较高，前期投入较高。

（3）工程造价不固定，特别是如果在设计过程中对“可建造性”考虑不够时，容易发生变更，造成项目费用的增加，项目工期也不易控制。

（4）出现质量事故时，设计和施工双方容易互相推诿。

## 二、设计-建造项目管理模式

设计-建造（design-build，DB）项目管理模式中，总承包商既负责项目的设计，又负责项目的施工及相关组织工作。FIDIC1999 版《生产设备与设计-建造合同条件》（“新黄皮书”)适用于这种项目管理模式。美国设计-建造学会预计，到2015年，DB项目的市场份额将达到55%左右。

## (一)DB项目主要参与方之间的关系

与DB相关的项目各方关系如图1-11所示。在这种管理模式下，业主一般先选定一家咨询单位研究并提出拟建项目的业主要求，在招标文件中明确项目的工作范围之后，业主再选择一家承包商对项目的设计、施工进行总承包。这种模式适用于以机电设备安装为主要内容的工程项目，在投标时和签订合同时通常以总价合同为基础，但允许根据合同约定进行调价，也允许某些部分采用单价方式。

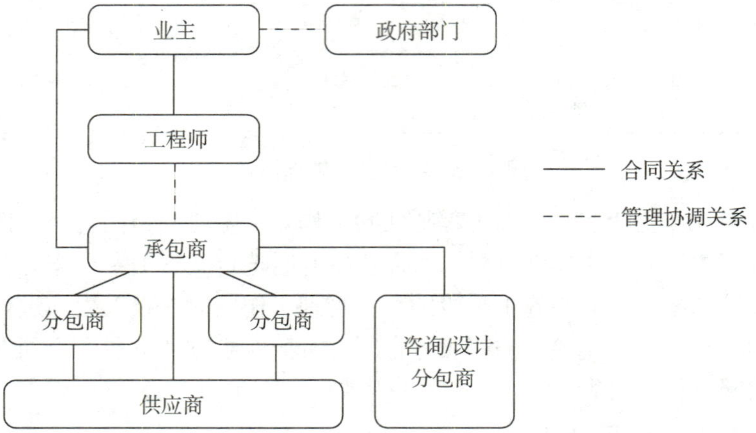


图1-11 DB项目管理模式

业主聘用工程师进行合同管理，管理的内容既包括施工管理，也包括对承包商的设计进行管理，如对承包商设计人员资质的审查，对承包商设计文件和图纸的审查，按“业主要求”的规定检查、审核或批准承包商文件等。

在DB合同下，总价一般是固定的，承包商承担了比单价合同更高的风险，但业主仍然承担了一部分不可预见的风险。

## (二)DB项目类型的优缺点

DB模式的优点：

(1)DB模式的突出特点是设计和施工搭接进行，有效地缩短了工期。另外，承包商在设计过程中即可安排大型长周期设备的采购，避免了因设备采购延误而造成工期拖延。

(2)承包商对整个项目的设计和施工负责，有利于在项目设计阶段预先考虑施工因素，避免了设计和施工的矛盾，可减少由于设计不合理或错误引起的变更，以及对设计文件解释引发的争议。

(3)在业主选择承包商时，把设计方案的优劣作为主要的评价指标，从而可保证得到高质量的工程设计。

(4)由于采用固定总价(但可调价)合同，业主支出的最大费用可得到较好的保证。

DB模式的缺点：

(1)投标邀请(request for proposal，RFP)只对项目功能、特征进行描述，业主要求

(employer's requirement)的详细程度较低，业主只能根据最终验收以及项目交付运行情况判断项目质量，对过程的控制程度相对较低。

(2)业主无法参与设计人员(单位)的选择。

(3)由于采取固定总价合同，因此可能影响设计和施工质量。

## 三、设计-采购-施工/交钥匙项目管理模式

设计-采购-施工/交钥匙(engineering-procurement-construction/turnkey，EPC/T)项目管理模式中，由EPC总承包商向业主提供包括设计、设备采购、施工、安装和调试直至竣工移交的全套服务，有时还包括融资。这种项目管理模式主要应用于以大型装置或工艺过程为核心技术的工业建设领域，这些项目的共同特点是工艺设备的采购与安装和工艺的设计紧密相关，成为投资建设的最重要、最关键的部分。FIDIC1999版《设计-采购-施工/交钥匙工程合同条件》就适用于这种项目类型。

### (一)与EPC/T合同相关的项目各方关系

与EPC/T相关的项目各方关系如图1-12所示。图1-12中的“业主代表”有时是业主组织内部派出的项目管理队伍；有时是业主从外部聘请的项目管理公司派遣的管理队伍；有时则是上述两者的混合体。这种管理模式下，业主与EPC总承包商签订EPC/T总价合同，由EPC总承包商对项目进行设计、采购和施工，EPC总承包商可以选择自己完成设计或施工，也可以将设计、施工分包给专业的咨询/设计分包商和施工分包商。在项目完工后，EPC总承包商以交钥匙的方式向业主交付已完工的工程。

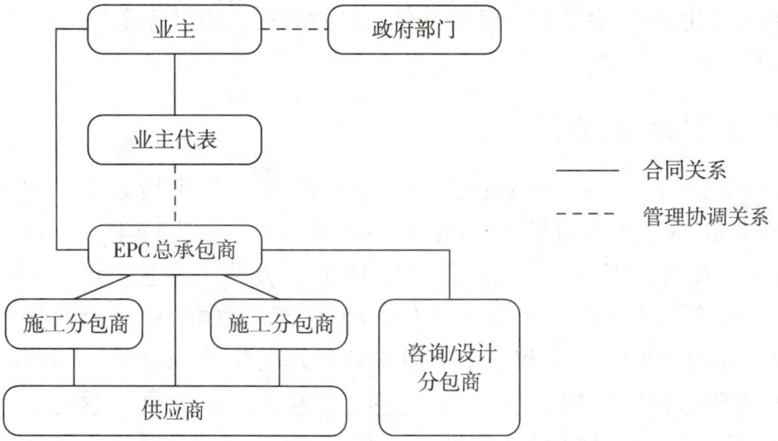


图1-12 EPC/T项目管理模式

EPC总承包商的工作范围大致包括以下几个内容：

(1)设计：“业主要求”中列明的设计工作，如主体工程设计、配套公用工程设计、辅助工程设施的设计以及结构/建筑设计等。

(2)采购：购买各类工艺技术、专利产品以及设备和材料等。业主为了控制成本的需要，可能会负责部分主要材料或设备的采购。

(3)施工：由EPC总承包商负责项目施工管理，包括施工方案、施工技术和方法、安全、质量、费用和进度管理、设备安装调试以及工作协调等。

在这种项目管理模式下，EPC 总承包商几乎承担了除法律风险、不可抗力之外的其他较高的不可预见风险。

(二)EPC/T 模式的优缺点

EPC/T 模式的优点：

(1)由 EPC 总承包商对项目的设计、采购、施工负责，项目责任单一，简化了合同组织关系，有利于业主管理。

(2)采用固定总价合同，业主投资成本在早期即可确定并得到保证。

(3)由于 EPC 总承包商承担了项目实施阶段的管理和协调工作，减轻了业主方在项目管理方面的负担和投入。

(4)EPC 总承包商介入工程前期决策工作，并且可以将采购纳入设计过程，有利于工期的缩短。

(5)业主承担的风险较少。

EPC/T 模式的缺点：

(1)由于没有完成设计就进行招标，业主准确定义项目工作范围的难度加大，双方容易对项目的工作范围产生争执。

(2)能够承担 EPC 大型项目的总承包商数量较少，不易获得有竞争力的报价，工程造价相对较高。

(3)由于 EPC 模式还没有形成固定的运作方式，在实践中存在多种形式，导致业主方与 EPC 总承包商容易就某些职责划分问题产生争议。

(4)承包商承担的风险较大，因此工程项目的效益、质量完全取决于 EPC 总承包商的经验和水平。

## 四、建造管理项目模式

建造管理(construction management，CM)模式又称阶段发包方式(phased construction method)或快速跟进模式(fast track method)，最先产生于美国，是目前国外较为流行的一种项目管理模式。这种模式采用的是“边设计、边发包、边施工”的阶段性发包方式。该模式由业主和业主委托的 CM 经理与工程师组成一个联合小组共同负责组织和管理工程的规划、设计和施工，但 CM 经理的主要职责是协调管理，必须具有丰富的工程管理和实践经验。在项目的总体规划、布局和设计时，要考虑到控制项目的总投资，在主体设计方案确定后，随着设计工作的进展，完成一部分工程的设计后，即对这一部分工程进行招标，业主或 CM 经理(详见代理型 CM、风险型 CM)就每个相对独立的工程与承包商签订承包合同，如图 1-13 所示。

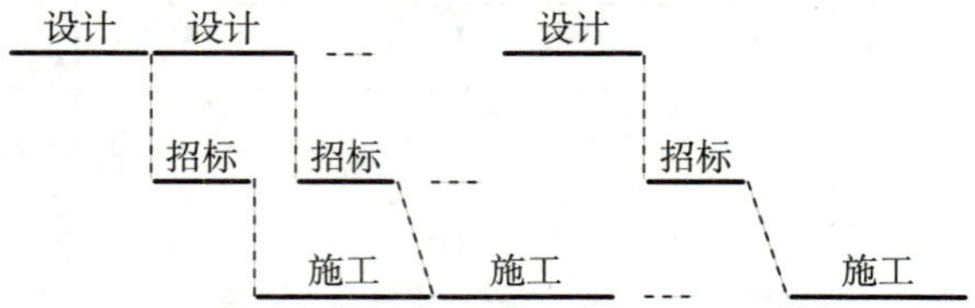


图 1-13 快速跟进模式

CM 模式又可分为代理型 CM(agency construction management)模式和风险型 CM(construction management at risk)模式。

(一)代理型 CM 模式

代理型 CM 模式是较为传统的 CM 类型。CM 经理在设计阶段提出建议，帮助业主进行招标选择承包商，在施工阶段进行管理。业主和 CM 经理的服务合同计价方式一般采用固定酬金加管理费。业主在各施工阶段和多个承包商签订工程施工合同。

与代理型 CM 相关的项目各方关系见图 1-14。

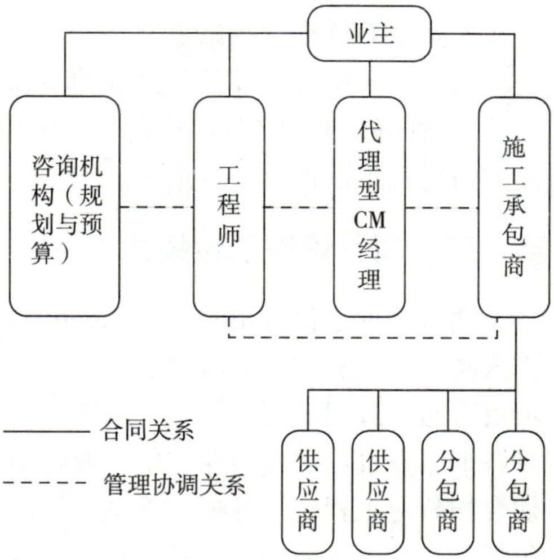


图 1-14 代理型 CM 项目管理模式

业主采用代理型 CM 模式的优点是：

(1)业主可自由选定工程师承担工程设计。

(2)在招标前可确定工作范围和项目原则。

(3)有完善的管理和技术支持。

代理型 CM 模式的缺点是：

(1)在明确整个项目的成本之前，投入较大。

(2)CM 经理不保证项目进度和成本在计划范围之内。

(3)对于复杂大型的项目，业主必然会与多个承包商签订合同，需要花费很大的精力管理这些合同。

(二)风险型 CM 模式

风险型 CM 模式实际上就是业主综合考虑技术资格、经验、信誉等因素选择 CM 经理，CM 经理在项目前期就参与项目的咨询、编制预算、成本估算、编制进度计划等工作。在施工图设计过程中，CM 经理将项目分成若干标段进行招标，并由 CM 经理、业主和工程师共同决定分包商。在施工阶段开始时，CM 经理提出最大保证价格(guaranteed maximum price，GMP)，并管理工程的实施过程。如果最后结算超过 GMP，则由 CM 经理和业主按合同中约定的比例共同承担；如果低于 GMP，则节约的投资同样按合同约定的比例由业主和 CM 经理共享。业主向 CM 承包商支付管理酬金及专业承包商所完成工程的费用。由于风险型 CM 经理承担了施工成本风险，因此其服务费率要高一些，一般占项目总成本的 4%～7%左右。

与风险型 CM 模式相关的项目各方关系见图 1-15，图 1-15 中的工程师承担工程设计任务，CM 经理也参与设计工作并提出建议，以更准确地估算工程成本。

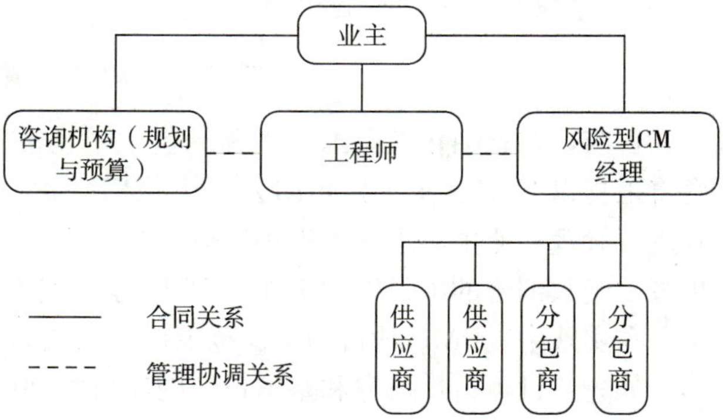


图 1-15 风险型 CM 项目管理模式

风险型 CM 模式的优点：

(1)可以预先确定工程项目的建设成本，便于融资。

(2)可提前开工，提前竣工，业主的投资风险小。

风险型 CM 模式的缺点：

(1)GMP 中包含设计和投标的不确定因素，因此价格较高。

(2)在确定 GMP 时，特别是不可预见费时，业主方和 CM 经理容易出现意见不一致的情况且难以达成一致意见。

## 五、项目管理承包模式

项目管理承包(project management contracting，PMC)模式是指由业主通过招标的方式聘请一家有实力的项目管理承包商(公司或公司联营体，以下简称 PMC 承包商)对项目实施全过程的项目管理，如图 1-16 所示。在这种模式下，PMC 承包商须与业主签订咨询服务合同，并与业主的专业咨询顾问(如建筑师、工程师、工料测量师等)进行密切合作，对工程进行计划、管理、协调和控制。由各施工承包商具体负责工程的实施，包括施工、设备采购以及对分包商的管理。PMC 承包商可以采用阶段发包方式选择施工承包商，但选定的施工承包商须经业主批准。

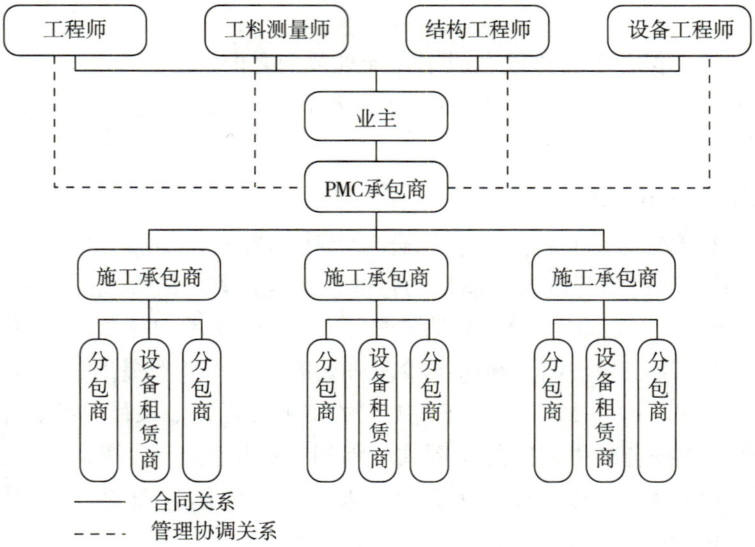


图 1-16 PMC 项目管理模式

目前，在石油化工等国际工程承包中，经常采用 PMC+EPC 模式，即 PMC 承包商将工程以 EPC 的形式发包出去，并对 EPC 承包商的设计、采购、施工、试运行及验收进行管理。业主只需保留很小部分的管理力量对项目实施过程中的一些关键问题进行决策，绝大部分的项目管理工作由 PMC 承包商来完成。

在实践中，PMC 项目的工作范围变化较大，有时需要分阶段签订项目管理服务合同，如先签订可行性研究和基本设计的项目管理服务合同，如果业主认为 PMC 承包商称职，则再签订实施期间的项目管理服务合同。PMC 模式分为非风险型和风险型两类，其组织结构形式与 CM 模式的代理型和风险型相对应。

## 六、建造-运营-移交项目管理模式

建造-运营-移交(build-operate-transfer，BOT)项目管理模式由土耳其总理 Targut Ozal 在 1984 年首次应用于基础设施建设，旨在鼓励私营机构投资兴建国家急需的基础设施工程，以便为社会大众提供更多的服务，同时解决本应由政府承担但因资金短缺而无法兴建的基础设施工程。随后该模式引起了世界各国尤其是发展中国家的广泛关注与应用。BOT 项目融资并没有一个统一的定义，但其基本思路是：由东道国为基础设施项目的建设和经营管理提供一种特许权协议作为融资的基础，由本国或外国投资者和经营者安排融资，承担风险，开发建设项目并在特许期内经营获取相应的利润，特许期届满时根据协议将该项目移交给东道国(一般无偿移交)，见图 1-17。因此，BOT 模式有时也被称为“暂时私有化过程(temporary privatization)”。

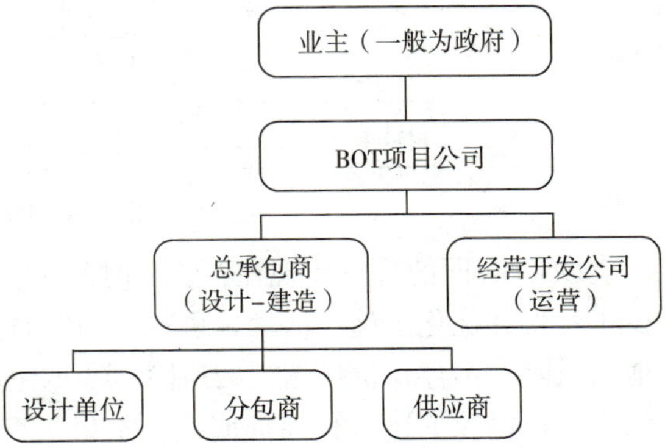


图 1-17　BOT 典型结构框架

BOT 项目从前期的论证、融资，到建设、运营和工程的最终顺利移交，一般都要经过十几年到几十年漫长的时间，其运作过程大概可以分为以下 4 个阶段：

(1)准备阶段：包括确定项目、项目立项、招标准备、资格预审。

(2)招标阶段：包括准备投标文件、评选出候选中标者、详细谈判、选定中标者。

(3)融资阶段：包括融资决策、融资结构、融资谈判、融资执行。

(4)实施阶段：包括设计、建造、运营、维护、移交等工作。

上述各阶段并非严格按照时间顺序划分，招标阶段的详细谈判和融资阶段的谈判等往往是同步进行的。待中标者与东道国政府完成谈判并取得一致意向后，将草签特许权协议。然后会给中标者一定的融资期，一般是 3～6 个月。在这个期限内，中标者必须凭草签的特许权协议跟银行或其他贷款机构签订贷款合同，获得项目所需的资金，在融资期内完成项目融资后特许权协议才正式生效。如果中标者在给定的融资期内未能完成融资，政府有可能会取消已草签的特许权协议，并重新组织招标。

## 七、设计-建造-运营项目管理模式

设计-建造-运营(design-build-operate，DBO)项目管理模式，分为规划和设计、施工和安装、运营和维护三个阶段。FIDIC 于 2008 年出版了标准的《设计-建造-运营项目合同条件》范本。

DBO 的组织结构与 EPC/T 类似，包括业主、业主代表和 DBO 承包商，如图 1-18 所示。DBO 承包商设计并建设一个公共设施或基础设施，并且运营该设施，满足在工程使用期间公共部门的运作要求。承包商负责设施的维修保养，以及更换在合同期内已经超过其使用期的资产。DBO 承包商不仅承担设施的设计与施工，在移交给业主之前还要负责其所建设设施的运营。融资由公共部门负责，所以承包商没有融资风险，公共部门依据付款计划表对承包商的工作进行支付。

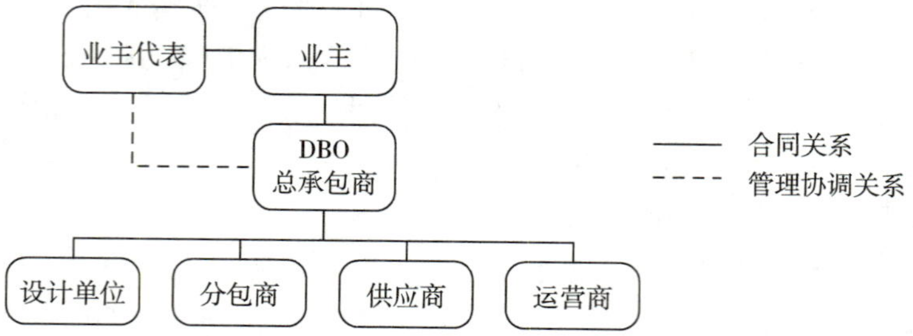


图 1-18 DBO 结构框架

DBO 合同的优点体现在：①从时间角度看，DBO 合同将设计和建造活动搭接，减少了延误并优化了施工活动，可有效缩短时间；②承包商承担了费用限制和承诺以及其他的风险，不存在价格超支的风险；③承包商负责约 20 年的运营，会关注设计和建造的质量，以减少运营和维护成本，不仅生产设备会满足预期目的，而且项目寿命会更长。因此，这种模式优化了项目全寿命期费用。

## 八、伙伴关系项目管理模式

伙伴关系(partnering)是指两个或两个以上的组织之间为了充分利用各方资源，获取特定的商业利益而做出的共同承诺。建设项目伙伴关系管理模式是指项目的各个参与方，通过签订伙伴关系协议做出承诺和组建工作团队，在兼顾各方利益的条件下，明确团队的共同目标，建立完善的协调和沟通机制，实现风险的合理分担和矛盾的友好解决的一种项目管理模式。2000 年，英国咨询建筑师协会(the Association of Consultant Architects，ACA)出版了第一版《项目伙伴关系合同标准格式》(*The ACA Standard Form Of Contract For Project Partnering*)，近年来，ACA 对该合同进行了完善和修改升版。伙伴关系合同由各伙伴方共同签署。

伙伴关系管理模式下，各参与方之间以项目为中心，以伙伴关系合同为纽带建立起合作关系。传统观念认为，这些合作关系仅仅是简单的契约关系，处于项目价值链不同位置的参与方相互转嫁成本。但现代管理理论则认为，从协同角度重新审视这些关系有助于建立新型项目合作纽带，解决项目实施中的许多困难，有效推动项目顺利进行。伙伴关系模式旨在从项目组织入手，根本改变项目各方之间传统的对立关系，以双赢(win-win)的态度解决问题。伙伴关系的实施大部分由业主发起，不同业主对伙伴关系的应用时机和程序都有所不同，但基本框架一致。伙伴关系管理模式的实施过程如图 1-19 所示。

伙伴关系项目管理模式的一个突出特点是，该模式采用了一种全新的争端处理程序，希望尽快有效地解决工程中出现的争议。其中的核心文件是事务处理阶梯表，表中按现场操作人员、中层管理人员及高层管理人员等层次列明了各参与方的负责人员和处理时限。如果问题在低层次的处理时限内没有及时解决，将会提交到上一级管理层处理。由于项目各参与方遵循相互沟通及合作的宗旨，所以越是到高层，越有利于问题的解决。

与传统的项目管理方式相比，合作伙伴式的管理既可以保持分工的效率，又可以获

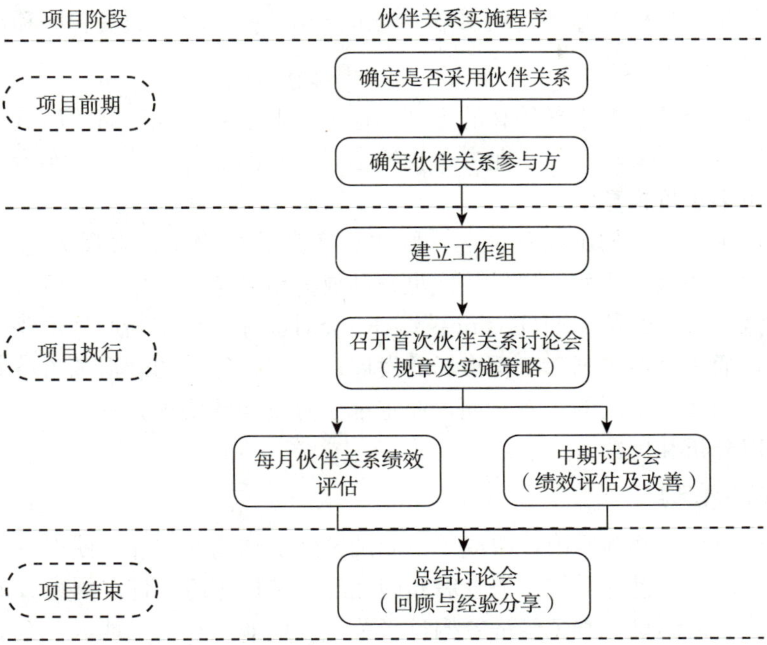


图 1-19　伙伴关系项目管理模式实施程序

得协作的好处。这种管理模式的主要优点有：

(1)缩短工期。实际进度比计划进度平均提前了 4.7%，而用传统的方式管理的工程项目平均工期比计划工期要拖期 10.04%。

(2)节约交易费用。采用合作伙伴关系管理模式的工程项目，其工程变更、项目争议与工程索赔费用只是传统项目管理模式的 20%～54%。

(3)提高满意度。业主的对工程项目的质量满意度比传统项目管理方式的项目平均提高约 26%。

(4)改善对立关系。业主认为团队成员工作关系得到很大改善的占 67%，项目总承包商有同样感觉的高达 71%。

## 第四节　国际工程项目管理的宏观环境

国际工程项目不仅是一项经济活动，而且受到多种自然和社会环境因素的影响，是一项复杂的综合管理活动。这些环境因素可能提高或限制国际工程项目管理的灵活性，并可能对项目结果产生积极或消极的影响。国际工程项目管理人员必须对工程项目所处的环境有充分的认识。

每一个国家或地区都有着自己的环境特征，一般来说，国际工程项目的宏观社会环境影响因素可以归纳为五大类，即经济、法律、政治、社会文化和科技。

### 一、经济环境

一个国家经济状况的好坏直接决定了这一地区工程市场的发展程度和发展前景，反映经济状况的主要指标有经济发展水平、经济结构、失业率、通货膨胀和汇率。

(一)经济发展水平

一般来说，经济发展水平较高的国家和地区，业主对工程产品的质量、性能及缺陷责任期内的服务水平要求较高。业主重视的是承包商的品牌、信誉和实力，市场竞争表现为品质竞争多于价格竞争。

经济发展水平较低的国家和地区，则注重产品的性价比，表现为业主对价格较敏感，因此承包商的报价及所能提供的优惠条件成为市场竞争的主要手段。

需要注意的是，经济周期(business cycle)会对国际工程市场产生重要影响。经济复苏及繁荣期，通常会促进国际工程市场的发展；反之，经济的衰退和萧条期则会抑制国际工程市场的发展。不同的经济时期，业主都会有不同的要求，一个有经验的承包商应善于对此加以分析和把握。

(二)经济结构

自然、历史、人文等原因，造成了不同国家经济结构的差异，使得各国经济的发展方向有所侧重。随着世界科技加快发展和国际经济结构重组，许多国家或地区正在对经济结构进行战略性调整，避免经济结构过于单一。例如，在中东地区，石油是国家经济收入的主要资源，经济结构自然会偏重于石化领域。但中东国家不可能长时间地保持这种单一的经济结构模式，于是各国开始调整经济政策——保证石化建设的同时，大力发展制造业和旅游业。经济结构的转变会孕育出新的国际工程市场。

(三)失业率

失业率如果长期处于较高水平，将会为一国的发展与稳定带来负面影响。各国政府为了解决失业问题，往往会出台积极的财政政策，扩大国内总需求。政府同时也会对国际劳务输入加以限制，从而增加国内的就业率，这对外国承包商来说是个不小的障碍。

(四)通货膨胀和汇率

通货膨胀可能使项目所在国的工资和物价水平大幅度上涨，这在拉美经济危机中有着淋漓尽致的体现。国际工程承包市场中有很多项目都是由承包商来负责设计和采购，如EPC项目，此类项目合同额度较大，一旦工程所在国或主要原材料的供应国发生超乎预期的通货膨胀，其损失将是巨大的。

汇率同样是一个承包商需重点分析和研究的对象。在国际工程中经常遇到的外汇问题有：工程所在国外汇管制严格，限制承包商汇出外币；外汇浮动，当地货币贬值，从而使承包商赚取的当地货币因合同中没有规定采用固定汇率而蒙受损失；合同中规定的外汇贬值等。

## 二、法律环境

法律环境对国际工程市场的制约性是不言而喻的。法律的健全程度及宽松程度严重影响着国际工程承包商的利益及进入目标市场的可能性。以下从两个方面分析法律环境：

(一)工程所在国法律环境

工程所在国法律环境主要分为：基本法律，包括外资法、公司法、招投标法、合同法、劳动法、环境安全保护法等；关税政策，包括进出口税、进口附加税（含反补贴税和反倾销税）、差价税、优惠税等；进出口限制，又称非关税壁垒，主要包括进口配额制、进口许可制、最低限制、进口押金制、进出口国家垄断以及各种苛刻的商检技术标准等。

（二）国际条约和国际惯例

承包商应分析工程所在国都加入了哪些国际组织。例如，欧盟、世界贸易组织等对其成员国的关税都有相应要求，承包商必须考虑到这些要求。在实施项目时，承包商还应了解工程所在国的业主通常会按哪些国际惯例行事，如《联合国国际贸易销售合同条约》、《国际贸易术语解释通则》、FIDIC 国际惯例等。

## 三、政治环境

政治环境直接与国家的体制、宏观经济政策相联系，分为国内政治环境和国际政治环境两方面。

（一）国内政治环境

国内政治环境主要包括政局、政治事件及国家政策等。在国际工程市场中，政局的稳定性和政策的连续性是增强承包商和投资者信心的重要因素。

（二）国际政治环境

国际政治环境主要包括外交、战争和制裁等。国际政治环境主要是从外部来判断这一地区的政治环境，重点分析目标国家和地区同相邻国家的外交关系，以及本国同目标国的关系；分析目标国是否存在外来战争的威胁，是否有国际制裁（在遭受国际制裁期间，很多货物和设备都是禁运的）。

## 四、社会文化环境

从管理学的角度看，文化是人们的生活方式和认识世界的方式，是约束人们行为和态度的一系列规范和准则，通常由价值观念、信仰、风俗习惯、行业方式、社会群体及其相互关系等内容构成。文化差异影响着管理工作的实践和效率，管理人员需要了解不同国家的文化、宗教信仰和风俗习惯，以便将国际工程项目中可能出现的文化冲突和不利影响最小化。例如，在信仰伊斯兰教的国家，当地人一天之中要多次朝拜，有的承包商在雇用当地劳务人员时并没有考虑到这一点，而使后来的工期被延误，造成了不必要的损失。

## 五、科技环境

科学技术作为第一生产力，对国际工程承包市场的影响也不可小视。例如，在工程建设期间，尤其是在安装工程中，往往需要用到一些大型的设备，这些设备无论是自身的设计标准还是对操作员工的技术要求都很高。此外，在工程所在地是否可以获得施工机械设备所需的备品备件，是否可依据当地的科技发展水平对设备进行恰当的维修和保养等，都是承包商需要考虑的内容。

# 第二章

# 国际工程项目组织与人力资源管理

本章内容包括：国际工程项目组织设计的原则、组织结构类型和国际工程项目经理部组织机构设置；国际工程人力资源计划、获取、开发以及管理和控制；国际工程项目的项目经理地位、职权、能力和素质要求。

## 第一节　国际工程项目组织设计

### 一、国际工程项目组织

组织的含义很广，但一般来说组织就是为了推进组织内部成员之间的活动，确定最好、最有效的经营目的，实现更有效的管理，从而规定各个成员所承担的任务、职责及各成员之间的相互关系。组织在一切管理活动中处于中心地位，是行使其他各项管理职能的依托。它的中心任务就是建立一套与计划、目标相适应的组织结构。

组织结构是指组织内部各个职位、部门之间正式规定的、比较稳定的相互关系形式。组织结构形成了一种决定各级管理人员职责关系的模式。

国际工程项目组织是为了完成国际工程项目的全部目标，考虑国际工程项目的特点，开展项目管理活动所建立的管理机制和管理机构系统。承包商的项目组织就是我们通常所说的承包商项目经理部。随着国际工程项目的规模和复杂程度越来越高，工作范围、工作内容以及不同项目团队之间的界面数量也随之增加，项目管理过程也变得越来越复杂。能够顺利实施国际工程项目的关键是建立一个有效的项目组织结构，促进各部门之间有效沟通与协调。

在国际工程项目的投标阶段，投标小组最好由拟任投标项目的项目经理和主要成员组成，这样有利于项目组织结构的构建和中标后项目的顺利开展。正式组建项目经理部的工作是在业主发出中标函之后，此时项目经理的首要任务就是建立符合项目所处环境的组织结构、确定主要项目管理人员；另一项重要的任务就是在项目动员期内(一般为1～3个月)尽快落实项目所需的人力、物资和机械设备等资源。

虽然组织结构对项目的顺利实施起着至关重要的作用，但并没有一种适用于所有项目的、完美的组织结构，而只能根据项目所处环境、项目的复杂程度、人员灵活性与流动性等因素选择较为适宜的组织结构。

## 二、国际工程项目组织结构设计的原则

国际工程项目组织结构的设计应遵循以下原则：

(1)目标原则。项目组织的根本目的就是严格履行双方签订的合同，实现工程项目管理的目标。通常承包商的目标是确保项目按期、保质、安全完工的条件下，实现公司利润的最大化。项目组织结构的设计要考虑将项目目标分解落实到项目组织的各职能部门，使每个参与项目的人员在实现项目目标的过程中做出更大的贡献。

(2)灵活性原则。国际工程项目组织结构应综合考虑项目所处的经济、法律、政治、社会文化和科技等环境特征，并结合公司的战略规划、管理理念和价值观，组建一个符合实际情境的项目组织结构。另外，项目组织的人员数量和类别会随着项目实施进度的不断发展而变化，项目组织结构也应不断调整以适应这种变化。

(3)效率原则。承包商能否以较低的成本实现组织目标，是衡量其组织结构是否高效的基础。虽然成本是衡量组织效率的重要方法，不过这里所指的效率原则，还应包括高效的信息上传和下达。组织设计时要考虑上级部门能够对下级进行有效的控制，注意命令统一、权责对等，以保证上级制定的规范、政策、制度能够严格地被下级遵守，发出的指令能够及时地被下级执行。同时，要及时反馈，上传项目执行的过程和结果信息。

(4)职能专业化原则。项目组织整体目标需要通过完成多种职能工作来实现，项目组织设计中应充分考虑劳动分工与协作，包括现场管理、合同管理、进度与费用、索赔等。对于以提高效率、监督控制为首要任务的项目活动，应以此原则为主，进行部门划分。

(5)管理幅度原则。管理幅度是指在一个组织结构中，主管人员能够直接管理下属人员的数量。管理幅度的大小本身并无优劣之分，评判的标准在于在各种特定情况下它所能带来的实际管理效果。根据管理者自身的知识、能力、经验和所使用的信息技术的差异性，不同管理者的管理幅度也应有所不同。一般地，比较合适的管理幅度应该保持在6～7人。

(6)管理层次原则。它是与管理幅度相对应的另一个概念。在项目组织规模一定的情况下，管理幅度越大管理层次越少；组织管理层次的设计应在有效的管理控制幅度之下，尽量减少管理层次，以精简编制，促进信息流通。管理层次增加会降低工作效率。

(7)分工协调原则。组织的整体行为并不是孤立的，各职能部门既明确分工，又协调一致，使组织的各职能部门能够做到分工清晰、相互配合、通力合作，完成好项目总体目标和任务。

## 三、国际工程项目的组织结构

国际工程市场的不断发展和现代信息技术在工程建设领域应用的不断深入，对国际工程项目组织结构也提出了较高的要求。工程项目组织结构都是沿袭公司的项目组织结构运行的，具体有职能型、项目型和矩阵型三种。

在国际工程项目中，主要使用项目型和矩阵型组织结构。由于国际工程中项目人员跨国流动困难，大部分国际工程项目采用的是项目型组织结构。在某一区域范围内，如

果人员跨国(或跨地域)流动较容易时，国际工程项目也会采用矩阵型组织结构，但是一般不采用职能型组织结构形式。

(一)职能型

职能型组织(functional organization)是一个金字塔式层次结构，每一个员工都有一个明确的上级，如图 2-1 所示。将员工按专业分至不同的职能部门，如设计、采购、财务、资产等职能部门。在公司高级管理者的领导下，由各职能部门负责人构成项目协调层，并负责具体安排本部门内的人员承担项目的相关任务。

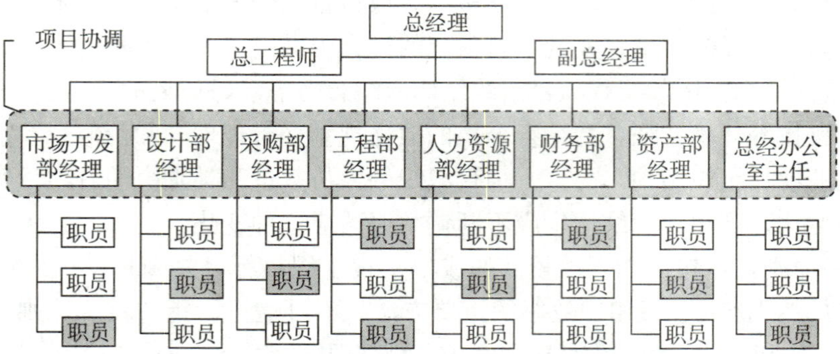


图 2-1 职能型组织结构

注：灰框中的职员是参与项目的职员

当一个项目开始运作时，总经理委任一个职能部门的人员作为项目协调员，负责整个项目的协调工作，但协调员无权调动其他部门的人员。

由于建设项目现场区域分散且跨越国界的特殊性，在国际工程承包业很少使用这种形式的组织结构。

1. 职能型组织结构的优点

(1)减少重复配置。职能型组织结构中，同类专家归在一起可以产生专业化的优势并减少人员和设备的重复配置。

(2)人员利用上有很大的弹性。专家可以被临时安排到项目中，并在其完成工作后回到自己的职能部门，继续从事自己的常规工作。

(3)专家可用于不同的项目。由于职能部门拥有大量相同或相似专业的技术人员，而且不同的项目对人员的专业技能需求相同或相似，因此技术人员可以相对容易地在不同项目间流动。

(4)不同部门的专家可以被组织起来共享知识和经验。由于不同专家所属专业领域不同，对项目中出现的问题会有不同的观点，而这些观点是基于他们的专业认知得到的，因此通过收集大量的专业知识和经验，可以协作性地解决问题。

(5)可以保持项目的持续性。职能部门在个别人离开项目时仍可保持技术上的延续性，当组织中的特定职能部门要使项目维持下去时，与技术的持续性同样重要的还有程序上、管理上和整体政策上的持续性。

(6)可以促进专业人员技能的提高。成员在其所处的工作环境中，能够比较容易地进行沟通，交流具体专业知识和技能，从而提高他们的业务水平和技术能力。

2. 职能型组织结构的缺点

(1)部门间沟通不畅，各部门往往追求本部门的目标而看不到全局目标，不以项目或客户为主。

(2)只关注自身问题。只有那些在职能部门专业范围内的项目问题才会被认真对待，而除此之外的问题只给予较少的重视，难以形成“以大局为重”这种全局意识。

(3)当项目出现问题时，互相推诿和指责。在职能型项目组织中，没有一个部门对项目的成败负全部责任。这种不明确责任的失误通常意味着职能部门经理只对项目的一部分负责，而其他人对项目的另一部分负责。不难想象，当出现问题时这必然会导致缺乏协调和互相扯皮的现象。

(4)职能型组织结构不利于形成系统的项目管理方法。不注重与其他职能部门的团队协作以及各个部门之间缺少沟通，使整个组织具有一种狭隘性，致使责任不明确、部门间协作成本增大。

(二)项目型

项目型组织(projectized organizations)是指将不同专业的员工聚集在一起，为了完成某个特定项目而共同努力的组织形式(图 2-2)。在这种模式下，项目经理部从各部门抽调专业人员，完成约定的工作，项目团队成员与原来的职能部门暂时脱离管理关系，将 100%的精力投入到该项目中，成为项目的全职人员。项目经理具有很大的职权和决策权。项目经理部对工程的成本、进度、质量、安全等目标进行控制，各职能部门直接向项目经理汇报工作进展，并由项目经理组织协调各职能部门的工作。项目经理部成员在完成其在项目上的工作后，仍返回原部门工作。

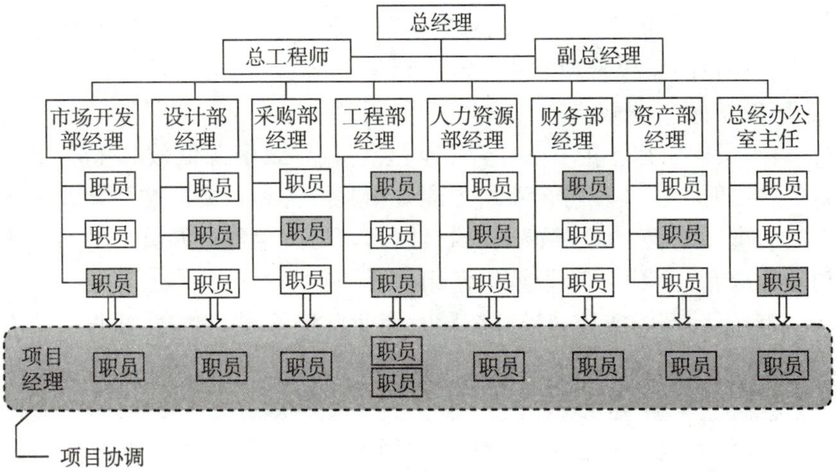


图 2-2　项目型组织结构

注：灰框中的职员完全脱离职能部门加入到项目经理部

项目型组织结构是国际工程公司常采用的一种形式。值得一提的是，项目型组织内部通常采用职能型组织结构，也就是说项目团队成员根据所属专业领域被划归为不同的职能部门(图 2-3)。

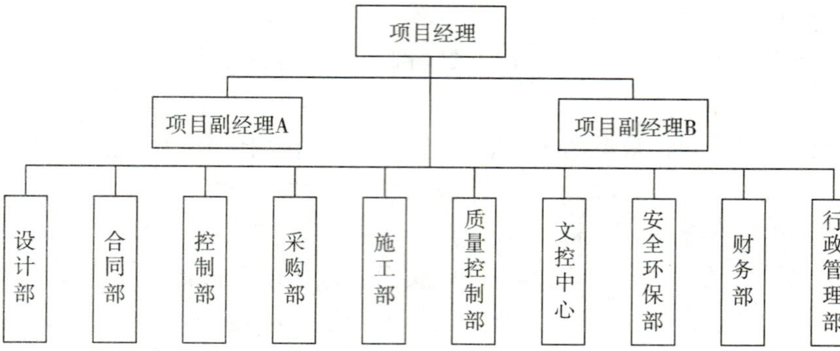


图 2-3 某大型国际工程项目组织结构

1. 项目型组织结构的优点

(1)项目经理在项目中的职权大到几乎全权。在项目型组织结构中，尤其是跨国界的对外国际工程承包项目中，项目经理可以控制几乎所有的资源，相对独立地做出决策，并组织协调各部门的工作。项目团队所有成员都只对项目经理负责。项目经理在做出技术决策前不用请示公司任何职能部门负责人，是真正的项目领导者。

(2)沟通效率高。当项目与项目以外的职能部门分开时，项目团队成员只对项目经理负责，职责唯一，精力集中，提高了沟通效率，特别是加快了对业主要求的反应速度。

(3)由于权力集中，快速做出决策的能力极大增强。在项目实施期间，项目经理可以相对独立地做出决策，特别是对项目员工的安排。当项目出现问题时，项目经理可以在现场及时提出具体的解决办法。

(4)项目型组织结构简单、灵活，易于实现。各专业人员现场集中办公，工作效率高，易于形成对项目的系统管理方法。

2. 项目型组织结构的缺点

(1)设备、人员等资源不能在多个项目间共享，导致资源低效和重复配置。当公司同时进行多个项目时，需要在每个项目中配备相关设备和人员，这会导致从行政人员到高级技术人员的重复配置。而且在项目执行期间，易产生各类人员忙闲不均，导致人员浪费，特别是稀缺专业人才，难以调剂使用。

(2)人员来自不同部门或公司外部招聘，专业背景不同，磨合时间长。

(3)容易导致同一部门的人员分散在不同的项目中，难以进行有效的专业培训、指导和考评。

(4)在项目收尾阶段，项目成员将被遣散回原职能部门，由于原职位的丢失，项目成员需要考虑自己的未来发展，如果处理不当，则会导致无心工作、工作积极性缺乏。

(三)矩阵型

矩阵型项目组织(matrix organization)是一种多维组织结构，它试图结合职能型和项目型组织结构的优点，同时力求克服二者之不足。它是在公司组织内，既按履行职能的不同设立职能部门，又按项目任务的不同设立项目部门(项目负责人)。这样，矩阵结构中就形成了纵横两套管理系统：一套是纵向的职能领导系统，另一套是为完成某一任务而组成的项目系统，项目协调存在于两个方向上，如图 2-4 所示。项目负责人对项目结果负责，职能部门提供完成项目所需的资源。

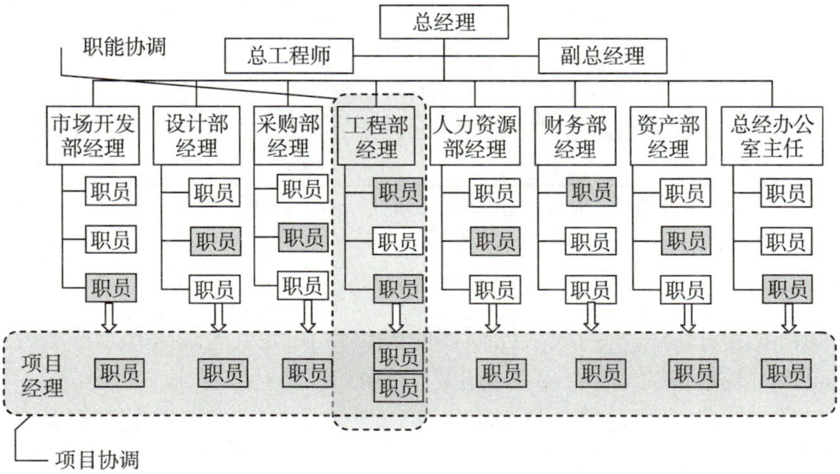


图 2-4　矩阵型组织结构

注：灰框中的职员完全脱离职能部门加入到项目团队

矩阵型项目组织结构可以充分利用公司有限资源以达到多个项目、子项目的共同实施，但是对公司的管理水平、项目管理水平、管理人员的综合素质、组织业务流程、信息沟通方式等均有较高的要求。

1. 矩阵型组织结构的优点

(1)当同时进行几个项目或子项目时，矩阵组织可以实现资源共享，减少重复配置。组织成员及相应设备属于职能部门，他们能够为适应项目的变化需要而在各项目或子项目之间流动，成员的核心职业技能及设备可供所有项目或子项目使用，从而能高效利用资源，减少重复和冗余。

(2)将组织的纵向联系和横向联系很好地结合起来，有利于加强各职能部门之间的协作和配合，及时沟通情况、解决问题。

(3)不同部门的专家可通过项目实施过程进行交流与合作，有利于互相启发、集思广益，信息传递迅速，反应迅速；有利于处理各种复杂的技术和管理难题，更加圆满地完成工作任务。它在发挥人的才能方面具有很大的灵活性。

(4)矩阵型组织结构根据项目经理职权的大小、可用资源的多少等特征可主要划分为强矩阵组织、平衡矩阵组织和弱矩阵组织，如表 2-1 所示。因此，矩阵组织可以根据项目的需要，采用较为灵活的矩阵形式。

**表 2-1　矩阵型项目组织结构**

| 组织结构 / 项目特征 | 矩阵型组织结构 | | |
|---|---|---|---|
| | 弱矩阵 | 平衡矩阵 | 强矩阵 |
| 项目经理的权利 | 有限 | 小到中 | 中到大 |
| 可供使用的资源 | 有限 | 少到中 | 中到多 |

续表

| 组织结构<br>项目特征 | 矩阵型组织结构 | | |
|---|---|---|---|
| | 弱矩阵 | 平衡矩阵 | 强矩阵 |
| 控制项目预算的角色 | 职能经理 | 混合 | 项目经理 |
| 项目经理的角色 | 兼职 | 全职 | 全职 |
| 项目管理行政人员 | 兼职 | 兼职 | 全职 |

资料来源：美国项目管理学会．项目管理知识体系指南(第 4 版)(PMBOK 指南)[M]．王勇，张斌译．北京：电子工业出版社，2009

2．矩阵型组织结构的缺点

(1)在矩阵型组织结构中，项目经理和职能经理在工作优先次序、项目中具体人员的分配、工作中的技术方案以及项目变化等方面可能产生矛盾。

(2)项目结束时的问题仍像项目型组织一样严重。由于小组成员都是从各职能部门临时抽调的，任务完成以后还要回到原职能部门工作，容易使小组人员产生临时观点，不安心工作，从而对工作效率产生一定影响。

(3)破坏了命令统一管理原则，每个成员都要接受两个或两个以上上级的领导。这种“多头领导”的结构形式潜伏着职权关系混乱和冲突的问题。

## 四、国际工程项目经理部组织机构设置

国际工程项目经理部的部门设置可以按照管理内容的相近程度、人员以及资源的配置进行综合安排，通常设置有综合办公室、工程管理部、HSE 部、财务部、物资采购部、合同部、控制部、协调部以及信息文档控制中心。根据所签订的国际工程承包合同，项目经理部各职能部门的职责分述如下。

### (一)综合办公室

综合办公室主要负责：

(1)项目经理部日常管理办法的制定和实施、项目经理部人员培训和项目团队文化建设。

(2)员工总量和用工计划的管理，员工出国签证和国际往返手续、员工流动安排、劳动合同、休息休假、劳动纪律、奖惩等管理工作。

(3)法律事务工作，包括联系法律事务所、非诉讼代理、诉讼安排。

(4)员工的业绩考核管理工作，人事档案管理工作。

(5)员工劳动鉴定、病伤医疗、工伤保险管理。

(6)项目综合管理相关资料文件的编制、收集和归档。

(7)员工的住宿、膳食和交通等后勤保障管理。

### (二)工程管理部

工程管理部包括了对质量进行控制的职责，如果是大型项目，可考虑单独设立质量部。工程管理部主要负责：

(1)工程项目总体部署和施工组织设计的编制。

(2)开工前的准备工作和正式开工报告的组织编写。

(3)工程项目实施全过程的动态控制。

(4)施工方案的编制和技术管理。

(5)工程项目质量计划的编制和控制。

(6)建立、实施和保持适宜的项目质量管理体系，确保项目质量目标的实现。

### (三)HSE部

HSE部主要负责：

(1)工程项目HSE管理体系的建立，所有分包商和供应商的HSE文件审查。

(2)HSE工作计划、目标、指标的制定和管理。

(3)工程项目施工过程中HSE(包括分包商与供应商的HSE)工作的指导、监督、检查以及协调。

(4)定期或不定期地同有关部门组织工程HSE检查，确保工程各项工作顺利进行。

(5)项目施工过程中的HSE重大事件的处理。

(6)实施过程中的职业健康、安全和环境影响评价活动。

(7)工程项目的风险管理，包括风险源识别、风险评价、风险控制。

(8)工程项目保险计划的制订与控制。

### (四)财务部

财务部主要负责：

(1)工程项目的财务管理计划的制订与实施。

(2)国际间的货币汇兑管理和项目的所有日常财务经费管理。

(3)工程项目的收支账目管理和项目资金管理。

(4)对分包商和供应商进行支付。

### (五)物资采购部

物资采购部主要负责：

(1)物资采购计划和物资分配计划的编制。

(2)工程物资供应管理的规章制度和工作流程的制定。

(3)物资供应单位的管理工作，物资供应单位动态信息的收集、识别和整理。

(4)物资采购计划的实施和控制。

(5)工程物资的统一调度、分配、协调和运输管理。

(6)组织物资供应商的售后服务和现场调试工作。

(7)物资收、发、存资金账务管理，工程物资核销和剩余物资的回收处理。

### (六)合同部

合同部主要负责：

(1)国际工程承包合同管理工作，包括合同的解释、有关合同知识的培训等。

(2)分包商和供应商的选择，包括招标文件的编制及发售、招标文件的澄清、开标和招标谈判工作的组织等。

(3)各类分包合同和供应合同的管理，包括合同谈判、合同审核和签订、履约管理等。

(4)变更与索赔管理。

### (七)控制部

控制部主要负责：

(1)工程施工进度计划的编制、跟踪、控制和更新。

(2)工程数据的统计管理。

(3)工程项目费用管理，包括进度付款申请的编制和提交、项目现金流计划的编制、项目施工预算编制和成本控制、工程进度款审核、对分包商的付款管理等。

(4)工程日报、周报和月报的编制。

### (八)协调部

对于大型或现场比较大的项目，需要设置协调部，主要负责：

(1)承包商、分包商、供应商之间的进度协调管理。

(2)当地政府有关部门和民众的关系协调。

(3)业主、工程师与承包商之间的现场移交协调、“甲供材料”的供应时间协调等。

### (九)信息文档控制中心

信息文档控制中心主要负责：

(1)文档管理程序的编制、应用和推广。

(2)提供文档的查阅和复印。

(3)控制和管理文档的准备、修改、回收、存档和销毁。

(4)文档整理分类，在项目结束后负责项目文档的移交工作。

(5)项目数据采集、流通、处理和存储。

**【案例 2-1】** 某国际工程项目经理部组织机构设置和项目经理部管理人员及部门的责任划分。

以下为某国际工程中项目经理部的组织机构设置，在该项目中，项目经理为项目的第一负责人，在项目经理下分设三个副经理，分别主管技术、商务、HSE。详细的项目经理部组织机构设置如图 2-5 所示。

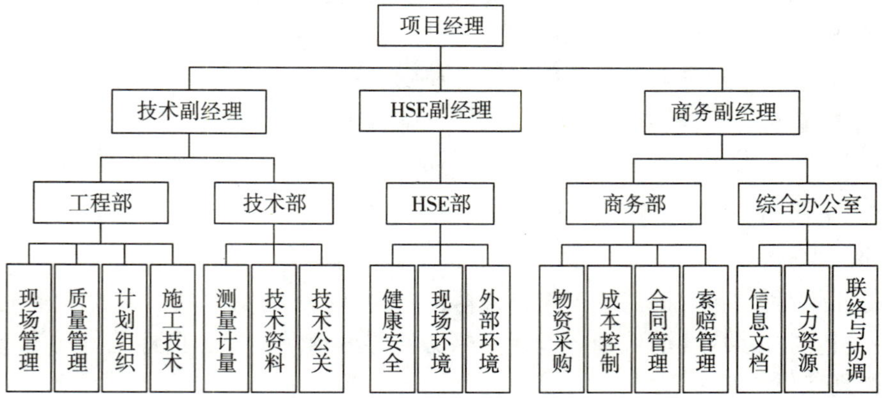


图 2-5 项目经理部组织机构设置

## 第二节 国际工程项目人力资源管理

人力资源管理可定义为一个组织为了实现公司的项目目标，运用现代管理措施和手段，对人力资源的取得、开发、保持和使用等方面进行管理的一系列活动的综合。其一般包括人员招聘与选拔、培训与开发、绩效考核、薪酬管理等。

人力资源管理是承包公司价值链中一项关键的支持性活动，是承包公司制定经营策略和成功完成项目的基础。如何获得、开发、管理跨国流动的人力资源是国际工程承包商实施项目所需考虑的重要因素之一。

### 一、人力资源计划

制订人力资源计划是识别和记录项目角色、职责、任务和所需技能以及报告关系，并编制人员配备管理计划的过程。人力资源计划中通常还包含对员工的培训需求、团队建设策略、奖励计划、安全问题等。

#### (一)岗位分析

岗位分析是根据工作分解结构(work breakdown structure，WBS)来确定每个工作岗位的职责和工作内容。岗位分析主要包括角色、职权、职责、能力、报酬、时间、负责人等。

(1)角色：与所从事专业有关的称谓，如土木工程师、合同工程师、工料测量师。

(2)职权：根据组织章程所拥有的特定权力，包括使用资源、做出决策和批准的权力。

(3)职责：为完成项目的某个关键成果，应该履行的活动的集合。

(4)能力：完成所需工作，项目团队成员应该具有的技能和才干。

(5)报酬：完成该岗工作后，员工应获得的收益。这也是项目进行人力资源成本核算的基础，当其与职权和职责相匹配时，团队成员才能更好地开展工作，即责权利的均衡。

(6)时间：工作的开始日期和结束日期。

(7)负责人：工作的负责人是谁。

岗位分析是人力资源管理的基础，对今后的人员选择、薪酬管理、绩效评价以及人员培训都具有十分重要的作用和意义。

#### (二)人力资源需求预测

一般来说，可以将从事国际工程的人员分为四类，即项目管理人员(managerial personnel)、专业技术人员(professional)、行政人员(administrative personnel)和劳务(labor)。国际工程项目经理部的人员配置特点是公司只派出少量项目管理人员和专业技术人员，其余人员可以通过外聘或劳务分包等形式获得，这样可以减少人力资源闲置。项目管理人员包括项目经理、各职能部门经理等，对于此类人员的数量一般不因项目的规模、复杂程度等因素而改变，并且从项目开工到项目竣工期间一直负责项目的计划、组织、领导、控制等管理工作。专业技术人员根据所属领域不同，可以分为土木工程师、结构工程师、电气工程师等。行政人员并不直接参与项目的作业活动，但为这些活动提供日常的后勤支持和服务，如行政主管、资料员、保安人员等。劳务是实施项目的现场工作者，直接参与项目的实施。

对于人力资源需求的预测，主要针对的是专业技术人员和劳务的预测。可以根据工作分解结构和进度计划确定人员的数量和进场时间。专业技术人员的种类取决于项目的具体特征，例如，桥梁工程和房屋工程所需的专业技术人员的种类可能就有所不同。技术人员的数量取决于工程项目的规模，而劳务的数量需要考虑劳动者的工作效率、项目复杂程度和工程量的大小等因素。

### （三）公司现有人力资源分析

项目人力资源的来源分为公司内部资源和外部资源，对应地可分为内部招聘和外部招聘。通过上述的项目人力资源岗位分析，公司人力资源部在获得项目人力资源的需求后，分析公司内部资源状况对项目需求的满足程度。对出现的人力资源缺口，可考虑采购外部资源。

国际工程不同于国内工程的主要方面之一是，工程所在国政府会对承包商输入到本国的劳务数量进行限制。因此，在进行人力资源分析时，要考虑到这种法律限制。

公司内部各项目之间和公司之间对稀缺人才或有限人力资源的竞争比较激烈，而这些因素可能对项目成本、进度、质量、风险及其他方面有显著影响，因此需要经常分析公司内部和外部的人力资源现状，做出人才资源和其他资源的储备工作。

为了便于寻找公司内部的所需人才，目前不少建筑公司已经开始尝试建立公司内部资源数据库，以实现内部资源共享。公司人力资源部在得出项目人力资源的预测后，将所需各类人才的基本要求输入到计算机系统，在数据库中查找所有可用的合格候选人，建立项目自身的备用人才库。当项目需要某类稀缺人才时，如工程索赔专家，可能会临时从总公司或别的项目上将其抽调过去，待工作结束后再返回其原部门工作，因此对于此类稀缺人才应该考虑各项目间共享。

### （四）影响人力资源供给的外部环境分析

在取得一个项目后，从公司内部人才库中不可能获得项目所需的所有人力资源，因此需考虑从外部获取所需资源，这样可能更经济。外部招聘的渠道很多，如广告招聘、引荐、网络招聘、职业中介机构招聘和校园招聘等。

国际工程的一个突出特点是需要考虑人力资源本土化问题。所谓人力资源本土化，并不是指对外承包公司要百分之百地聘用当地人员，这些公司的高级管理人员和技术人员仍然可以从母公司派遣，但应大胆地、较多地聘用当地员工，并且还应适当地雇用会计师、律师等专业人员。实行人力资源本土化有很多优点：①雇用当地劳务，提升当地的生活水平，是一个承包商应履行的社会责任，甚至是合同义务；②降低人力资源成本，为对外承包公司的发展注入活力；③使用当地员工担任项目管理职务的承包公司可以在东道国享有很好的口碑；④由于项目的临时性特点，员工本土化可以避免公司因使用本国外派人员担任管理职务而导致的强调人力的效果却缺乏应用的长期计划问题。

有些国家明确要求承包商必须雇用一定比例的当地员工或指定分包商。因此，国际工程承包公司人力资源的本土化势在必行。在雇用东道国的员工时，需要考虑他们的工作能力、行为习惯和信仰等，这都会对工作效率有一定的影响，从而对雇用人员的数量有所影响。例如，有些国家在宗教节日期间一般不安排施工；在穆斯林地区施工时，当地雇员可能会在工作时间和场所祈祷。同时，应关注项目团队的跨文化管理，以提升不同文化背景的人员协同工作的效率。

### （五）编制人力资源计划

人力资源计划包括职务计划、人员配置计划、人员供给计划、培训计划、人力资源管理政策、关键任务的风险分析及对策等。人力资源计划的编制应根据岗位分析和人员的需求预测进行。

(1)职务计划，包括项目组织结构、职务设置、职务描述和职务资格要求等。

(2)人员配置计划，包括每个职务的人员数量、人员的职务变动、空缺数量、希望到岗时间、技能要求等。

(3)人员供给计划，包括人员供给方式(外部招聘、内部招聘)、人员内部流动政策、人员外部流动政策、人员获取途径及计划、招聘成本等。

(4)培训计划，包括培训政策、培训需求、培训内容、培训时间、培训形式、培训考核等。

(5)人力资源管理政策，包括招聘政策、绩效评价政策、薪酬与福利政策、激励政策、员工管理政策等。

(6)关键任务的风险分析及对策，包括招聘失败、员工不满对项目实施的影响等。

## 二、人力资源获取

项目经理部具有对聘用人员的建议权，可以在向上级公司上报人力资源计划时，同时上报部分或全部所需人员的建议名单。人力资源的获取可以通过内部招聘，也可以通过外部招聘，还可以通过劳务分包商获得所需的人员。

### （一）内部招聘

项目的中高层管理人员、技术人员一般通过内部招聘获得。这些人员拥有丰富的知识和实践经验，并对公司的规章制度、文化特征、作业流程有充分的了解，可以直接接手新项目，是公司不可或缺的宝贵资源。内部招聘可以减少招聘成本和培训费用，同时可以保留优秀的人才，促进其职业生涯的发展。但是，当同时存在几个项目时，可能会导致对稀缺人才的争夺，这对项目经理的谈判能力提出了较高的要求。因此，项目经理须取得公司上层领导的信任与支持，否则在人力资源的内部获取上可能会存在困难。

### （二）外部招聘

项目的临时性特点使得项目成员在项目结束时，将面临被遣散回原职能部门或被解聘，或被派到新的项目上继续开展工作。由于国际工程项目跨地域较广，不可能对所有的员工进行同样的安排。因此，对于替代性较强的人力资源，国际工程承包公司一般通过外部招聘方式获得，这样可以在项目结束时与这些人员终止合同关系，节约大量人力资源成本。

另外，项目所在国有时会明确要求承包商需与当地公司合作，或雇用一定比例的当地劳务人员，因此项目经理还应了解东道国相关法律法规、业界的平均薪资水平、劳动力市场状况等，积极制订项目所在国的招聘计划。

（三）劳务代理

当中标新的国际工程项目时，承包商很难在有限的时间内、可接受的成本下获得所需的、技能娴熟的劳务，而劳务分包是一种可以迅速获得所需劳动力的常用的方法。承包公司首先根据劳动力需求计划，以及本公司内部招聘和外部招聘所能获得的劳动力资源情况，确定所需的劳动力工种和数量。然后和有信誉的劳务代理机构签订劳务供应合同，由劳务分包商在合同约定的时间内提供所需的劳动力资源。承包公司并不与每个劳动者签订合同，减少了发生争端的可能性。

但是，承包公司难以对此类人员进行有效的绩效考评和激励，而且由于雇用此类员工只是临时性的，不可能对他们进行系统的技能培训，因此劳务供应协议应对劳务的技能水平做出清晰约定，以保证劳务有较高的作业效率。

## 三、人力资源开发

培训是提高员工技能和团队绩效的非常重要的手段。国际工程承包公司应努力培育学习型公司文化，树立终身学习和积极分享知识的观念，培养既具备某一专业领域的知识和实践经验，又具有管理科学和经济学理论基础的复合型人才。

对于刚进入公司的管理人员和技术人员，他们的工作技能和交际技能参差不齐，对公司的价值观、规章制度、作业流程等还不太了解，因此在开始时应对这类员工进行较高强度的培训，培养他们应具有的专业技能和对公司的归属感、忠诚度和责任感。

对于管理人员，可以由公司内部管理经验丰富的工程师或外聘的工程管理专家进行培训，培训工作流程、手段和方法，上下级之间的沟通，提高工作效率的方法等；还可以通过“标杆管理”的方法，学习并效仿成功的项目管理案例，不断改进管理方法和手段。对于高层管理人员，主要让他们掌握项目管理的最新知识并应用于项目中，熟悉内外部环境的变化和公司战略的发展方向，同时帮助新上任的高层管理人员尽快熟悉作业流程；对于中低层管理人员，主要培养他们的管理技能和工作方法。

对于技术人员，在上岗之前进行有关作业流程、规章制度、安全生产等培训，让他们具备从组织整体利益出发开展工作的思想，同时让他们了解自己专业领域的最新动态；上岗之后，一般采用“师傅带徒弟”的培训方式，由经验丰富的人员指导如何实施工作。

## 四、人力资源的管理和控制

通过有效的人力资源管理和控制，可以激发员工的活力、调动员工的积极性，正确引导员工的工作方向，促进全体成员为完成项目目标而共同努力。

### (一)国际工程项目团队人员的绩效管理

1. 确定绩效考核指标

绩效考核指标是对项目目标的分解，是能够有效反应关键绩效驱动因素变化的衡量参数。制定绩效考核指标时应分别针对管理人员、工程技术人员等施以不同的考核制度，为不同岗位的人员量身定制不同的考核标准。通常来说，工作绩效评价的重点是：

(1)工作业绩。重点考核工作成果，同一岗位的评价标准要统一。

(2)工作态度。重点考核工作中的表现，考核员工付出了多少劳动。

(3)工作能力。员工的工作能力由于受到岗位、环境或个人主观因素的影响，在现有的工作中不一定显示出来，要通过考核发现。绩效指标的确定应根据这些绩效评价的重点来确定。

绩效考核指标的选择应遵循 SMART 原则：

(1)指标是具体的(specific)，即绩效考核要切中特定的工作指标，不能过于笼统。

(2)指标是可衡量的(measurable)，即考核目标可量化表示，并能分阶段验证这些绩效指标或者信息是可以获得的。

(3)指标是达成一致的(agreed)，即绩效指标是在指标的制定者与实现者之间事先达成了一致。

(4)指标是现实的(realistic)，即绩效指标是实实在在的，可以证明和观察，在付出努力的情况下是可以实现的，尽量避免设立过高或过低的目标。

(5)指标是有时限的(time-bound)，应注重完成指标的特定期限。

考核指标不宜过多，以免分散了员工的注意力。确定了考核指标之后，需要为每个指标分配权重。每个指标的权重应仔细考虑，过高的权重会导致对其他与工作密切相关的指标被忽略，而且使员工的考核风险过于集中，万一不能完成指标，则影响过大。权重过低则会导致考核缺乏影响力。

2. 绩效考核结果的反馈

进行绩效考核的主要目的是要更好地了解项目员工的工作现状，进而掌握项目进展状况，查找出项目存在的问题，借此来优化项目内部的管理制度，发现问题，改进工作。

在绩效考核中，员工不仅关心自身绩效水平，而且关心上级主管人员对其工作能力、态度等方面的评价。绩效管理人员要采取合适的方式，及时有效地把考核结果反馈给员工，让他们能够从绩效考核中受益，从而发现自己的问题和明确努力方向。

工作绩效考核的结果，应与人员的薪酬相联系，对于绩效考核结果好的人员，应给予适当奖励；对于绩效考核结果差的人员，也应给予相应的惩罚，严重不符合项目要求的人员，应及时解聘，避免影响项目的目标。

### (二)国际工程项目团队人员的激励

对项目人员进行激励就是运用有关行为科学的理论和方法，对成员的需要予以满足或限制，从而激发成员的行为动机，促使成员充分发挥自己的潜能，为实现项目目标服务。国际工程项目中的激励因素包括个人激励因素和组织激励因素两个方面。

1. 个人激励因素

与个人激励因素相关的一个重要概念是项目团队成员的个人目标。个人目标是个人行为所要得到的预期结果，它本身是行为的一种诱因，具有诱发、导向和激励行为的功能。个人目标本身包含若干层次，不同层次的目标所指向的标的物就构成了个人激励因素。

(1)物质因素。物质因素也就是一般意义上所讲的薪酬。当个人在决定是否参与某个项目时，一个很重要的因素就是考虑参与该项目是否会给自己带来足够的收入。在这个因素上，项目成员往往会权衡项目工作和本职工作。物质因素包括工资、津贴、海外项目补助、福利、保险等。

(2)个人发展因素。每个项目都是独一无二的。对于个人来说，每参加一个项目既是一次学习机会，又是提升自己声誉的机会。个人的发展离不开知识的学习和经验的积累，而参与项目正是很好的学习实践机会。个人发展因素具体包括：对项目成员不熟悉技能的培训；适当范围的授权；给予项目人员较多的学习和参与机会；把个人在项目中的绩效记录在案；等等。

(3)专业认可。项目工作是以任务为导向的活动，每个人在项目中都是有特定任务的。在项目执行过程中，通过良好的沟通机制，有效地监控和反馈项目进展和任务的完成情况，使项目成员及时了解自己的努力结果。当得到专业技能的承认和赞扬时，其会获得受尊重和自我实现的极大满足感。尤其专业人士及高成就者，他们并不在乎有无职权，他们更多地追求专业上的成就和认同。

2. 组织激励因素

组织的激励因素体现为激励和约束，具体包括以下三个方面：

(1)项目目标。项目管理的任务就是保证项目目标的实现，因此明确的项目目标是一种强烈的激励因素。管理大师彼得·德鲁克认为员工的共同参与与共识是达成目标的关键。

(2)利益共同体。项目人员往往来自于不同的国家、行业和部门，依据项目需要，可能被分配全职或兼职工作，项目结束后原则上仍回原行业和部门，这容易使项目成员不会全心投入到项目工作中去。这就要求项目经理在项目进程中，通过让项目成员适当地参与计划及决策工作，通过在为项目成员分配任务时赋予其相应的责任和进行适当的授权，并通过组织制度形式使所有的项目成员形成利益共同体，使其形成一种自我激励和约束。

(3)团队精神。项目团队是由项目组成员组成，为实现项目目标而协同工作的组织。高绩效团队给予了参与项目的成员非常明确的目标，使其具有强烈的方向感和目标感，培养彼此之间的了解和协作精神。团队精神具有内聚性、义务性和热情性。因此，为项目团队打造有力的团队精神，是激励项目成员凝聚力量，为项目目标奋斗的强大动力。

### (三)国际工程项目团队人员的遣散

由于工程项目是一项临时性工作，有明确的开始和结束日期，而且工程项目上的人员流动性比较大，人员的需求量随着项目进展到不同阶段而有所不同。项目经理部应根据项目的需要，确定项目上的人员需求，及时聘用或解聘人员。

## 第三节　国际工程项目经理

### 一、项目经理的地位

国际工程项目经理是国际工程承包公司参与具体项目实施的全权委托代理人，负责工程项目的计划、采购、施工等管理工作，处理组织内部、组织之间的各种关系，促使项目目标的顺利实现，是工程项目的直接领导者和组织者。

项目经理一般具有广泛的经验和知识背景，不要求对所有专业领域精通。其主要工作是以各职能部门的工作为基础，综合各职能部门的工作，促进各职能部门间的资源分配与协调，顺利完成项目目标。也就是说，项目经理是项目的促成者，是项目风险的承担者，因此他须对项目结果负责，是国际工程项目管理团队的核心。

随着现代国际工程项目管理模式的不断发展，工程项目 EPC 总承包趋势愈加明显，而且工程项目的复杂程度越来越高，工程项目的实施和管理难度也随之加大，对项目经理的综合素质和管理能力提出了更高的要求。另外，业主在选择承包商时，也将其拟任命的项目经理候选人的信息作为一项重要指标加以考虑。因此，承包商应将培养一专多能、善于运筹帷幄的项目经理作为公司的一项长期发展战略。

### 二、项目经理的权力

国际工程项目能否成功实施与项目经理的能力关系极大，公司总部应向项目经理充分授权以发挥项目经理的能力。另外，国际工程涉及跨国经营，国际工程项目经理相对于国内工程的项目经理拥有较多的自主决策权。国际工程项目经理的权力包括以下几项。

#### （一）生产指挥权

项目经理有权按国际工程承包合同的规定，根据项目随时出现的人、财、物等资源变化情况进行指挥调度，有权在保证完成总目标的前提下对项目计划进行优化和调整，以保证项目经理能对施工现场临时出现的各种变化应付自如。

#### （二）人事权

在有关政策和制度规定的范围内，项目经理有权决定项目经理部人员的聘任、调配、考核、奖惩和解聘。

#### （三）财物决策权

项目经理必须拥有公司授权范围内的财务决策权。在财务制度允许的范围内，项目经理有权安排该项目费用的开支，有权决定项目经理部内部成员的计酬方式、分配方法、分配原则和方案，对风险应急费、措施费等都有使用支配权。

### (四)技术决策权

项目经理的技术决策权主要是审查和批准重大技术措施和技术方案，以防止决策失误造成重大损失。必要时，项目经理可召开技术方案论证会或聘请咨询专家，以防止决策失误。

### (五)设备、物资、材料的采购与控制权

在公司有关规定的范围内，项目经理有权决定机械设备的型号、数量和进场时间，对工程材料、工具、大中型机具的进场有权按质量标准检验后决定是否用于本项目，还可自行采购零星物资。

在国际工程中，物资采购通常分为项目经理部采购和公司总部集中采购。前者通常是当地采购，批量小；而后者则是公司为了提高效益，利用规模效应，实施集中采购。集中采购渠道往往是联盟供应商，价格优惠低廉，质量有保证。但公司总部必须保证按时、按质、按量将采购物资运输到项目上，满足项目的进度要求。

## 三、项目经理的职责

项目经理的职责主要有两个方面，即对上级公司的责任和对所承担项目的责任。

### (一)对上级公司的责任

项目经理对上级公司的责任包括维护公司在当地的形象，代表公司在当地履行公司社会责任，保护项目的施工设备、人员和财产免遭损失，定期与公司沟通、汇报情况，以项目经理应具有的经验和能力管理好项目，实现项目的预期利润目标。

为履行职责和实现项目目标，项目经理应该制定有效的安全防范措施应对风险，并对可能出现的成本超支、工期拖延及其他重大问题及时向公司汇报。项目经理应积极组织相关人员或向上级公司申请调度有经验的专家制定相应策略，寻求降低这些风险的可能性。

另外，国际工程公司非常注重自己在东道国的信誉和形象，项目经理应注意项目团队成员的行为和处理问题的方式。

### (二)对所承担项目的责任

#### 1. 实现项目目标

项目经理必须带动项目团队实现项目目标，达到业主的要求，这一项基本职责是检验和衡量项目经理管理项目成败、水平高低的基本标志。

#### 2. 制定项目阶段性目标和项目总体控制计划

项目总目标一经确定，项目经理的职责之一就是将总目标分解，划分出主要工作内容和工作量，确定项目的阶段性目标，如里程碑控制点等。制订计划时应由项目经理负责，项目团队成员一起参与，这可以使计划更贴合实际，易于得到项目团队成员的普遍认同，在执行阶段可以减少阻力。

#### 3. 组建并管理项目团队

组建一支好的项目团队是项目经理实现项目目标的基本条件，也是项目成功的组织保证。项目经理负责项目成员的任务分配，明确其工作范围与职责，把一组成员组织起

来共同实现项目目标。项目经理应保证参与项目团队的成员能够满足所在岗位的技能要求，并应创造条件确保项目成员能够经常地交流沟通，营造良好的团队文化和工作氛围。

4. 及时决策

项目经理需亲自决策的问题包括实施方案、人事任免和奖惩、重大技术措施、设备采购方案、资源调配、进度计划安排、合同及变更、索赔等。在项目执行过程中，会遇到各种各样的问题和障碍，项目经理应时刻掌握项目的最新信息，及早发现问题并果断理智地对这些问题进行决策，使项目能够按照计划进行。

5. 项目资源管理

组织工作主要是为执行项目计划获得适当的资源，并决定资源的分配，保证资源的高效利用。资源主要包括人员、设施、材料、资金等，由于项目成本及资源可获得性的限制，资源通常是项目的约束条件，一般在制订项目执行计划时，应同时结合制订相应的资源计划，以保证在资源约束条件下项目的成功实施。

6. 处理外部关系

项目经理是国际工程项目承包商的全权代表，拥有处理与所承担项目有关的外部关系的权力。

## 四、项目经理的能力和素质

项目经理是整个工程建设项目的核心领导者，其工作能力关系到整个项目的顺利进行，因此对于项目经理的聘用要慎重对待。成功的项目经理至少应该具备以下四方面的资质能力：①很好的管理、沟通与协调能力；②全面的知识体系；③丰富的项目管理经验；④良好的个人素质和人格魅力。

### （一）很好的管理、沟通与协调能力

项目经理应该掌握管理的基本技能与知识。由于这是一个管理岗位，因此项目经理需要熟悉项目管理的基础知识和分析方法，并经过必要的项目管理的技能训练；既要有管理意识，还要掌握管理的基本技能；在处理各种突发事件时，做到“处变不惊，从容应对”。

项目经理要有很好的沟通与协调能力。项目经理在某种程度上担当着协调员的角色，需要和方方面面的人员沟通，不仅仅是与项目内部人员进行沟通，更多的是与项目相关各方进行沟通与协调，这对项目经理的人际沟通能力提出了很高的要求。

### （二）全面的知识体系

项目经理需要对大量的专业性任务进行计划、组织和协调，是项目实施的决策人。如果不懂与工程项目相关的专业技术，就很难对重大问题做出正确的决策。但这并不是说项目经理必须精通结构、机电、工艺、造价等各个方面的专业知识，而是要求其必须在这些方面具备一定的基础知识，熟悉项目的主要技术，才可以借助于参加项目的专业人员，如结构工程师、机电工程师、工艺人员和造价人员，来做出决策。除了工程技术方面的知识，项目经理还必须具有更广泛的商贸方面的知识，而且要具有一定的知识广

度，如经济学、法学、管理学、财务、心理学、谈判学等。

另外，项目经理还应该熟悉国际工程项目的特点和实施流程，通晓国际工程常采用的合同条件，如FIDIC合同条件、ICE(Institute of Civil Engineering，即英国土木工程师协会)合同条件。项目经理还需熟练掌握英语或其他外语，可以同业主人员直接进行交流，这有利于问题的及时沟通和解决。

### (三)丰富的项目管理经验

项目经理应该具备类似项目的管理经验。有些能力并不能从书本中直接汲取，而需要经过实践的磨炼才能熟练掌握，如应对突发事件的能力。必须注意的是，如果一个项目经理在某一类型的项目中拥有较多的工作经验，并不能表明他能管理新的项目，因为用老项目的管理经验可能反而不利于新的工程项目的管理，所以还应考虑项目经理参与过的项目与拟建项目的类似程度以及项目经理是否具有创新能力。

对大型国际工程承包商的项目经理而言，通常业主会要求有10年以上类似项目工作的经验。

### (四)良好的个人素质和人格魅力

(1)良好的职业道德。项目经理要具有良好的职业道德，守岗敬业，时时跟踪和关注项目的进展情况，遇到实施过程中所发生的问题和困难要及时与上级公司和项目各参与方进行充分沟通和协调，本着“共赢”的原则探讨解决方案。

(2)具有开朗、坚韧、冷静而灵活的性格。国际工程项目易受自然和社会环境的影响，这种错综复杂性决定了项目在实施过程中必然遇到许多棘手的问题，只有冷静而清晰地分析问题，灵活地处理问题，并以坚忍的意志克服困难，才能最终实现项目的既定目标。

(3)良好的心理素质。尽管在项目实施之前制订了周密、详细的计划，但国际工程项目的不确定因素多，经常会出现各种组织上或组织间的意外事件；另外，项目所处环境较差，生活条件较为艰苦，而且远离亲人，这些都需要项目经理具有良好的心理素质来抵抗各种压力、克服各种障碍。

(4)公正无私地处理问题。项目经理要整合所有资源为实现预期的目标服务，因此项目经理应当站在公正无私的立场合理地分配资源，均衡各部门的利益。

(5)良好的道德品质。项目经理应具有良好的道德品质，必须对社会的安全、和谐、文明和发展承担道德责任。项目经理应保证他本人和项目管理团队成员严格遵纪守法，当项目的经济利益与社会利益发生矛盾时，项目经理应合理地加以协调，把自己追求利润的商业行为限制在社会和公众允许的范围之内。

# 第三章

# 国际工程项目范围管理

本章内容包括国际工程项目范围的定义、国际工程项目工作分解结构的确定、国际工程项目范围确认的过程和步骤、国际工程项目范围变更及控制。

## 第一节　国际工程项目范围的定义

### 一、项目范围及其管理的概念和内容

#### (一)项目范围

项目范围指的是为了交付具有规定特性和功能的产品、服务或成果而必须完成的工作。对工程项目范围考虑不充分常被认为是导致项目失败的主要原因之一，许多业主和承包商缺乏对项目范围的足够定义，导致了设计的不充分，并由此造成工程项目成本超支、进度落后、生产效率低以及质量不达标等不利后果。因此，业主和承包商有必要准确定义各自的工作范围，减少项目争端和风险发生的可能性。

对国际工程项目范围的理解主要有两个方面，即业主的项目范围和承包商的项目范围。从业主的角度来看，项目范围是指一个项目实现其特定功能所需完成的全部工作。而一个项目可能划分成多个相对独立的合同，由不同的承包商来完成。因此，承包商的项目范围实际上是指承包商的合同范围，即在与业主签订的承包合同下，需要完成的全部工作内容，但在本书中仍使用“项目范围”一词。

本书的主要目的是为中国对外承包商提供科学管理方法和决策，因此将国际工程项目范围理解为承包商的项目范围，项目范围的管理也就是承包商的项目范围管理。

#### (二)项目范围管理

项目范围管理主要在于定义和控制哪些工作应该包含在项目范围内，哪些工作不应该包含在项目范围内。承包商项目范围管理应该经过如下四个过程：

(1)工程项目范围的确定：承包商根据合同文件、工程师的变更指令等信息确定需要承担的工作范围。当采用 DB 或 EPC 等项目总承包管理模式时，业主可能只提出“业

主要求”。“业主要求”是合同文件之一，主要说明工程技术要求和范围，并未对细节做出详细说明，承包商需仔细甄别自己的工作范围和职责。

(2)工程项目范围的分解：常见的项目范围分解工具是工作分解结构，它将项目分解成相对独立的可交付成果，并进一步分解成较小的、更易于管理的组成单元。可以针对工作分解结构安排项目的施工进度、采购计划、成本估算和监控等工作。

(3)工程项目范围的核实：业主正式接收完成的项目可交付成果的过程，也是对项目范围的验证。此过程要求对项目实施阶段的主要可交付成果进行及时检查，保证承包商正确地、满意地完成合同约定的全部工作。

(4)工程项目范围变更及控制：由于各种原因，业主、工程师或承包商都可能在工程实施过程中希望或不得不对合同中的工作内容进行改动。例如，合同中单项工作的质量或其他特性的改变；工程某部分标高、位置和尺寸的改变；对某项工作的删减(但删减的工作也不得由其他人来做)；等等。

工程项目范围的管理一般同进度管理、费用管理、风险管理、物资采购管理等项目管理过程重叠进行。

## 二、范围定义的依据

### (一)合同文件(招标文件)

承包商通过投标获得承包合同，在编制投标书并做出报价时，必须首先依据业主的招标文件确定项目范围。招标文件的大部分内容将构成随后签订的合同内容。

FIDIC 在其编写的不同合同标准范本中对合同的构成进行了如下定义：

FIDIC《施工合同条件》(简称“新红皮书”)认为，“合同 Contract”是指合同协议书、中标函、投标函、本合同条件、规范、图纸、资料表以及合同协议书或中标函中列出的其他文件(如果有)。

FIDIC《生产设备和设计-建造合同条件》(简称“新黄皮书”)认为，“合同 Contract”是指合同协议书、中标函、投标函、本合同条件、雇主要求、资料表、承包商的建议书，以及在合同协议书或中标函中列明的其他进一步的文件(如果有)。

FIDIC《设计-采购-施工/交钥匙项目合同条件》(简称“银皮书”)认为，“合同 Contract”是指合同协议书、合同条件、雇主要求、投标书和合同协议书列出的其他文件(如有时)。

由上述定义可以看出，规范、图纸、资料表和雇主要求等文件，是承包商识别其项目的主要文件。这些文件主要描述了拟建项目所具有的性质和规模、建成后必须满足的使用功能以及项目主要的构成单元。如一个项目的构成单元可能包括生产工艺、办公、仓储、场内运输等。需要注意，有时候虽然业主在其需求文件中没有明确规定某项工作，但是作为一个有经验的承包商，在可以预见它应属于工作范围的情况下，应该将其考虑在投标报价和自己的工作范围中。

### (二)历史资料

借鉴其他项目工作范围定义方面的经验，可避免犯类似错误。这些已完成的工程项目，在进行范围定义方面所发生的错误、遗漏以及造成的后果等资料，都会对新项目的工作范围定义产生积极的影响。

### （三）工程变更

在国际工程项目实施过程中，业主可能认识到前期工作的错误或考虑不周而对设计提出变更、对质量提出新的要求；承包商认为自己的建议能够给业主带来工期、成本或其他方面的利益时，也可以向工程师提出变更建议；国际工程项目从项目可行性研究到竣工结束一般要跨越很长的时间，在工程施工过程中可能会发生法律的变更而对工程的质量、设计等提出新的要求。这些变更都会对承包商的工作范围产生影响。

国际工程承包商项目范围的形成过程如图 3-1 所示。

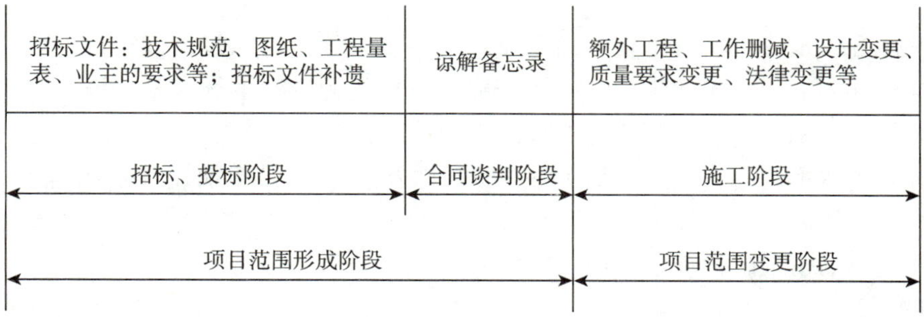


图 3-1　国际工程承包商项目范围定义示意图

### （四）DBB、DB 和 EPC 项目的设计范围比较

#### 1. DBB 项目的设计范围

在 DBB 模式（也称传统的施工承包模式）下，业主一般会提供详细的投标人须知、设计图纸、技术规范、工程量清单、数据资料和验收标准。有时业主会要求承包商按照合同的相关要求进行设计，此时该范围应在规范要求中详细说明。但大多数情况下，承包商只负责工程很小部分的设计，而业主则承担大部分或全部的设计工作（图 3-2），所以承包商的工作范围在投标阶段就可以较为准确地得到定义。因此，业主的招标文件就是承包商确定其工作范围的主要依据。

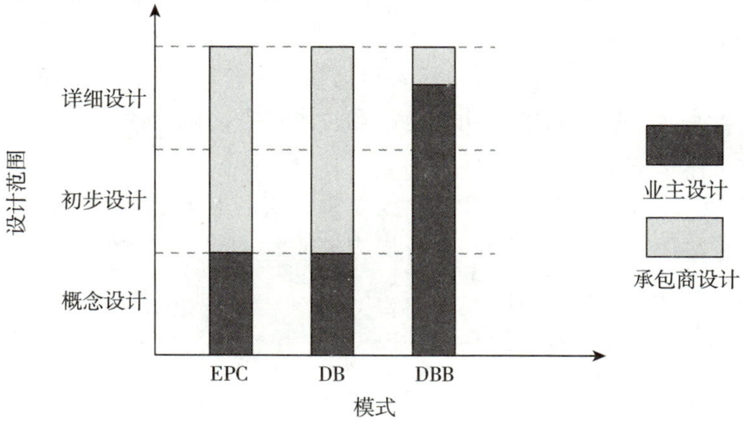


图 3-2　EPC、DB 和 DBB 模式下业主和承包商的设计范围

但在国际工程承包中，还要注意到工程所在地的惯例。在埃塞俄比亚、新加坡等国的施工项目中均存在这种情形，即在施工合同中并未要求承包商开展详图设计工作，但业主发给承包商的图纸又不满足施工所要求的详细程度，当承包商要求业主提供进一步的图纸时，被告知没有进一步的图纸，剩余的工作全部由承包商自己解决。这意味着承包商在现场开始下一步工作之前，先要完成与之相应的详图设计，并报业主审核批准。这通常是当地的建筑业惯例，承包商应在报价中对此给予充分考虑，即尽管合同中并没有要求承包商进行设计，工程实践中可能也需要完成一小部分的设计工作。

2. DB项目的设计范围

DB项目管理模式中，业主可以发包全部设计工作，也可以发包部分设计工作，通常包括以下两种方式。

第一种方式是业主负责工程的概念设计和初步设计，而承包商仅负责工程的详细设计。在这种方式下，由于初步设计已经完成，投标人的投标报价会相对精确一些。

第二种方式是业主仅负责工程的概念设计(或在概念设计的基础上完成进一步的基本设计，但还达不到通常的初步设计深度)，而初步设计和详细设计则由承包商负责，此时需要中标的承包商先期开展初步设计并与业主及时沟通，获得初设的批准，并以初设为准开展详细图纸的设计，如图3-2所示。

在DB模式下，由于业主和承包商无法准确定义工作范围，因此项目预算的偏差幅度高达10%～15%。另外，FIDIC认为以下情形宜采用DB模式。

(1)在传统的电气与机械工程项目(包括现场安装)中，承包商承担大部分设计(主要是指生产设备和设施的详细设计)，并要求承包商的设计满足“业主要求”。

(2)工程师管理合同、监督设备的制造与现场的施工安装，并对向承包商的付款进行证明。

(3)付款方式一般根据实际完成的项目里程碑点按事先约定的总额支付。

3. EPC项目的设计范围

根据业主前期工作的深度，业主通常在采用FIDIC合同的策略中有不同的工作设想。有时业主前期工作极少，这种情况下，承包商承担的设计范围就很大；若业主前期的工作比较深入，甚至完成了初步设计，则承包商的设计范围仅仅限于施工图设计。FIDIC 99版“银皮书”对业主与承包商各自的设计安排设定如下：

(1)业主完成概念设计，并将设计成果包括在作为合同文件一部分的“业主要求”中，目的是向承包商表明工程的目的、功能要求和技术标准。此阶段业主投入的设计工作量大约占总设计工作量的10%。

(2)承包商在投标阶段根据招标文件的要求，完成初步设计(preliminary design)，并将初步设计方案作为投标文件的一部分提交给业主。至于完成的具体设计深度，业主应在投标人须知中详细说明。

(3)在项目实施过程中的最终设计(final design)又分为两类，一类是总体布置图(general arrangement drawings)的设计，另一类是施工详细图纸(detailed drawings)的设计。

但有时在实践中的做法与上述的设想有所偏差。由于要求在投标阶段完成初步设计对承包商来说需要投入很大工作量，若投标人认为投标人太多、竞争太激烈、中标的可能性不大，则他可能不愿意参加此类投标。另外，这种要求也可能使投标期限时间很长。因此，在实践中，不一定非得要求投标人完成整体的初步设计，而是能达到确定关键技术方案及重要设备选型的深度即可，但需要求投标人在其他投标书中描述清楚中标后实施设计的各类程序和措施。

EPC存在同DB相似的设计范围和施工范围难以准确定义的问题。其主要差异如下：

(1)适用于私人融资或公私共同融资建设的项目(这种模式起始于基础设施项目，现在已经扩展到其他类型的项目)，承包商承担基础设施、加工或动力设施、其他设施的设计、采购、施工和安装的全部职责，并做到不超过双方签订的固定合同价格和工期，实现最终价格和工期的更大确定性。

(2)承包商完成的工程必须满足“业主要求”中规定的功能和性能标准，业主通常不愿介入承包商的日常进度管理。

(3)业主希望以只有双方的组织方式实施项目，即不设置“工程师”的角色，只有业主和承包商。

(4)承包商承担了比DB模式下更大的风险，如地质风险等，因此报价较高，但业主愿意为此付更多款(相比其他模式建设的项目)，作为对承包商承担额外风险的回报。

## 三、确定项目范围的意义

承包商准确定义工程项目范围的意义主要包括以下几点。

### (一)为投标报价和确定工期提供依据

在招投标阶段，业主的招标文件是确定投标报价的重要依据之一，它规定了项目所需实施的工作范围和质量要求。工程项目中，承包商可能会出现由于自身的疏忽而导致漏项的情况，并以此向业主提出索赔，但合同条款中往往规定，承包商承诺其报价覆盖了其完成合同义务的所有职责和义务，因此承包商需要承担因其疏忽导致的损失。承包商应准确定义自己的投标范围，以避免在投标报价中发生任何漏项。而且项目范围是项目计划的基础，只有在准确确定项目范围的基础上，才能准确地编制项目进度计划。

### (二)为变更索赔提供依据

图纸的改变、不可预见的现场条件或设计错误，都可能引发工程变更，但不管是何种原因导致的工程变更，都会对成本和工期产生较大的影响。实践中，工程师在签发指令时常常只指示承包商去做某项工作，并不提及该指令是否超出承包商的工作范围，是否按变更对待。因此，承包商应掌握合同的工作范围，对超出自己义务范围的工作及时提出索赔，保护自己的正当利益。一项工程变更是属于指示的工程变更(directed changes)还是推定的工程变更(constructive changes)，一项新增工程属于工程附加(additional word)还是额外工程(extra work)，都需根据合同的工作范围而定。

### （三）确定人力资源配置

根据项目范围，承包商将不同性质的工作划归为不同的专业领域，从而可以确定完成项目所需的专业人员的种类和数量，以及为达到项目质量要求他们所应具有的专业素质。例如，在许多国际工程项目中，业主在项目范围中明确要求使用欧美技术规范，而我国熟悉欧美规范的人才较少，如何获得此类稀缺资源在投标时就应该有所考虑。

## 第二节　国际工程项目工作分解结构的确定

国际工程项目工作范围很广，为了便于成本、工期、质量、采购等过程管理，一般通过工作分解结构将其分解为便于跟踪和控制的工作包，这是取得项目成功不可或缺的前期工作。

### 一、工作分解结构的概念

工作分解结构是以项目可交付成果为导向进行的层级分解，它将项目范围中的全部工作分解为较小的、相对独立的、易于管理和进行成本核算的活动单元。工作分解结构每下降一个层次就意味着对项目更加详尽的定义。处于工作分解结构底层的单元叫做工作包(work package，WP)，通过估算这些活动单元的费用、进度，可以确定项目的总成本和进度计划。

不同的可交付成果会有不同的层次分解，有些可交付成果可能只需分解到第二层，有些则需要分解到更多层。对于一个大型项目的工作分解结构通常可以分解到五到六层，如图 3-3 所示。

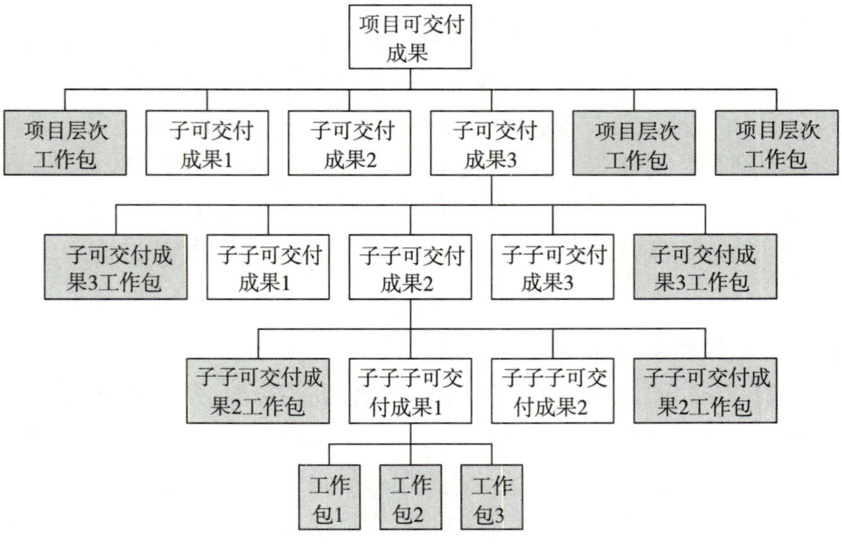


图 3-3　工作分解结构示意图

注：加阴影底纹代表工作包不需要再进行分解

工作分解结构将项目依次分解成较小的项目单元，直到满足项目控制需要的最低层次，这就形成了一种层次化的树状结构。这一树状结构将项目合同中规定的全部工作分解为便于管理的独立单元，并将完成这些单元工作的责任赋予相应的具体部门、分包商、供应商等，从而在项目资源与项目工作之间建立了一种明确的目标责任关系，这就形成了一种职能责任矩阵，如图 3-4 所示。

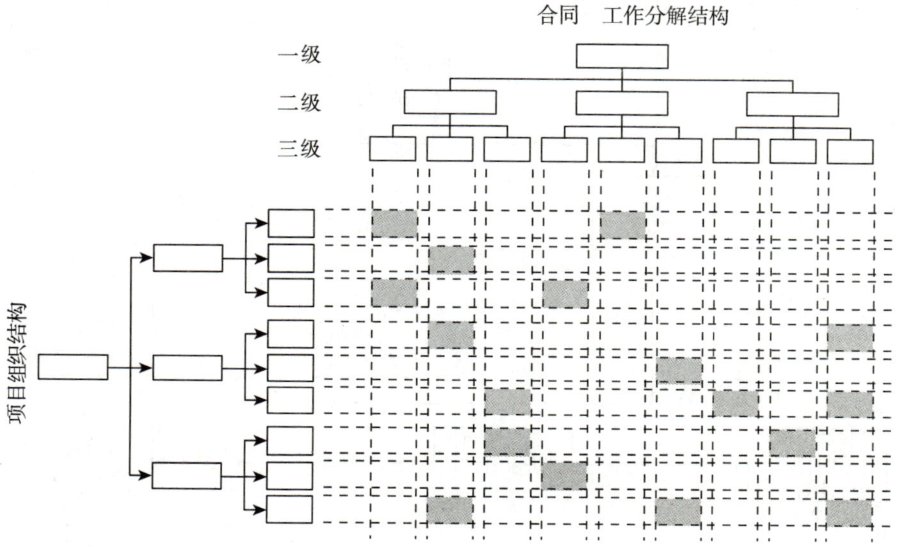


图 3-4 矩阵管理方法示意图

## 二、工作分解结构的作用

国际工程项目工作范围的分解是项目管理的基础，项目的计划管理、成本管理、质量管理、目标管理和信息管理都依赖于项目的分解结果。工程规模越大、复杂程度越高，成本管理、进度管理和质量管理要求越严格，工作分解结构就越显得重要。工作分解的主要作用如下：

(1)将项目分解为多个相对独立的、较小的工作单元，实现项目从宏观到微观的转变，展现项目全貌，便于承包商、业主和其他利益相关者观察、了解和控制项目的全过程。

(2)工作分解结构可以满足承包商各部门、各级别工作人员的控制需要。工作分解结构可与项目经理部的组织结构有机地结合在一起，有助于项目经理根据各个项目单元的专业特性和技术要求，赋予项目各部门和各职员相应的职责。

(3)工作分解结构是非常重要的费用控制、进度控制和质量控制的工具，这些管理活动都是基于工作分解结构进行的。通过跟踪工作分解结构中的工作包，可确定这些活动的状态，及时了解项目的状况。

(4)根据每一活动单元的工作量和专业特征，估计所需的人力资源的种类和数量，以及进入现场的时间，实现人力资源的有效配置和管理。

(5)为计算机辅助管理创造条件。通过项目结构分解把工作包逐一输入项目管理软件(如 Project、P6 等项目管理软件)，就可以得到进度计划(横道图、网络图)，而且还可通过结构分解的编码筛选得到分级计划、工种计划及时段计划，也可得到资源和成本计划，因此为应用项目管理软件创造了条件。

国际工程项目的工作分解结构与进度、成本和质量管理的关系如图 3-5 所示。工作分解结构是制订项目各类计划的基础工作。

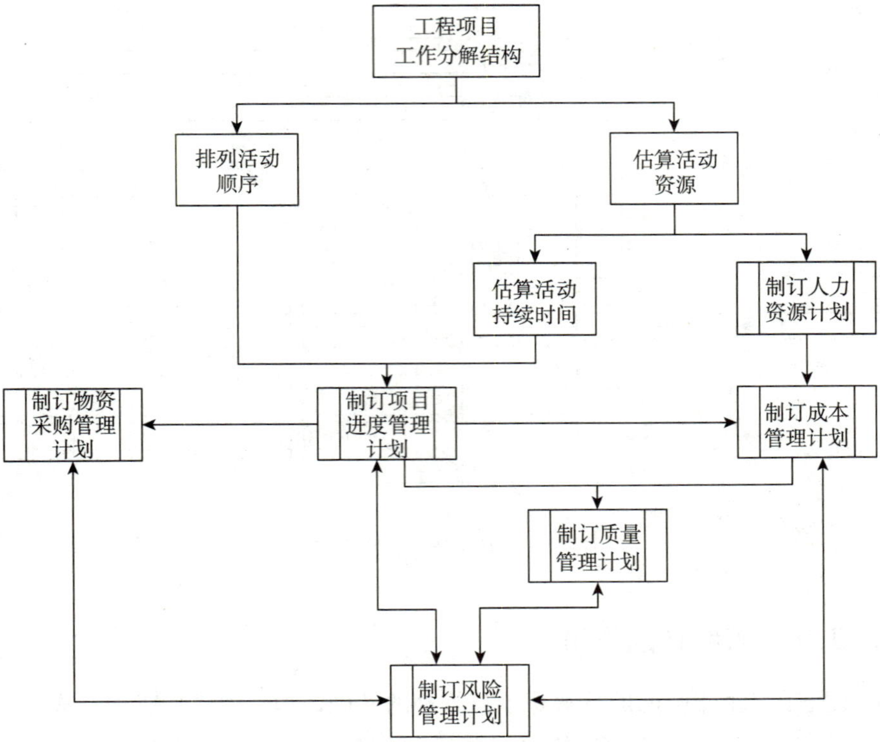


图 3-5 工程项目分解结构作用图

## 三、项目分解的原则

### (一)100%原则

该原则是指导开发、分解和评估项目分解结果的最重要的原则之一。对工程项目范围进行分解时，不能遗漏任何重要组成部分，工作分解结构的结果应包含全部已定义的工作，并且没有增加多余的工作。任何一项工作的遗漏或多余都可能导致成本和进度出现较大的偏差。因此，在设计工作分解结构时，应将工作分解结构的底层工作包逐层向上汇总，检查工作分解结构的完整性。

### (二)相对独立原则

该原则要求工作分解结构中的任何两个可交付成果(单元)之间不能存在交叉的工作，否则将可能导致重复工作，并不能进行权责分明的管理。工作之间的交叉重复也会导致人力资源的重复配置和成本估算的增加，而且在发生问题时容易互相扯皮。

### （三）详细程度适当原则

将项目分解到何种详细程度是工作分解结构设计者所面临的难题之一。如果项目分解过粗，将导致分解层次和分解单元较少，难以具体地计划、组织和管理这些工作；如果分解过细，将导致工程实施过程中产生大量的数据信息、计划难度加大、项目机动灵活性小等缺点。

一种常见的分解准则是活动单元的持续时间不能超过一个报告周期。例如，在国际工程项目中，承包商一般按月向业主汇报施工进展情况，并以此作为获得工程进度款的前提条件，因此任一活动的持续时间不应超过一个月。也有人认为每个工作包的工作时间应该介于8～80小时，这种方法可以更容易地实现项目的有效管理。

但无论如何，工作分解结构中的工作包的详细程度应该是：便于估计和分析时间及费用参数，易考核，便于执行。

### （四）界面清晰原则

在工程项目中，存在大量工作界面，如土建、设备、水、电、暖、通风各个专业之间，它们之间相互作用、相互联系、相互影响。在项目管理中，大量的争端都发生在界面上。工作分解结构应能使工作包之间有较为清晰的界面，从而防止在项目实施过程中业主、承包商、分包商互相推卸界面上的工作任务和出现的问题与责任，引起组织之间的界面争执。

### （五）易于组织实施原则

不同的施工方法对工作分解的详细程度有不同的要求，如分包工程分解得较粗，主要细化分解工作由各分包商负责。因此，在进行项目分解的同时，应考虑拟采用的施工方法，并考虑拟由分包商实施的工作，关注如何分解更易于组织施工和管理。

## 四、项目分解的步骤

建立工作分解结构是根据合同的具体内容将项目可交付成果分解为更小的组成单元。这些组成单元既相互关联，又相对独立。相互关联是指这些组成单元同属于一个项目，只是在实施顺序安排上有先后之分；而相对独立则是指这些组成单元可以作为项目单独分包出去或由自己的队伍完成，在管理和实施期间是相对独立的。

建立工作分解结构需要完成以下四项工作。

### （一）识别项目可交付成果和项目管理工作

根据项目分解的上述原则，识别项目的可交付成果。既然是可交付成果，就应在其完成后，有实体产品或其他类型的可交付物产生。对向业主移交的可交付成果，如隐蔽工程的检验和各类类型的中间验收，需要按照合同约定进行严格试验和检验。

在识别项目可交付成果的同时，还应注意为完成这些可交付成果需要开展的项目管理工作，也应对相对独立的项目管理工作进行分解，并计入费用，做出进度安排。

### （二）确定工作分解结构的结构、编排和分解方法

已完工程项目的工作分解结构经常作为参照来指导一个新的类似项目的工作分解结构设计。尽管每个项目都是唯一的，但是工作分解结构模板却可以重复使用，因为大部分工程性质相近的项目具有某些共性，这些共性使它们可以相互参照。目前很多不同类型的工程项目已经有了标准的或半标准的工作分解结构，它们可以作为一种模板供类似项目使用，这既节省了时间，也节省了费用。

对工作进行分解可以采用多种方式，常见的有以下两种：

(1)按过程分解。这是以完成项目所应经历的阶段为导向进行的分解。例如，一个项目划分为规划与设计、施工、试车和投产等阶段，设计阶段又可以分为概念设计、初步设计和详细设计三个阶段。每个阶段结束时，都会产生重要的可交付成果，而每个阶段开始时，都必须以上一阶段可交付成果通过批准为条件。在某些情况下，阶段之间可以存在重叠。

(2)按功能分解。这是以项目的可交付成果或所包含的主要功能部分为导向进行的分解。例如，土建工程、电气工程、给排水工程；一个大型 EPC 项目的加工车间、铸造车间、装备试验车间、办公楼等。

其他的还有按物理结构分解、按项目各个目标分解、按部门分解、按职能分解等多种分解方式。在国际工程项目中，很少采用一种方法进行工作分解结构设计，而是综合采用多种方法对项目进行分解。

### （三）对工作分解结构中的各组成单元进行编码

工程项目的成功管理离不开现代信息技术的支持，而对工程项目信息进行编码是实现信息技术管理的有效手段。通过对工作分解结构中各组成单元进行编码，可以实现对项目工作包的实时跟踪与控制，并且在项目完成后可以将项目信息永久性地保存起来。

目前，有多种信息编码方式。项目的编码一般根据工作分解结构采用“父码＋子码”的方式编制。常见的编码方式如图 3-6 所示。

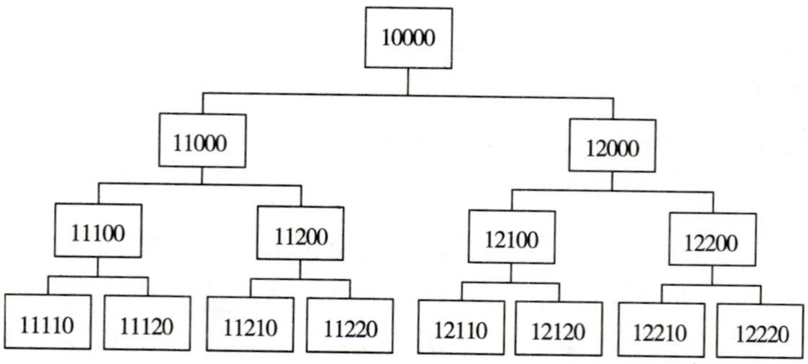


图 3-6 工作分解结构编码图

### (四)核实是否已分解到必要的程度和是否已满足控制要求

根据国际工程项目的特点、市场的服务供应方式、分包等因素，综合确定是否满足使项目达到可控，便于核算和组织实施的要求。

可通过回答下列问题，进一步核实项目分解的正确性。

(1)对一项可交付成果的分解，是否很必要而且也足够详细？如果不是，则必须修改组成单元(增加单元、删除单元或重新定义)。

(2)是否清晰和完整地定义了每一组成单元？如果不是，则必须修改对有关组成单元的描述并增加描述内容。

(3)是否能恰当地确定每个单元的起止时间和进行比较准确的费用估算？这个单元是否已分派给某一组织或部门(小组或个人)？他们是否愿意承担完成该单元的全部责任？如果不是，则应做出修改以进行有效的管理控制。

**【案例 3-1】** 某国际大型净水厂项目工作分解结构。

某国 A 市规划设计供水能力 50 万立方米/日的大型净水厂，项目规划占地面积 30 万平方米，包括水净化处理系统、生活用水生产系统、化验室及地下给排水管网及附属配套建筑物等内容。该项目是 A 市西南城市建设的重点基础设施项目，本项目的建成将基本满足和解决城市西南部用水需求，发挥巨大的社会效益和经济效益。我国某承包商决定参与本项目的投标，根据业主方提供的相关资料确定项目的工作范围，并对其进行分解。其大致过程如下：

1. 将项目名称“大型净水厂项目”作为工作分解结构的第一层

2. 按功能进行分解(第二层)

按照具备独立施工条件并能形成独立使用功能的建筑物及构筑物的标准进行分解。该净水厂项目主要由三个部分组成，即土建工程、安装工程和附属工程，主要可交付成果包括吸水井及泵房、沉淀池及清水池、配水井、滤池、食堂、办公楼、宿舍楼等单位工程。这些单位工程作为工作分解结构的第二层。

3. 按专业特点和分部工程分解单位工程作为分解的第三层

对第二层的各单位工程，依据其主要可交付成果作进一步分解。例如，可以根据专业性质和建筑部位将办公楼划分为多个分部工程，即地基与基础、主体结构、建筑屋面、电气工程、给排水工程等。

4. 对第三层的分解结果按分项工程等方法作进一步分解(第四层)

例如，第三层中的地基与基础，可依次被分解为基坑支护、地基处理、桩基、地下防水、混凝土基础、砌体基础、钢结构等分项工程。

5. 对第四层的分项工程继续分解(第五层)

对于地基与基础中的钢结构，还可以继续分解为焊接钢结构、栓接钢结构、钢结构制作、钢结构安装、钢结构涂装五个部分。

为了便于管理，可以将项目分解为更小的工作单元，例如，根据工程所处的具体位置再对第五层得到的可交付成果进行分解。

具体分解结果如图 3-7 所示，可进一步对各单元进行编码。

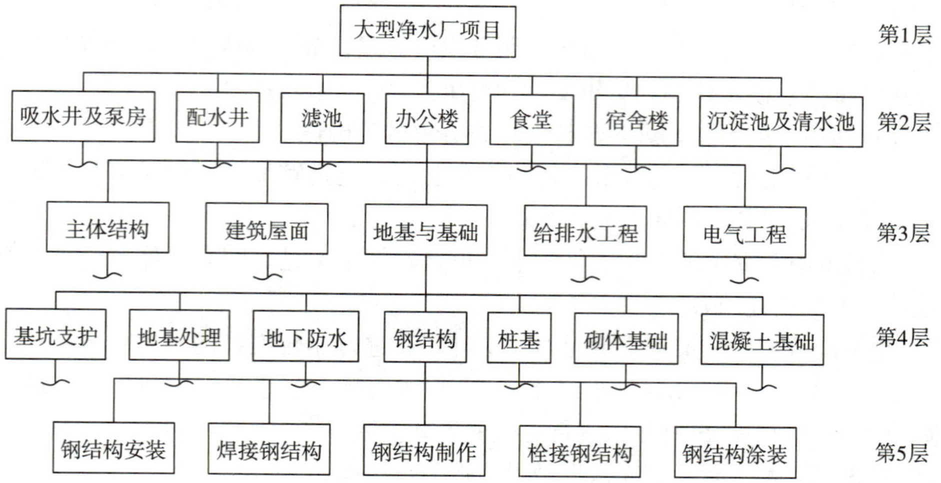


图 3-7 大型净水厂项目工作分解结构

## 第三节 国际工程项目范围确认

在国际工程项目中，范围确认主要指的是业主对已完工程或区段(section，可译为区段或单位工程，即业界所说的“分段移交”中的“段”)进行竣工试验并确认试验结果是否符合合同的全部过程。此过程要求对完成的各项工作进行及时的检查，保证承包商正确地、满意地完成业主所要求的全部工作。如果项目由于不可抗力、法律法规变更、业主或承包商严重违约等原因而终止时，工程师应对承包商已经完成的工作范围进行确认，并作为其签发支付证书的依据。

竣工验收不同于质量控制，竣工验收主要是通过竣工试验，对承包商完成的工程或单位工程进行验收，在通过全部竣工试验后，业主将接收工程或单位工程；而质量控制则关注完成的工作是否满足技术规范的质量要求。如果承包商的工作不属于工作范围内的内容，即使满足质量要求业主也有权拒绝接收。质量控制贯穿于工程施工的整个过程，而竣工验收往往是在工程或单位工程基本完工之后进行。

### 一、工程验收过程

竣工试验的目的是为了确定工程或单位工程是否达到业主所要求的标准和范围。竣工试验的程序在合同中做出详细规定。DB 和 EPC 项目的竣工试验要求一般明确地列在“业主要求”中；而施工合同的竣工试验要求列在技术规范(specification)和图纸(drawings)中。

根据 FIDIC 99 版“新红皮书”、“新黄皮书”和“银皮书”，工程或单位工程的竣工验收程序大致如下：

#### (一)工程即将基本完工

“即将”是指承包商在 21 天后，工程或单位工程将达到可以进行竣工试验的要求。

（二）申请竣工试验

承包商在申请竣工试验时，必须保证21天后可以开始竣工试验，即承包商需要将准备好进行竣工试验的日期提前21天通知工程师。

（三）提交竣工资料和设备操作维修手册的副本

在开始竣工试验前，承包商需要向业主提交"承包商文件（contractor's documents）"，包括承包商的计算书、计算机程序及其软件、图纸、手册、模型以及其他技术性文件。对于DB和EPC项目，承包商还需将工程的施工记录、竣工图纸和操作维护手册的副本提交给工程师。

（四）开始竣工试验

如果双方没有事先进行其他商定的话，则竣工试验应在上述承包商"准备好竣工试验的日期"后的14天内开始，具体在哪一天进行则由工程师决定。

DB和EPC项目的竣工试验不同于传统DBB项目的竣工试验，因为DB和EPC项目通常包括一些大型电气、动力设备、生产设备或机械设备的采购与安装，需检验这些设备是否满足"业主要求"中所规定的性能标准，如工程的产量和效率。FIDIC认为DB和EPC项目的竣工试验应该按照以下三个顺序进行：

（1）启动前试验。启动前试验应包括适当的检验和性能试验，以证明每项生产设备能够承受下一阶段的启动试验。

（2）启动试验。启动试验应包括规范的操作实验，以证明工程或单位工程能够在所有可利用的操作条件下安全地操作。

（3）试运行。试运行应证明工程或单位工程运行可靠，符合合同要求。试运行期间，在工程稳定运行时，工程师应开展做其他竣工试验，以证明工程或单位工程符合业主要求中规定的标准。

（五）工程验收结果

如果业主提前使用了工程，那么在评定竣工验收结果时，工程师应考虑业主的使用对工程的性能造成的影响。如果工程没有通过竣工试验，即检查和检验发现永久设备、材料有缺陷或不符合合同的要求，性能标准达不到业主的要求，工程师可以拒绝接收该工程，承包商应立即将缺陷修复，并进行第二次检验。一旦工程通过竣工试验，承包商应尽快将一份正式的检验报告提交给工程师。

如果工程或单位工程最终未能通过竣工试验，使业主实质上丧失了该工程或单位工程的利益，业主可拒收工程或单位工程。并且，在不影响合同中业主其他权利的情况下，业主有权收回该工程或单位工程的全部支出总额，再加上融资费用和拆除工程或单位工程、清理现场以及将有关的生产设备和材料退还给承包商所产生的全部费用。

## 二、竣工验收的依据

（一）已经完成的工程或单位工程

对项目实施过程进行控制的工作内容之一是收集已经完成工作的信息，并将这些信息编入项目进度报告中。完成工作的信息表明哪些工程或单位工程已经完成，哪些还未完成，达到质量标准的程度以及已经发生的费用是多少等。

（二）项目合同文件

用于描述项目可交付成果的文件是对工作结果进行验收的依据，这些文件基本上都包含在合同文件中，通常包括合同协议书、中标函、投标函、合同条件、技术规范、图纸以及其他在合同协议书和中标函中所列明的其他文件。

在合同实施过程中，双方都应严格遵守签订的合同文件，实际的可交付成果必须与合同中约定的预期成果相一致。例如，对施工承包合同可交付成果的确认主要是依据双方签订的施工承包合同，包括工程或单位工程应达到的标准和满足的性能要求以及约定的验收方式，进行实体工程的确认和验收。

尤其需注意对原合同相关文件进行的修改和更新的各种文件，在对已完成的工作进行检查时，要依据最新版本的文件。

## 三、业主的接收

在工程通过竣工试验后，除一些不影响工程使用的扫尾工作外，工程按照合同已经完成，承包商可以向业主（或工程师）申请颁发接收证书。业主对承包商可交付成果的接收方式可分为单位工程接收、整体工程接收和部分工程接收。针对这三种接收方式，可能产生三种不同的接收结果，即对可交付成果的完全接收、带缺陷接收和拒收。

（一）接收可交付成果的方式

在国际工程项目中，业主接收工程的方式有以下三种。

1. 单位工程接收

单位工程接收是指在合同中约定将整个工程划分成几个单位工程（或区段），各单位工程有不同的完成时间，在一个单位工程完成后即可将该单位工程移交给业主。业主向承包商颁发单位工程接收证书。单位工程接收证书的范例格式如下：

> 收到贵方根据合同条件第 10.1 款的通知，我们特此证明工程的以下单位工程除应对此类单位工程按其预期目的使用没有实质影响的少量收尾工作和缺陷（包括列在所附尾项和缺陷表中的）外，已按照合同在下属日期竣工。
> [单位工程的名称或说明；并说明竣工日期]

资料来源：《FIDIC 合同指南》

2. 整体工程接收

整体工程全部完成，并通过竣工试验，满足全部接收条件后，整体移交给业主。业主向承包商颁发工程接收证书。工程接收证书的范例格式如下：

> 收到贵方根据合同条件第 10.1 款的通知，我们特此证明工程除应对工程按其预期目的使用没有实质影响的少量收尾工作和缺陷[包括列在所附尾项和缺陷表中的]外，已按照合同在______（日期）竣工。

资料来源：《FIDIC 合同指南》

3. 部分工程的接收

当承包商完成部分工程(part)后，业主想提前占用或已经占用该部分工程，但在合同中双方并未事先对这部分工程的提前移交做出约定，此时承包商应要求业主接收该部分工程，并针对此部分工程颁发接收证书。

(二)业主接收工程的结果

1. 完全接收

业主根据合同中关于接收可交付成果的有关规定，一次或分几次接收已完成的可交付成果。业主通过颁发接收证书方式表示其对已完成的可交付成果的正式接收。

如果一个工程被分成多个单位工程(或区段)，则业主应在接收工程时，为每个单位工程(或区段)颁发相应的接收证书。

2. 带缺陷接收

如果整个工程或单位工程最终未能通过竣工试验，致使业主损失了该合同工程或单位工程的部分利益，但工程并未完全报废，在这种情况下，业主可以向承包商颁发接收证书，接收带有缺陷的工程或单位工程，这种接收形式称为带缺陷接收。

带缺陷接收情况的出现是因为承包商无法完全修补好缺陷，在这种情况下，业主有两种选择：行使合同中赋予的终止合同的权利或争取与承包商就减小合同价格达成一致意见。对于后者，承包商应继续履行合同约定的其他义务，业主减少合同价格的金额应足以弥补因此项缺陷给业主造成的损失。

此项减少额的确定有以下三种方法：

(1)双方在合同中对某些缺陷出现后的扣减额事先约定。

(2)在出现缺陷后，业主提出减少额，经双方协商后确定。

(3)业主可按合同中约定的索赔程序，提出索赔。

3. 拒收

如果合同工程或区段最终未能通过竣工试验，使业主实质上丧失了该合同工程或区段的利益，业主可拒收工程或区段。并且，在不影响合同中业主的其他权利的情况下，业主有权收回该工程或区段的全部支出总额，再加上融资费用和拆除工程或区段、清理现场以及将有关的生产设备和材料退还给承包商产生的全部费用。

## 第四节　国际工程项目范围变更及控制

尽管变更是许多争端的根源，但在实践中，业主一般都会在合同中规定：在颁发工程接收证书之前的任何时间，工程师可通过发布指示或要求承包商提交建议书的方式提出变更。依据合同约定，这些变更可能涉及增加合同工作，或从合同中删去某些工作，或对某些工作进行修改，或改变施工方法和方式，或改变业主提供的材料和设施数量和规格等。

工程项目工作范围变更控制就是：

(1)对造成范围变更的因素施加影响以确保这些变化给项目带来益处。

(2)确定范围变更已经发生。

(3)当变更发生时对实际变更工作进行管理。

范围变更控制必须完全与其他的控制过程(如进度控制、费用控制、质量控制等)相结合，才能实现更有效的项目管理。

## 一、范围变更控制的依据

范围变更控制的主要依据包括合同文件、进度报告和变更令。

### (一)合同文件

对于总价合同，范围变更控制依据的主要合同文件是业主要求、工作范围、技术规范和图纸。

对于工程量清单合同(即单价合同)，范围变更控制依据的主要合同文件是工程量清单、技术规范和图纸。

### (二)进度报告

进度报告提供了承包商合同范围执行状态的信息，例如，合同的哪些可交付成果已经完成，哪些尚未完成。进度报告还可以对可能在将来引起不利影响的潜在问题向项目经理部发出警示信息。

### (三)变更令

形成正式变更令的第一步是提出变更申请，变更申请可能以多种形式发生——口头或书面的，直接或可推定的。变更的原因有多种，根据一项调查，变更的原因和所占比例如图 3-8 所示。从图 3-8 中可知，由业主方导致的工程变更比例高达 79%(包括设计团队不能决定解决方案、设计团队不能确定问题、设计方的选择、业主考虑不周、设计存在缺陷、业主主动和被动地改变想法等)。因此，国际工程中的变更大多是由业主方提出的，而且大多是以直接发布变更令的方式(根据 FIDIC“新红皮书”，变更指示可以通过口头或书面方式发出，而“新黄皮书”和“银皮书”则规定变更指示只能以书面的形式发出)要求承包商实施具体的变更工作。根据变更令，承包商应确定自己新的工作范围。

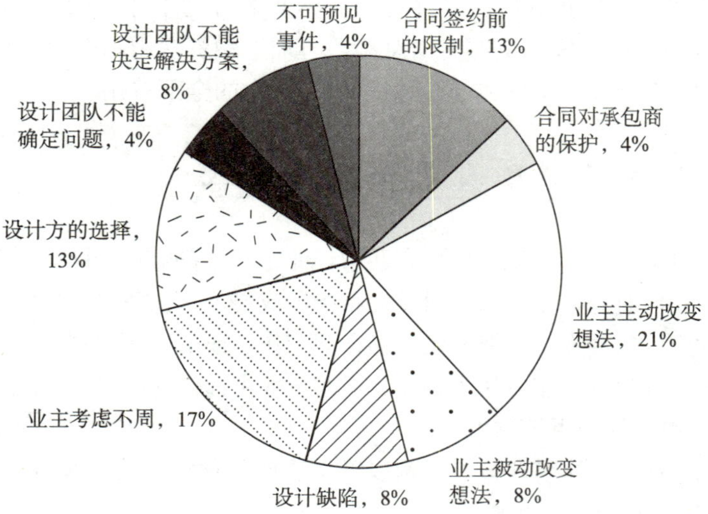


图 3-8 变更的原因及比例

## 二、工作范围变更的方式

工作范围变更可用下列三种方式中的任一方式提出：

(1)业主(或工程师)直接发出变更令。业主(或工程师)直接发出变更令，要求承包商实施某项变更工作。这种方式可分为两种情形：①业主和承包商事先商定了变更工作的价格，在发出的变更令中，既包括变更工作内容，也包括变更工作的价格；②变更令中只涉及变更工作的内容，变更工作的价格在执行变更令过程中，业主和承包商再协商确定。后者往往适用于紧急工作或工期比较紧的工作。

(2)承包商提出变更，业主(或工程师)批准后发出变更令。这种方式的变更，一般是承包商认为自己提出的建议能够给业主带来如下利益：①能够使工程工期缩短；②降低工程实施、维护或运营成本；③提高项目竣工后的效率或价值；④对业主产生其他利益。此时承包商可以向业主提出自己的建议，该建议一旦被业主批准，将作为变更执行。

(3)要求承包商提出变更建议书。业主(或工程师)可以要求承包商就拟变更的工作提交一份建议书，建议书的内容包括变更工作的内容、实施方法、变更增加的费用和对工期的影响。变更建议书一旦被批准，业主(或工程师)将发出正式变更令，按变更工作执行。但这份建议书也可能没有获得业主的批准，此时，承包商可能面临对编制建议书所产生的费用无法获得补偿的情形。

## 三、工作范围变更程序

在工程实践中，大多数变更是由工程师直接向承包商提出的，下述工作范围变更程序适用于施工合同中由工程师提出的变更。

### (一)提出变更

工程师提出变更，多数情况是发现设计中存在某些缺陷或错误，或现场条件发生了改变而需要对原设计进行修改。修改工作可由工程师自己完成，也可以指示承包商完成。

### (二)审查和批准变更

对工作范围的任何变更，工程师必须与项目业主进行充分协商，在达成一致意见后，由工程师发出正式变更令。

项目业主可以在一定程度上授予工程师批准变更的权力，这里所说的“一定程度”是指由于变更使项目费用增加的金额或导致工期延长的天数。例如，某项目规定，如果一次变更使合同增加的费用低于10万美元，合同工期延长少于3天，工程师可自己决定是否批准变更，不必事先与业主协商；如果费用变更在10万美元以上，或工期延长在3天以上，则必须报业主审批。

工程师批准工作范围变更的原则如下：

(1)变更后的项目不能降低使用标准。

(2)变更工作在技术上可行。

(3)业主同意支付变更费用。

(4)变更工作对总工期的影响不大。

### (三)编制变更文件和发布变更令

变更文件一般由变更令和变更令附件构成。

1. 变更令

在国际工程承包合同中，通常未对变更令的格式做出明确约定。因此，承包商一旦认为业主(或工程师)的某种行为构成一项变更，则应立即要求工程师给予进一步的确认，同时应商定变更令的格式，以便在发生变更时使用。变更令通常包括如下内容：

(1)变更令编号和签发变更令的日期。每个变更令应有唯一的编号，并应准确记录变更令发出的日期。

(2)项目名称和合同号。一个项目可能存在多个合同，变更令中的合同号可标示出变更发生在项目的哪一个合同中，以便查询和归档。

(3)变更原因和详细的变更内容说明。此部分应说明以下内容：①依据合同的哪一条款发出变更令；②变更工作是在接到变更令后立即开始实施，还是在确定变更工作的费用后实施；③承包商应在多长期限内对变更工作提出增加费用和延长工期的请求；④变更工作的具体内容和变更令附件。

变更费用是变更工作中最敏感的，承包商总希望在变更工作开始前即能确定变更费用额，而业主则希望先开始实施变更工作，然后双方再协商确定变更工作的费用，其主要目的是为了避免拖延工期和更准确地确定变更费用。例如，某项目合同中规定：承包商必须在接到变更令后立即开始实施变更工作，不能以还未商定变更工作的费用为由延误实施变更工作，如果由此造成工期延误，则视承包商违约。

(4)与变更有关的信息。这些信息包括先前变更产生的累计费用额、此次变更增加或减少的费用额以及累计总变更费用额。

在先开始变更工作，后估算费用的情况下，变更令中就不可能列出变更费用，可在双方协商确定费用额后，再发一份变更费用的指令，或书面确认原变更令的费用额。

(5)其他信息。在变更令中还应包括：①业主名称、业主授权代表签字；②工程师名称、工程师授权代表签字；③承包商名称、承包商授权代表签字。

2. 变更令附件

变更令附件一般包括变更工作的工程量清单、设计资料、设计图纸和其他与变更工作有关的文件。

### (四)承包商向工程师发出对变更工作要求额外支付的意向通知

承包商提出变更工作价款的报告是开始变更估价的前提条件。按照 FIDIC 99 版《施工合同条件》，必须在发出下列通知之一后，才进行变更工作的估价，否则不予估价。

(1)由承包商将其对变更工作索取额外费用或变更费率和价格的意图通知工程师。

(2)由工程师将其改变费率和价格的意图通知承包商。

承包商在收到工程师签发的变更令时，应在变更令(或合同)规定的时间内，向工程师发出该通知，否则承包商将被认为自动放弃调整合同价格的权利。

工程师改变费率或合同价格的意图，可在签发的变更令中做出说明，也可单独向承包商发出此意向通知。

### (五)变更工作的估价

1. 工程合同中确定变更工作费率(单价)和价格的程序

(1)采用合同中规定的费率和价格进行变更工作的估价。这里所说的费率和价格，对单价合同来说是指工程量清单中填写的费率和价格；对总价合同来说，则是指专门用于对变更工作进行估价的费用一览表中所列的费率。

(2)如合同中未包括适用于该变更工作的费率和价格，则应在合理的范围内使用合同中的费率和价格作为估价的基础。

(3)如工程师认为合同中没有适用于该变更工作的费率和价格，则在与业主和承包商进行适当的协商后，由工程师和承包商议定合适的费率和价格。

(4)如双方未达成一致意见，则工程师应确定他认为适当的暂行费率和价格，以便有可能作为暂付款，在当月签发的支付证书中支付给承包商，并相应地通知承包商，同时将一份副本呈交业主。

2. 确定变更工作价格时应注意的问题

(1)货币支付比例。当合同中规定以多于一种货币支付工程进度款时，应说明以不同货币对变更工作进行支付的比例。

(2)变更工作的价格调整。在确定变更工作的费率或价格时，应考虑按合同中规定的条件进行价格调整(即考虑由于工程项目所在国的法律变化或国际市场物价变化，使得施工所需的劳务、生产资料的价格发生变化)。

### (六)变更工作的实施和支付

如果承包商已按工程师的指令实施变更工作，工程师应将已完成的变更工作或部分完成的变更工作的费用加入合同总价中，同时列入当月的支付证书中支付给承包商。有的合同则明确规定：“只有在完成全部变更工作后，才支付变更工作的费用。”这对承包商是非常不利的。

# 第四章

# 国际工程项目进度管理

本章内容包括国际工程项目进度管理的概念、主要内容、特点、影响因素、控制措施和程序；国际工程项目进度计划和进度控制方法；FIDIC合同中对进度管理的规定。

## 第一节　国际工程项目进度管理概述

### 一、国际工程项目进度管理的概念及主要内容

#### （一）国际工程项目进度管理的概念

一个工程项目能否在预定的工期内竣工交付使用，从而保证工程项目按期或提前发挥其经济效益和社会效益，这是投资者最关心的问题之一，同时也是项目管理工作的重要内容。

国际工程项目进度管理，是在全面分析国际工程项目的各项工作内容、工作程序、持续时间和逻辑关系的基础上编制进度计划，力求使拟定的计划具体可行、经济合理，并在计划实施过程中，为确保实现预定的进度目标而进行的组织、指挥、协调和控制等一系列活动。

国际工程项目进度管理对于项目整体目标的实现具有重要作用。进度、质量和成本并列为项目的三大控制目标，它们之间有着相互依赖又相互制约的关系——加快进度，不仅带来成本的增加，还会对质量产生影响；严格控制质量，减少或避免工程返修，有利于保障工程进度。

#### （二）国际工程项目进度管理的主要内容

进度管理是一项系统工程，涉及工程项目的决策、勘察、设计、采购、施工、试运营等多个阶段。国际工程项目进度管理的主要内容包括以下四个部分。

1. 进度计划的制订

工程项目进度计划管理的主要任务之一是制订项目各个阶段的各级进度计划，包括进行总控的项目总进度计划、进行中间控制的项目分阶段进度计划和进行详细控制的各

子项进度计划。

优化是进度计划编制过程中的重要环节，包括四个方面的优化内容：①为满足业主要求工期而进行的工期优化；②为寻找总费用最低时的最短工期优化；③在工期固定条件下的资源均衡优化；④为满足资源限量要求寻求最短工期的优化。

2. 进度计划的执行

工程项目进度计划的执行就是在技术、合同、资金和工程信息等方面确保落实的前提下，按照进度计划中排定的各项工作的起止时间，完成各项工作。在执行过程中，对影响进度计划正常实施的事件和环境因素进行干预，使得项目进度能够按照计划进行。

3. 进度计划的监测

工程项目进度监测的目的是为了了解和掌握工程项目进度计划在实施过程中的变化趋势和偏差程度。其主要内容有跟踪检查、数据采集和偏差分析。

4. 进度计划的调整

在工程项目的实施过程中，由于受到种种因素的干扰，包括业主提出的变更等，经常造成实际进度与计划进度间的偏差。这种偏差得不到及时纠正，必将影响进度目标的实现。因此，在项目进度计划的执行过程中，必须根据监测结果进行分析，当出现进度偏差时应及时调整进度计划，同时采取增加资源、改变施工方式和方法、经济激励等措施，以确保进度目标的实现。

## 二、国际工程项目进度管理的特点

进度管理通常具有以下几个特点：

(1)动态性。通常工程项目建设周期较长，随着工程项目的进展，各种内部、外部环境和条件的变化，都会对工程项目目标的顺利实现产生不利影响。因此，在工程实施过程中，进度计划也要随着环境和条件的变化而不断做出相应的修改和调整，以保证进度计划的指导性和可行性。

(2)系统性。工程项目本身就是一个复杂系统，而进度计划的编制和执行反映了这个复杂系统的运行过程。进度计划按参与者可划分为业主进度计划、承包商进度计划、分包商进度计划、供应商进度计划等，按时间阶段可划分为设计进度计划、采购进度计划、施工安装进度计划、试运行进度计划等，而按详细程度又可划分为年进度计划、月进度计划和周进度计划。这些不同类型的进度计划构成了国际工程项目的进度计划体系，是对工程项目系统中所有活动的一种有序反应。

(3)阶段性和不均衡性。工程进展的各个阶段，如工程准备阶段、招投标阶段、勘察设计阶段、施工阶段、竣工验收阶段等都有明确的起始与完成时间和不同的工作内容，因此相应的进度计划和实施控制的方式和内容也各不相同。不均衡性是指项目各阶段参与单位和人员的数量存在不均衡，因工作性质、数量和复杂性，每个阶段参与单位的数量不同，在现场工作的人员数量也在不断变化。

与国内工程项目进度管理相比，国际工程项目进度管理还具有如下特点：

(1)不确定因素更多。国际工程项目参与方来自于不同的国家，语言、文化背景、宗教信仰不同，项目管理的理念和习惯做法存在差异，人员、材料、设备、资金流、信息等的跨界流动等不同点，增大了项目实施的不确定性。例如，各国的文化背景、政治体制、语言等的不同，导致人们对同一问题的理解不同，会形成沟通障碍，进而影响进度管理。此外，国际汇率的波动、国际材料价格的变化以及国际工程项目管理过程中本身出现的一些风险因素，都将增加国际工程项目进度管理的不确定性。

(2)按国际惯例进行管理。国际工程项目一般都是大型项目，投资额大，建设周期长，技术难度高，特别是近年来出现的BOT、EPC、DBO等项目管理模式，都采用了国际上通行的一些做法进行项目管理。进度管理则是采用了国际普遍使用的进度管理软件和进度计划的编制方法，如P6、Project等进度管理软件。

(3)参与方来自多个国家。国际工程项目的参与方来自多个国家是国际工程的又一大特点，因此，国际工程项目管理具有跨文化管理特征。自然地，进度管理涉及项目各参与方，文化和理念上的差异经常导致协调和管理上的困难，任何一方的进度延误必将影响整个工程项目的进度，并且国际工程项目进度计划既包含总的进度计划安排，又有按各个工程发展阶段制订的详细分项计划。这些进度计划既相互联系又相互影响，而这些相互影响会进一步导致各参与方之间产生费用和工期的索赔争端。因此，进度管理的必要性显而易见。

## 三、影响国际工程项目进度的因素

在国际工程项目的实施过程中，工程进度会受到很多因素的影响。影响工程项目进度的因素主要源于三个方面，即业主方(含业主代表和监理工程师)、承包商、自然和社会环境。

### (一)业主原因

(1)勘察资料不准确，特别是地质资料错误或遗漏而引起的未能预料的技术障碍。

(2)业主使用要求改变或设计不当而引起的设计变更。

(3)业主不能及时提供施工所需要的现场范围以及提供的现场条件不能满足正常的工程需要。

(4)图纸供应不及时、不配套或出现错误。

(5)未及时向有关部门办理各种相关申请审批手续。

(6)业主资金方面的问题，如未及时向施工单位或供应商支付进度款。

(7)业主越过监理工程师职权干涉施工，造成指挥混乱。

### (二)承包商原因

(1)施工组织安排不周，管理不善。

(2)与各分包单位协调不力，互相配合脱节。

(3)由承包商负责采购的建设物资供应不及时。

(4)施工中采用不成熟的工艺，技术方案失当。

(5)安全、质量等事故。

### (三)自然和社会环境原因

(1)突发事件影响，如恶劣天气、地震、临时停水、停电、交通中断、社会动乱等。

(2)受地下埋藏文物的保护、处理的影响。

(3)社会干扰，如外单位临近工程施工干扰，节假日交通、市容整顿的限制等。

(4)政府相关主管部门工作效率低。

(5)文化背景不同带来意见分歧。

(6)国际市场汇率波动带来的影响。

(7)相关政策、法律、法规变化带来的影响。

(8)突发的政治事件的影响。

从进度影响因素产生的根源来看，最主要的原因是人为因素，因此，进度管理的核心任务是采取必要的措施和方法，严格管理，减少和避免人为干扰因素的不利影响。

## 四、国际工程项目进度控制措施

对于国际承包商而言，一旦造成进度拖延，而又无法获得业主批准延期时，将承担因其拖期交付给业主带来的损失，即向业主支付一笔误期损害赔偿费。每日误期损害赔偿费的比例为合同额的0.5‰～1‰，误期损害赔偿费的限额通常为合同额的10％。因此，进度控制的意义之一就是避免向业主承担误期损害赔偿费，下列措施有助于使承包商的进度得到有效控制。

### (一)组织措施

组织措施是指借助项目管理的组织手段，对国际工程项目进度进行有效控制。

(1)确定清晰的施工项目进度目标，明确进度控制人员及其职责分工。

(2)建立进度协调会议制度，包括协调会议举行的时间、地点、参加人员等。

(3)建立进度计划审核制度和进度计划实施中的关键点检查分析制度。

(4)建立工程进度报告制度及进度信息沟通网络。

### (二)合同措施

合同措施是指通过签订恰当合理的合同、严格遵守合同、监督合同当事人认真履行合同等手段，确保项目进度受控。

(1)通过运用恰当的谈判策略，签订公平合理的合同。

(2)严格遵守合同并加强监督合同的履行过程，协调合同工期与进度计划间的关系，保证进度目标的实现。

(3)确保供货、供电、运输等合同约定提供的服务时间与有关的进度控制目标一致。

(4)严格控制合同变更，对各方提出的变更，监理工程师应严格审查后补入合同。

(5)加强风险管理，在合同中应充分考虑风险因素及其对进度的影响。

### (三)技术措施

技术措施是指采用与工程有关的各种施工安装技术和改进永久工程采纳的技术，达到进度控制的目的。

(1)采取先进的施工技术、方法和工艺，保证进度目标的实现。

(2)落实施工进度计划，在发生问题时，能适时调整工作间的逻辑关系，加快进度。

(3)采用网络计划技术，结合电子计算机的应用，对建设工程进度实施动态控制。

(4)编制进度控制工作细则，指导监理人员实施进度控制。

(四)经济措施

经济措施是指采用与经济相关的手段，确保进度目标的实现。

(1)落实实现进度目标的保证资金。

(2)签订并实施关于工期和进度的经济承包责任制。

(3)建立并实施关于工期和进度的奖惩制度。

### 五、国际工程项目进度管理的程序

国际工程项目进度管理需要结合工程项目所处环境、自身特点和内在规律，按照科学合理的方法及程序，采取一系列有效措施，对项目进行有计划有步骤的监管。一般地，可以按照以下的程序进行：

(1)确立项目进度目标。

(2)编制项目进度计划。

(3)实施项目进度计划，经常地、定期地对执行情况进行跟踪检查，收集有关实际进度的资料和数据。

(4)对有关资料数据进行整理和统计，将实际进度和计划进度进行分析对比。

(5)一旦发现问题，即实际进度与进度计划对比发生偏差，则根据实际情况采取相应措施，必要时进行计划调整。

(6)继续执行原计划或调整后的计划。重复(3)、(4)、(5)步骤，直到项目竣工验收合格、移交。

为实现国际工程项目的进度目标，应预测进度影响因素，编制可行的进度计划，建立进度管理体系，进行进度管理策划，对工程进度采取“计划—执行—检查—对比分析—执行原计划或调整计划”的动态控制，直至质量合格的建设工程项目完工并交付使用。

## 第二节　国际工程项目进度计划

### 一、国际工程项目进度计划的种类

在国际工程项目进度管理中，为了控制工程项目进度，合理安排各项工作，业主、设计咨询公司、承包商、材料和设备供应商、项目管理咨询公司等均要编制进度计划。按照不同的标准，对进度计划进行归类，如图 4-1 所示。

### 二、国际工程项目进度计划编制的主要技术

(一)甘特图

显示行动的时间计划有一种非常普遍、有效的方式，即甘特图，也称横道图。这个方法是由美国人甘特(Gantt)提出，且经过长期的应用与改进，已成为一种被广泛应用

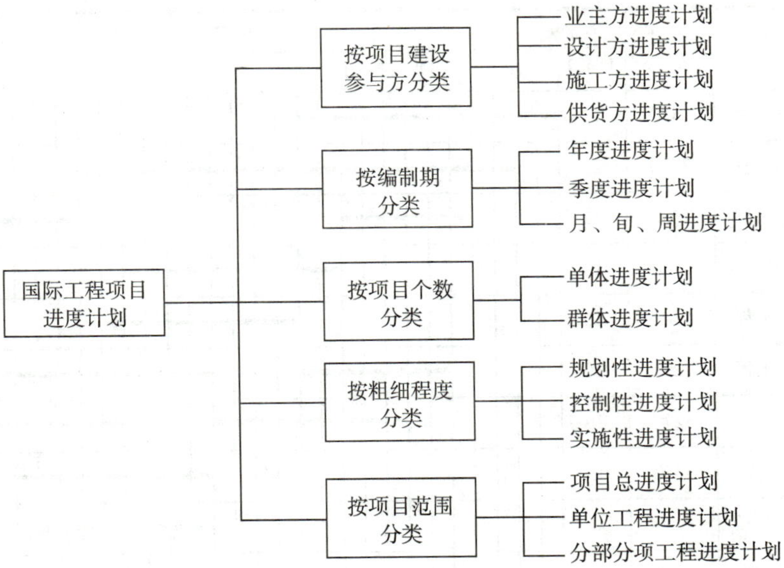


图 4-1　工程项目进度计划分类

的进度计划表示方法。

甘特图中每一个活动都是工作分解结构中的一个基本活动，将工作分解结构中的每个活动编入甘特图中，并提供活动的其他信息。图的左边按活动的先后顺序列出活动名称，图右边是进度表，图上边的横栏表示时间，时间单位可为天、周或月。用水平线段在时间坐标下标出项目的进度线，水平线段的位置和长短反映该项目从开始到完工的时间。

甘特图简单明了，可以传递很多信息，也便于检查和计算资源需求情况，一直为工程项目管理者作为进度管理的主要工具之一。然而这种方法最大的缺陷是不易表达某一活动对另一活动的依赖性。每当一项活动的时间发生变化，即代表所有受到影响的活动的条形都必须做出相应更改。为了解决这一问题，设计者通常使用计算机软件来帮助他们准备时间规划。图 4-2 为以甘特图表示的进度计划示例。

（二）网络图

网络计划是一种在项目计划工作中很有用的技术，由箭头和节点组成，用来表明工作的顺序和流程以及各种工作间的关系。它首先将整个工程项目分解为一个个独立的可交付成果，然后按照这些工作间的逻辑关系，从左至右用节点和箭线连接起来，绘制成表示工程项目所包含的全部工作连接关系的网状图形。

与甘特图相比，网络图具有以下优点：能够明确表达各项工作间的逻辑关系；便于找出关键路径和关键工作，并明确各项工作的机动时间；便于应用计算机对复杂的进度计划进行绘图、计算、调整和优化，以实现工程进度的科学化管理。

网络图克服了甘特图的缺点，在工程项目管理中得到了迅速的发展和越来越广泛的运用，但该方法的缺点也很明显，它没有甘特图直观明了，在计算劳动力和资源消耗参数时也较为复杂。

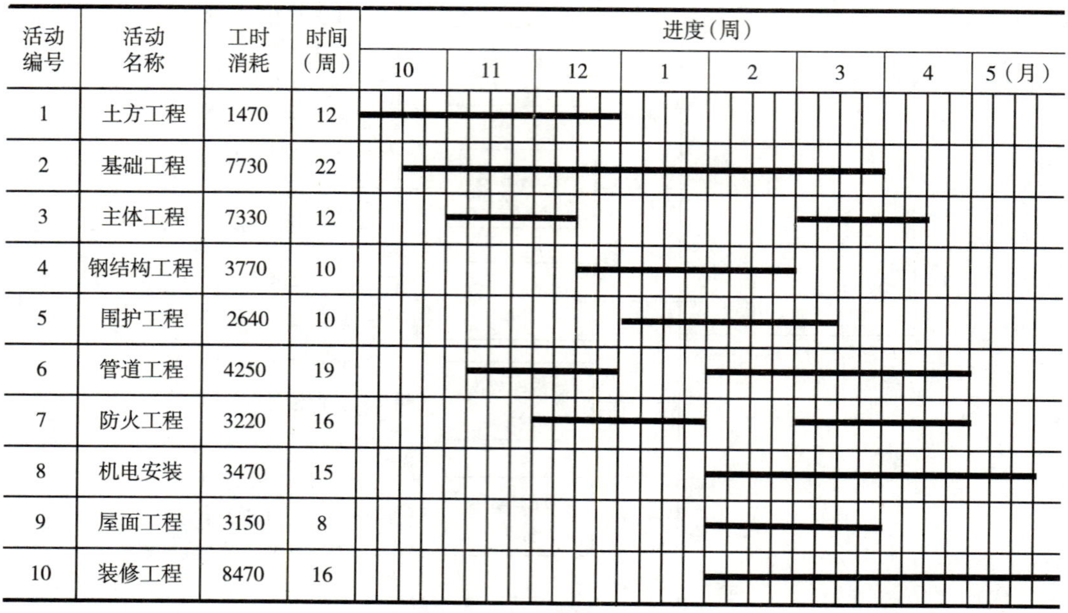


图 4-2 甘特图表示的进度计划示例

### （三）里程碑法（亦称可交付成果法）

里程碑法是在横道图或网络图上标示出一些关键事项，这些事项能够被明显地确认，一般是反映进度计划执行中各个阶段的目标。通过这些关键事项在一定时间内的完成情况可反映项目进度计划的进展情况，因而这些关键事项被称为“里程碑”。

### （四）S 形曲线法

这种方法是以时间为横轴，以完成累计工作量（该工作量的具体表示内容可以是实物工程量的大小、工时消耗或费用支出额，也可以用相应的百分比来表示）为纵轴，按计划时间累计完成任务量的曲线作为预定的进度计划。从整个项目的实施进度来看，由于项目的初期和后期速度比较慢，因而进度曲线大体呈 S 形，也称 S 曲线，如图 4-3 所示。

## 三、网络计划技术

20 世纪 50 年代末，美国相继研究并使用了两种进度管理方法，即关键路径法（CPM）和计划评审技术，并将这两种方法运用于进度管理领域，同时利用网络计划对项目的工作进度进行安排和控制，于是形成了新的进度计划管理方法——网络计划技术方法。自它诞生后的 50 年来，随着计算机技术的迅猛发展，其实用价值得到了人们的普遍认可，人们不断对其进行完善和发展，使其成为了一种先进的管理方法和手段。下面将对网络计划技术进行详细介绍。

### （一）网络计划应用的基本概念

依据运筹学的原理和网络理论，对现有的定量信息做出周密的计算加工，以网络图

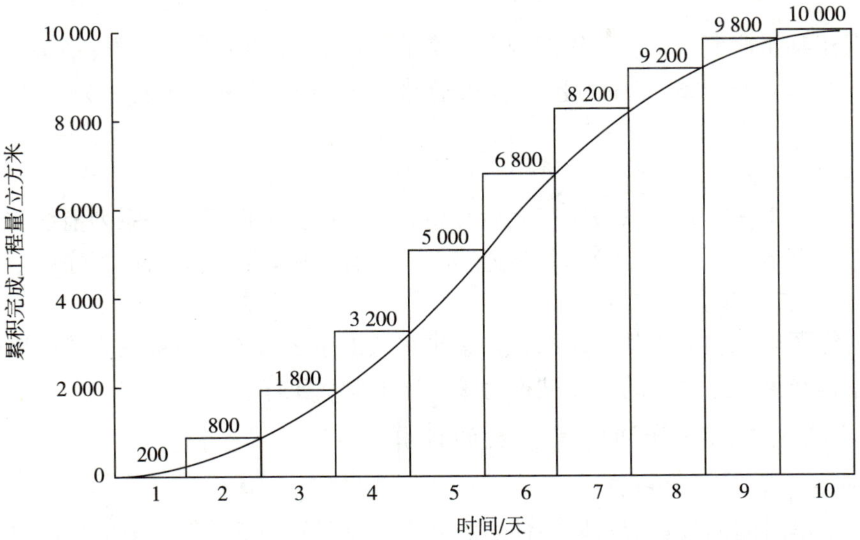


图 4-3　进度曲线法表示的进度计划示例

形式制订组织活动的执行计划，并对计划进行评价和优化，这就是网络计划。

1. 双代号网络图

双代号网络图又被称为箭线式网络图，它是用箭线及其两端节点的编号表示工作，工序的名称写在箭线的上方(工序 $A$)，箭线的下方注明完成该项工序的所需时间，也可以用箭头和箭尾处的两个节点编号代表下一项工序的名称(工序 $A$ 也被称为工序 $i-j$)，如图 4-4 所示。

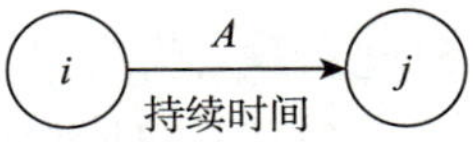


图 4-4　双代号表示法

2. 单代号网络图

单代号网络图又被称为节点式网络图，它是用节点及其编号表示工作，箭线只表示工作间的逻辑关系，节点可以用圆形或长方形表示一项工序，如图 4-5 所示的工序，自上而下标出工作的编号、名称及工序的持续时间，图 4-5 中各符号的含义见网络计划时间参数的计算部分。

图 4-5　单代号表示法

3. 路径

网络图中从起点节点开始，沿箭头方向顺序通过一系列箭线与节点，最后达到终点节点的通路成为路径。路径既可以依次用该路径上的节点编号来表示，也可以依次用该路径上的工序名称来表示。

4. 关键路径与关键工序

在关键路径法中，路径上所有工序的持续时间总和被称为该路径的总持续时间，总持续时间最长的路径被称为关键路径，关键路径的长度就是网络计划的总工期。

关键路径上的工序被称为关键工序。在网络计划的实施过程中，关键工序的实际进度提前或拖后，均会对总工期产生影响。

5. 先行工序

相对于某工序而言，从网络图的第一个节点(起点节点)开始，顺着箭头方向经过一系列箭线与节点到达该工序为止的各条通路上的所有工序，都被称为该工序的先行工序。

6. 后续工序

相对于某工序而言，从该工序之后开始，顺着箭头方向经过一系列箭线与节点到网络图最后一个节点(最终节点)的各条通路上的所有工序，都被称为该工序的后续工序。

7. 紧前工序和紧后工序

在网络图中，相对于某工序而言，紧排在该工序之前的工序被称为该工序的紧前工序，而紧排在该工序之后的工序被称为该工序的紧后工序。

## (二)双代号网络计划时间参数的计算

1. 计算节点的最早时间

节点最早时间的计算应从网络计划的起点节点开始，顺着箭线方向依次进行。计算步骤如下：

(1)网络计划起点节点，如未规定最早时间时，其值等于零。

(2)其他节点的最早时间应按照下列公式进行计算：

$$\mathrm{ET}_j=\max\{\mathrm{ET}_i+D_{i-j}\} \tag{4-1}$$

式中，$\mathrm{ET}_j$ 为工序 $i—j$ 的完成节点 $j$ 的最早时间；$\mathrm{ET}_i$ 为工序 $i—j$ 的开始节点 $i$ 的最早时间；$D_{i-j}$ 为工序 $i—j$ 的持续时间。

(3)网络计划的计算工期 $T_c$ 等于网络计划终点节点的最早时间，即

$$T_c=\mathrm{ET}_n \tag{4-2}$$

2. 确定网络计划的计划工期

(1)当规定了要求工期 $T_r$ 时，计划工期 $T_p$ 不应超过要求工期，即 $T_p \leqslant T_r$。

(2)当未规定要求工期 $T_r$ 时，可令计划工期 $T_p$ 等于计算工期 $T_c$，即 $T_p=T_c$。

3. 计算节点的最迟时间

节点最迟时间的计算应从网络计划的终点节点开始，逆着箭线方向依次进行。计算步骤如下：

(1)网络计划终点节点的最迟时间等于网络计划的计划工期，即

$$\mathrm{LT}_n=T_p \tag{4-3}$$

式中，$\mathrm{LT}_n$ 为网络计划终点节点 $n$ 的最迟时间；$T_p$ 为网络计划的计划工期。

(2)其他节点的最迟时间应按照下列公式进行计算：

$$\mathrm{LT}_i=\min\{\mathrm{LT}_j-D_{i-j}\} \tag{4-4}$$

式中，$\mathrm{LT}_i$ 为工序 $i—j$ 的开始节点 $i$ 的最迟时间；$\mathrm{LT}_j$ 为工序 $i—j$ 的完成节点 $j$ 的最迟时间；$D_{i-j}$ 为工序 $i—j$ 的持续时间。

4. 工序的最早开始时间

工序的最早开始时间等于该工序开始节点的最早时间，即

$$\mathrm{ES}_{i-j}=\mathrm{ET}_i \tag{4-5}$$

5. 工序的最早完成时间

工序的最早完成时间等于该工序开始节点的最早时间与其持续时间之和，即

$$EF_{i-j}=ET_i+D_{i-j} \tag{4-6}$$

6. 工序的最迟完成时间

工序的最迟完成时间等于关于该工序完成节点的最迟时间，即

$$LF_{i-j}=LT_j \tag{4-7}$$

7. 工序的最迟开始时间

工序的最迟开始时间等于该工序完成节点的最迟时间与其持续时间之差，即

$$LS_{i-j}=LT_i-D_{i-j} \tag{4-8}$$

8. 工序的总时差

工序的总时差可以根据以下公式计算：

$$TF_{i-j}=LF_{i-j}-EF_{i-j} \tag{4-9}$$

9. 工序的自由时差

工序的自由时差等于该工序完成节点的最早时间减去该工序开始节点的最早时间所得差值再减去其持续时间，即

$$FF_{i-j}=\min\{ET_j\}-ET_i-D_{i-j} \tag{4-10}$$

## (三)单代号网络计划时间参数的计算

1. 工序的最早开始时间和最早完成时间

工序最早开始时间和最早完成时间的计算应从网络计划的起点节点开始，顺着箭线方向按节点编号从小到大的顺序依次进行。

工序的最早完成时间应等于本工作的最早开始时间与其持续时间之和，即

$$EF_i=ES_i+D_i \tag{4-11}$$

式中，$EF_i$ 为工序 $i$ 的最早完成时间；$ES_i$ 为工序 $i$ 的最早开始时间；$D_i$ 为工序 $i$ 的持续时间。

其他工序的最早开始时间应等于其紧前工序最早完成时间的最大值，即

$$ES_j=\max\{EF_i\} \tag{4-12}$$

式中，$ES_j$ 为工序 $j$ 的最早开始时间；$EF_i$ 为工序 $j$ 的紧前工作 $i$ 的最早完成时间。

2. 相邻两项工序之间的时间间隔

相邻两项工序之间的时间间隔是指其紧后工序的最早开始时间与本工作最早完成时间的差值，即

$$LAG_{i,j}=ES_j-EF_i \tag{4-13}$$

式中，$LAG_{i,j}$ 为工序 $i$ 与其紧后工序 $j$ 之间的时间间隔；$ES_j$ 为工序 $i$ 的紧后工序 $j$ 的最早开始时间；$EF_i$ 为工序 $i$ 的最早完成时间。

3. 工序的总时差

网络计划终点节点 $n$ 所代表工序的总时差应等于计划工期与计算工期之差，即

$$TF_n=T_p-T_c \tag{4-14}$$

当计划工期等于计算工期时，该工序的总时差为零。其他工序的总时差应等于本工序与其各紧后工序之间的时间间隔加上该紧后工序的总时差所得之和的最小值，即

$$TF_i = \max\{LAG_{i,j} + TF_j\} \tag{4-15}$$

式中，$TF_i$ 为工序 $i$ 的总时差；$LAG_{i,j}$ 为工序 $i$ 与其紧后工序 $j$ 之间的时间间隔；$TF_j$ 为工序 $j$ 的总时差。

4. 工序的自由时差

网络计划终点节点 $n$ 所代表工序的自由时差等于计划工期与本工序的最早完成时间之差，即

$$FF_n = T_p - EF_n \tag{4-16}$$

式中，$EF_n$ 为终点节点 $n$ 所代表工序的自由时差；$T_p$ 为网络计划的计划工期；$EF_n$ 为终点节点 $n$ 所代表工序的最早完成时间。

其他工作的自由时差等于本工作与其紧后工作之间时间间隔的最小值，即

$$FF_i = \min\{LAG_{i,j}\} \tag{4-17}$$

5. 工序的最迟完成时间

根据总时差计算，工序的最迟完成时间等于本工序的最早完成时间与其总时差之和，即

$$LF_i = EF_i + TF_i \tag{4-18}$$

6. 工序的最迟开始时间

根据总时差计算，工序的最迟开始时间等于本工序的最早开始时间与其总时差之和，即

$$LS_i = ES_i + TF_i \tag{4-19}$$

## 第三节　国际工程项目进度控制

在国际工程项目的实施过程中，由于受到种种因素的干扰，经常造成实际进度与计划进度的偏差。如果这种偏差得不到及时纠正，必将影响进度目标的实现。为此，在项目进度计划的执行过程中，必须采取系统的控制措施，经常地进行实际进度与计划进度的比较，发现偏差，及时采取纠偏措施。

### 一、国际工程项目进度的监测与调整过程

#### (一)进度监测过程

在工程实施过程中，承包商必须定期地对进度的执行情况进行跟踪检查，发现问题应及时采取有效措施加以解决。

在工程进度监测过程中，一旦发现实际进度与计划进度不符，即出现进度偏差时，进度控制人员必须认真寻找产生进度偏差的原因，分析进度偏差对后续工作产生的影响，并在必要时采取措施对进度进行调整，以确保进度目标的实现。本书将进度偏差用“Δ”表示，进度监测系统过程如图 4-6 所示。这一过程为 PDCA(plan——计划，do——执行，check——检查，action——纠偏)动态控制过程。

工程进度监测系统包括实际进度数据采集、数据处理、实际进度与计划进度数据对比分析三个子系统。

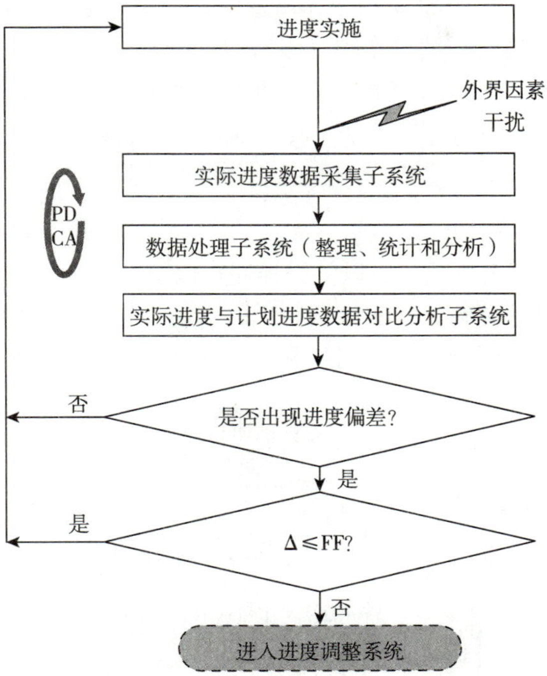


图 4-6　工程进度监测系统

1. 实际进度数据采集子系统

建立实际进度数据采集子系统，可以保证及时获得工程的实施情况，并根据工程进度计划要求，及时做出决策。

具体的工作主要是通过跟踪检查，定期收集反映实际工程进度的有关数据。数据收集的方法有：①经常地、定期地收集进度报表资料，如施工日志、施工周报和月报等。这些报表数据必须能够反映现场的实际状态。②及时进行现场跟踪检查，如巡视现场。③定期召开会议，掌握进度动态。可视工程的具体情况每月、每半月或每周召开一次会议。

一般地，进度控制的效果与收集信息资料的时间间隔有关，如果不能经常地、定期地提供进度信息资料，就难于达到进度控制的效果。根据进度控制的对象，可进行定期、非定期和实时的进度跟踪和核查。此外，进度检查的时间间隔还与工程的类型、规模、现场条件等多方面因素有关。

2. 数据处理子系统

数据处理是指对收集的原始数据进行整理、统计和分析，形成与计划具有可比性的数据资料。例如，根据现场本期实际完成的任务量确定累计完成的任务量、本期实际完成任务量的百分比、累计完成任务量的百分比等，以此确定工程的进度状况。

3. 实际进度与计划进度数据对比分析子系统

当实际进度与计划进度出现偏差时，在作必要的调整之前，需要分析由此产生的影响。其对后续工作及总工期的影响分为如下三种情况：

(1)当 $\Delta \leqslant FF$ 时，其对后续工作和总工期没有影响。

(2)当 FF<Δ≤TF 时，其对后续工作有影响，但不影响总工期。

(3)当 Δ>TF 时，其对后续工作和总工期均有影响。

后两种情况会影响到关键进度控制点(即里程碑事件)，可能会导致索赔事件的发生。如果后续工作由某一分包单位实施，则会为分包单位带来经济损失。因此，改变关键控制点的时间，往往会导致受到影响的后续分包单位提出索赔的情形出现。

### (二)进度调整过程

进度调整系统如图 4-7 所示。应以关键控制点以及总工期允许变化的范围作为限制条件，对原进度计划进行调整。在实施调整后的进度计划的过程中，承包商应采取相应的组织、技术、经济和合同措施，协调各分包商的进度，以保证最终进度目标的实现。

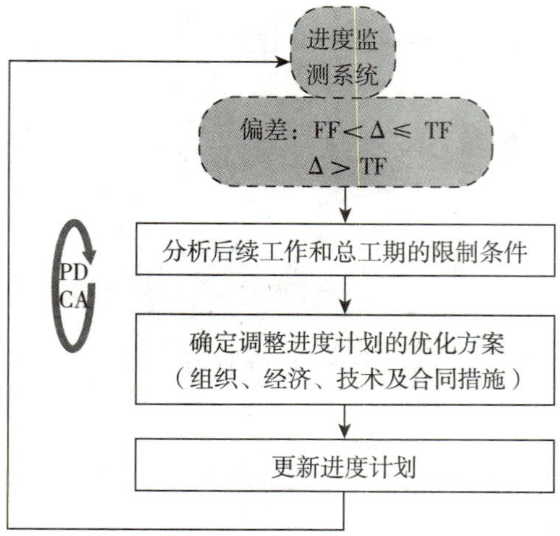


图 4-7 工程进度调整系统

究竟采取何种进度调整方式，这要在对具体实施进度进行分析的基础上方能确定。从实现进度目标来看，可行的调整方案可能有多种，这就存在一个方案优选的问题。归纳起来，进度调整的方式主要有如下两种。

#### 1. 改变工作间的逻辑关系

此种方式主要是通过改变关键线路上各工作间的先后顺序及逻辑关系来实现缩短工期的目的。尤其是在设备的采购和安装过程中，由于受资金或消耗性材料及安装人员和工具的限制，通过调整各工作间的先后顺序及逻辑关系来缩短工期是很有必要的。例如，若原始进度计划按比较保守的方式编制，各项工作按顺序实施，即某项工作结束后，另一项工作才开始，那么只要通过改变工作间的逻辑关系，即将顺序实施的关系改变为相互间搭接关系，便可达到缩短工期的目的。

采取此种方式进行调整时，由于增加了各工作间的相互搭接时间，因而进度控制显得更加重要，实施中必须做好协调工作。

#### 2. 改变关键工作的持续时间

此种方式与前述方式不同，它主要着眼于关键线路上各工作本身的调整，工作间的逻辑关系并不发生变化。例如，在工程进度拖延的情况下，为了加快进度，通常是压缩关键线路上有关工作的持续时间，也就是通过增加相应的资源来达到加快进度的目的。此种调整方式通常可在网络上直接进行。其调整方法视限制条件对后续工作的影响程度的不同而有所区别，一般可考虑以下两种情况。

(1)仅影响后续工作，不影响总工期。网络图中某项工作进度拖延，但拖延的时间在该项工作的总时差 TF 范围内，自由时差 FF 以外，即

$$FF < \Delta \leqslant TF$$

根据前述内容可知，这一拖延并不会对工期产生影响，而只对后续工作产生影响。因此，在进行调整前，需确定后续工作允许拖延的时间限制，并以此作为进度调整的限制条件。

这个限制条件的确定有时是很复杂的，特别是当后续工作由多个平行的分包单位负责实施时更是如此。后续工作在时间上产生的任何变化都可能使合同不能正常履行，导致受损失的一方提出索赔。例如，在进度实施过程中，如果设计单位拖延了交图时间并且对后续制造和安装阶段产生了影响，由于推迟交图而造成暂停，这就意味着承包商的人力和机具的窝工与浪费，从而增加制造或服务成本。既然承包商有责任按合同约定的价格和按规定的时间完成制造或安装任务，他就有权利根据合同向业主索取补偿。正因为如此，寻找合理的调整方案，把对后续工作的影响减少到最低程度，是工程师的一项重要工作。

(2)既影响后续工作，也影响总工期。网络图中某项工作进度拖延，且拖延的时间超过了该项工作的总时差，即

$$\Delta > TF$$

这包括两种情况，一种情况是该项工作处于关键线路上(即 $TF=0$)，另一种情况是此项工作处在非关键线路上，但拖延的时间超过了总时差(即 $TF \neq 0$)。但无论哪种情况均会对后续工作及工期产生影响，其进度的调整方法又可分为以下两种情况来讨论：①工程工期不允许拖延。在这种情况下，只能缩短关键线路上后续工作的持续时间以保证工期目标的实现。②工程工期允许拖延的时间有限。在有的情况下，工期虽然允许拖延，但拖延的时间受到一定的限制。如果进度拖延的时间超过了此限制，也需要对网络进行调整，以便满足要求。

具体的调整方法是：以工期的限制时间作为规定工期，并对还未实施的网络进行工期-费用优化，即通过压缩网络图中某些工作的持续时间，来使总工期满足规定工期的要求。其具体步骤如下：

第一，简化网络图，去掉已经执行的部分，以进度检查日期为开始节点，并将实际数据代入。

第二，以简化的网络图及代入的实际数据为基础，计算各工作最早开始时间。

第三，以总工期允许拖延的极限时间作为完成时间，计算各工作最迟开始时间。

上面所提到的两种进度调整方式，均是以工期为限制条件来进行的。值得注意的是，当出现某工作拖延的时间超过其总时差(即 $\Delta > TF$)而对进度计划进行调整时，除需考虑工程总工期的限制条件外，还应考虑网络图中该工作的一些后续工作在时间上是否也有限制条件，在这类网络图中，一些后续工作也许就是一些独立的合同，时间上的

任何拖延，都会带来协调上的麻烦或者引起索赔。因此，当遇到网络图中某些后续工作对时间的拖延有限制时，可以以此作为条件，并按前述方法进行调整。

## 二、实际进度与计划进度的比较方法

### (一)横道图比较方法

横道图比较法是一种表示施工进度进展状况的方法，如图 4-8 所示。

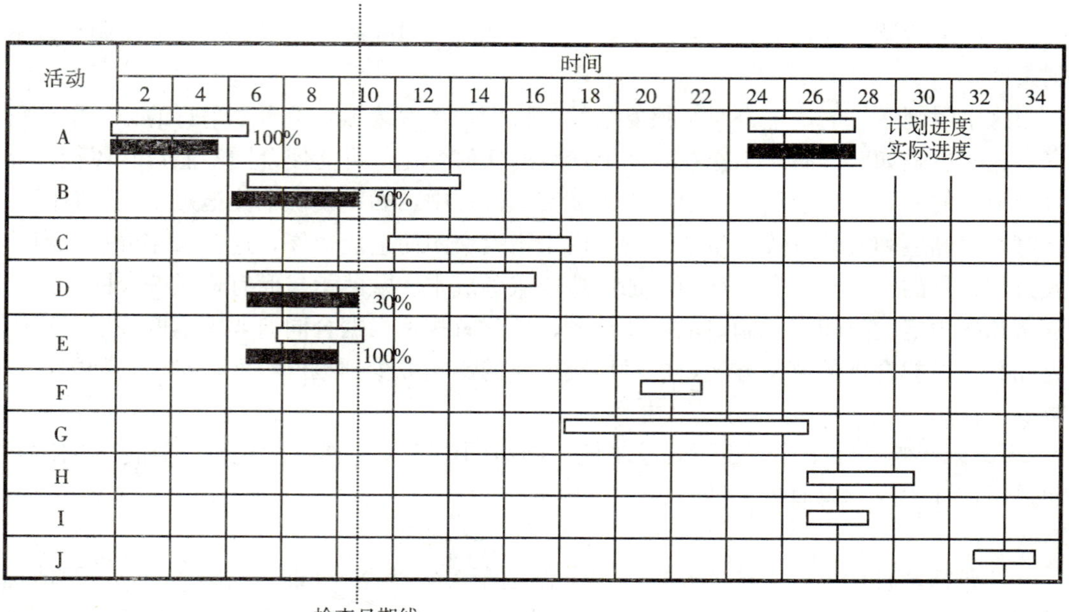


图 4-8 实际进度与计划进度比较

该方法是把实际进度直接用横道线并列绘制在用横道图编制成的进度计划图上，与计划进度进行直观对比，表示两者之间的偏差。通过简单直观的比较，可让进度管理人员把握施工进度实际状况，以便分析原因，采取措施。

### (二)S 形曲线比较方法

S 形曲线比较法与横道图比较法不同，它不是在已编制的横道计划上进行实际进度与计划的比较。它是以横坐标表示进度时间，纵坐标表示累计完成的任务量或累计完成百分比，绘制在以进度曲线法表示的工程项目进度计划图上，如图 4-9 所示。

通过将实际进度曲线与计划进度曲线相互比较，可以得到以下信息：

(1)工程项目实际的进展状况。当实际曲线上的点位于计划曲线的左侧，表明此时的实际进度计划超前(如 $a$ 点)；当实际曲线上的点位于计划曲线的右侧，则表明此时的实际进度滞后(如 $b$ 点)。

(2)工程实际进度比计划进度超前或滞后的时间。$\Delta t_a$ 表示 $t_a$ 时刻实际进度超前的时间；$\Delta t_b$ 表示 $t_b$ 时刻实际进度滞后的时间。

(3)实际完成工程量比计划工程量超额或拖欠的数量。$\Delta y_a$ 表示 $y_a$ 时刻超额的任务

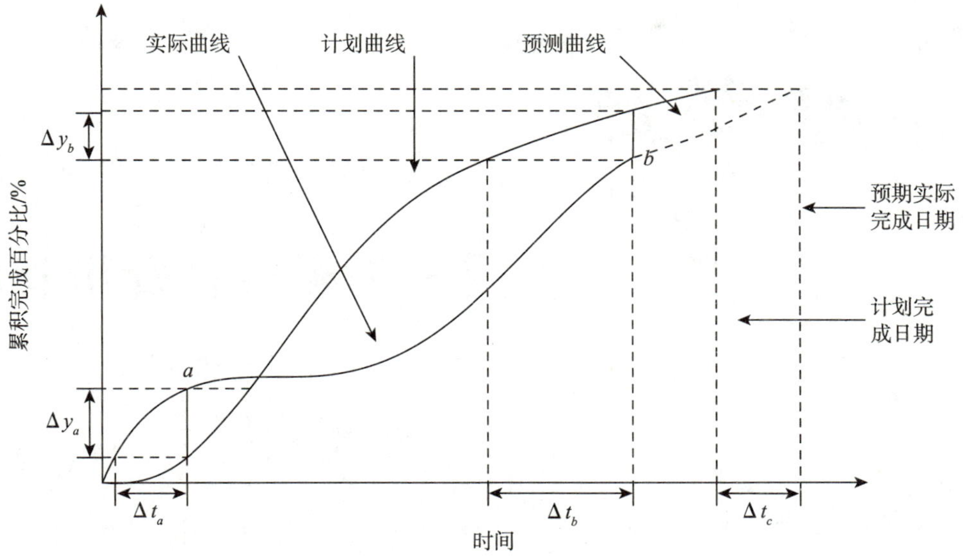


图 4-9 S形曲线比较法示例图

量；$\Delta y_b$ 表示 $y_b$ 时刻拖欠的任务量。

(4)后期工程进度预测。如果后期工程仍按照原计划速度进行，则可以绘出图 4-9 中的预测进度曲线，由此可估算可能的拖延工期 $\Delta t_c$。

## (三)“香蕉”曲线比较法

“香蕉”形曲线是由两种 S 形曲线组成的闭合曲线，图形犹如“香蕉”，故称“香蕉曲线”，如图 4-10 所示。ES 曲线为各项活动均按最早开始时间开始而绘制的 S 形曲线；LS 曲线为各项活动均按最迟开始时间开始而绘制的 S 形曲线。

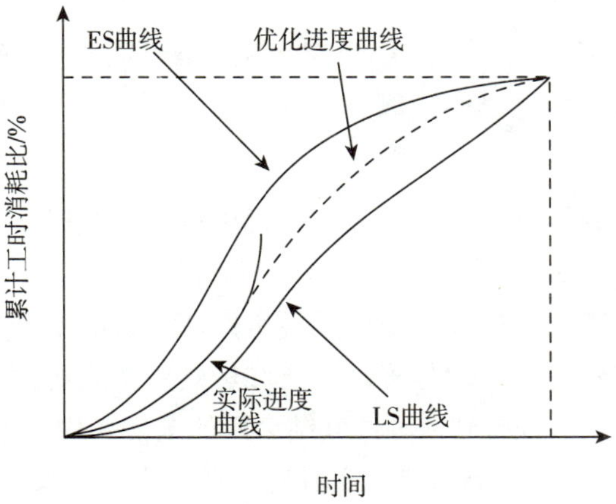


图 4-10 “香蕉”曲线比较法示例图

“香蕉”曲线能直观反映工程的实际进展情况，比 S 形曲线能获得更多的信息。利用“香蕉”曲线可进行进度计划的合理安排；进行实际进度与计划进度的比较；对后续工程进度进行预测。

# 第五章

# 国际工程项目费用管理

本章介绍了国际工程项目费用的构成和费用管理的一般程序，对承包商中标后进行的工程项目费用计划、工程项目费用控制进行了详细的阐述。

## 第一节　国际工程项目费用管理概述

国际工程项目费用是指在承包国际工程项目过程中的各种耗费的总和。本书将国际工程项目费用管理定义为基于已经签订的承包合同价格，编制合同工程费用计划和预算，并实施控制的全部过程，以保证在批准的预算内完成合同工程。国际工程项目费用管理不仅包括承包商内部预算管理，还包括与业主和分包商间的费用收支管理。

### 一、国际工程项目费用构成

由于承包项目范围的不同、各承包公司分类方法的不同，国际工程报价(offer)的构成并没有统一的模式，但其基本构成如图 5-1 所示。

(一)直接费

直接费主要由人工费、材料设备费和施工机械设备费组成。

1. 人工费

人工费是指直接从事施工以及附属辅助性生产的工人的工资，包括国内派出工人工资和当地雇用工人的工资，但不包括管理人员和后勤服务人员的工资。对于国内派出工人的费用应包括从工人出国准备到回国休整结束后的全部费用，主要包括国外岗位工资、国内差旅费、国际差旅费、节假日补助、各种补贴和人身意外保险和税金。当地雇用工人的费用主要包括日基本工资、带薪法定假日和带薪休假日工资、夜间施工或加班应增加的工资、按规定应由业主支付的税金和保险费、招募费和解雇费以及上下班交通费等。

国际工程的人工费有时占到工程总造价的 20%～25%，大大高于国内工程的比率。因此，确定国内外工人的比例并考虑工人的工作效率，对于提出有竞争力的报价十分重要。

- 工程报价
  - 工程总成本
    - 直接费
      - 人工费
      - 材料设备费
      - 施工机械设备费
    - 间接费
      - 投标费
      - 保函手续费
      - 保险费
      - 税金
      - 为业主提供的服务费
      - 业务费
      - 临时设施费
      - 贷款利息
      - 施工管理费
      - 其他
    - 分包费
    - 总部管理费
  - 暂定金额
  - 盈余
    - 利润
    - 风险费

图 5-1　国际工程报价组成

2. 材料设备费

材料设备费是指用于永久工程的所有建筑材料和设备的费用。国际承包工程中材料、设备的来源有三个渠道，即当地采购、国内采购和第三国采购。投标人应多方询价、货比三家，确定自己的材料设备费用。

对当地采购的材料和设备的费用，如果当地材料设备供应商供货到现场，可直接用材料设备供应商的报价加上现场保管费作为材料设备的费用。如果自行采购，则材料设备费包括市场价、运杂费和运输保管损耗的费用。

对国内和第三国采购的材料和设备费用相同，主要包括到岸价、海关税、港口费、运杂费、保管费、运输保管损耗的费用及其他费用。

3. 施工机械设备费

国际工程中的施工机械除了由国内或临近工程调遣和购买外，还可以从当地租赁。如果决定租赁机械设备，那么费用可以根据事先调查的市场租赁价格确定。

自行调遣或购买机械的使用费用主要包括基本折旧费、安装拆卸费、维修费、机械保险费、燃料动力费以及驾驶操作人工费等。

### (二)间接费

国际工程的间接费项目较多，但并无统一的规定。国际工程中的间接费一般包括以下几项。

1. 投标费

投标期间的开支费用在做标价时大都已经发生，可据实计算。投标费主要包括购买招标文件费、投标期间差旅费、投标文件编制费以及咨询费等。

2. 保函手续费

国际工程招投标阶段及实施过程中通常涉及投标保函、履约保函、预付款保函和维修保函等保函。银行为承包商出具以上保函时，都要收取一定的手续费。

(1)投标保函。投标保函的作用是保证承包商在投标有效期内不撤标、不修改投标书，并在中标后与业主签订合同和按时提供履约保函。

投标人在提交投标书时一并提交投标保函。国际工程中的投标保函一般为投标报价的1%～3%，目前多采用固定额度方式，即业主在招标文件中规定投标保函的具体金额，每一个投标人必须按此金额提交投标保函，投标保函有效期为投标有效期再延长28天。

如果由于某些原因，业主未能在保函有效期内签订合同，其可以要求投标人延长投标保函有效期。但投标人有权拒绝此要求，自动放弃本次投标，而业主应退还保函；投标人也可以遵从业主的指示，延长保函有效期，但业主还会允许投标人修改其标书。

(2)履约保函。该保函的目的是保证承包商在其中标并与业主签订合同后，根据合同约定履行其义务和职责。

FIDIC施工合同条件中约定承包商应在收到中标函后的28天内将履约保函提交给业主，承包商应保证在工程全部竣工和修复缺陷之前履约保函一直有效。履约保函一般为中标合同价的10%。

(3)预付款保函。由于工程耗资大，在项目启动阶段承包商需要投入大量资金，特别是以机电设备安装为主的工程。为了改善承包商的现金流，帮助承包商顺利开工，业主在承包商未完成工作的情形下，预先支付一笔无息预付款给承包商。同时，合同又约定承包商必须归还预付款，为了保证承包商归还预付款，在发放第一笔预付款之前，承包商需向业主提交与预付款总额等值的预付款保函。

(4)维修保函。在国际工程市场中，有时业主在项目实施结束后，为了保证承包商在缺陷通知期内履行其维修义务，会要求承包商提交维修保函。

根据FIDIC施工合同条件，在业主向承包商支付每一笔进度款时，会扣留10%的费用作为保留金(retension)，扣留的保留金限额为中标合同金额的5%。在竣工移交时退还前一半保留金，另一半保留金在缺陷通知期满时退还。保留金是一笔现金，承包商为了及早收回被扣留的保留金，有时也会要求以维修保函(也被称为保留金保函)做担保收回余下的保留金。

3. 保险费

国际工程中的保险项目一般有承包工程一切险(contractor's all risks insurance)、第三方责任险(third party liability insurance)、人身意外险(personal accident insurance)、运输险(transportation insurance)、施工设备险(construction equipment insurance)等。其中前三项保险是必须进行投保的，运输保险一般由供应商办理，施工设备险则由承包商投保。

4. 税金

在国际工程中，不同国家对所需缴纳的税目和税率有很大的区别。常见的课税项目有合同税、利润所得税、营业税、买卖税、产业税、地方政府开征的特种税、社会福利税、社会安全税、养路和车辆牌照税等。关税、转口税等税种可直接列入人工、材料设备和机械使用费中。

5. 为业主提供的服务费

这主要是指为业主、工程师及其职员提供办公室、试验室、实验设备、交通工具、通信设施、生活设施和维护等而开支的费用。

6. 业务费

这部分费用主要包括代理佣金、法律顾问费等。

在国外开展业务时，承包商往往通过当地代理为其提供信息和有关资料。有的国家法律明确规定，在办理与国际工程承包有关的某些业务时，必须雇用当地代理，这就会产生代理佣金。

另外，承包商通过雇用法律顾问来解决当地法律疑问和索赔问题，也会产生律师费等。

7. 临时设施费

临时设施费主要是指建造施工营地住房、办公室、施工便道、便桥、水电工程中的围堰、人工砂石料系统、混凝土拌和系统、实验室以及安全和照明等的费用。

承包国外一般工程，临时设施费占到直接费的2%～8%，对于大型或特殊项目，最好按施工组织设计的要求一一列算。

8. 贷款利息

承包商支付贷款利息有两种情况：一种是承包商本身资金不足，需向银行贷款以获取资金组织施工；另一种是承包商带资承包，即业主不但没有预付款，而且要求承包商垫付一部分资金，由此必须向金融机构贷款。

9. 施工管理费

这部分费用包括的项目多，费用额度也较大，一般占到总价的8%～10%以上。其主要包括管理人员和后勤人员工资、办公费、计算机管理费、差旅交通费、医疗费、劳动保护费、生活用品购置费等。

10. 其他

这主要是指未包含在上述项目中的费用，如实验费等。

### (三)分包费

承包商在投标报价时，有的将分包商的报价单独列出，与直接费、间接费并列。在估算分包费时还需考虑对分包商的管理费(图5-1)。另一种方式是将分包商的报价直接列入直接费中，从而在考虑间接费时包含对分包商的管理费。

### (四)总部管理费

总部管理费也叫公司管理费或上级管理费(overhead)，是上级管理部门或公司总部对现场项目经理部进行管理产生的管理费，视工程大小，一般为工程报价的3%～5%。公司总部管理费包括总部人员工资、行政管理费用、办公室的租金、邮政通信费用、电费、暖气费、修理费、车辆使用费、办公用品费、财务费用等。

### （五）暂定金额

暂定金额（provisional sum）有时也叫暂列金额或备用金。在合同中通常出现此类费用的原因可能有以下几个方面：

（1）工程实施过程中可能发生业主负责的应急费/不可预见费（contingency costs），如计日工涉及的费用。

（2）在招标时，业主还不能确定某项工作是否包含在合同中。

（3）在招标时，对于工程的某些部分，业主还不能确定到使投标者能够报出固定单价的深度。

（4）对于某项工作，业主希望由指定分包商实施。

这类金额的额度一般用固定数表示，有时也用投标报价的百分数表示，一般由业主在招标文件中确定。每笔暂定金额的使用必须得到业主（或工程师）的指令。

### （六）盈余

盈余包括利润（profit）和风险费（risk cost）。在履行合同期间，承包商需要承担许多风险，如不利气候条件、通货膨胀、不利现场条件、汇率波动等风险，为防范风险给自己带来的利润损失，承包商需要在其报价中加入一笔风险费。据对部分投标资料的统计，风险费约为工程总成本的4%～8%。

风险费对承包商来说是个未定数，如果预计的风险没有全部发生，则预留的风险费将产生剩余，和利润加在一起就是盈余；如果风险费估计不足，则只能由利润来填补。

## 二、国际工程项目费用管理过程

承包商对工程项目费用的管理过程如图5-2所示。费用管理可分为三个阶段，即投标签约阶段、履行合同阶段和合同收尾阶段。在投标签约阶段，承包商根据招标文件，估算合同价格并报价，在与招标方达成一致后，确定中标合同价并签订合同；在履行合同阶段，承包商须根据中标合同价，做出费用预算计划并控制其执行；在合同收尾阶段，承包商须根据履行合同期间的价格信息，进行数据分析和归类，并更新价格信息数据库。

### （一）费用估算

承包商根据招标文件的内容，确定完成拟建合同工程所需要的人力、材料和工程设备、施工机械及其他各种资源的数量，并根据各类资源的获得渠道和国际建筑市场价格，进行合同工程的费用估算，计算出工程总费用（包括直接费、间接费、分包费、现场管理费、总部管理费、利润、暂定金额等）。

以费用估算为基础，按招标文件的商务报价格式和费用计算方法，计算并填写工程量清单中各分项的单价或价格，进而计算出投标报价。

对于承包商而言，正确而又符合实际的费用估算不仅是顺利中标并获得最大利润的基础，也是项目实施过程中费用计划和费用控制的重要依据。因此，承包公司建立标准的测算方法和对历史成本数据的充分利用可以有效地保证估算的准确性。

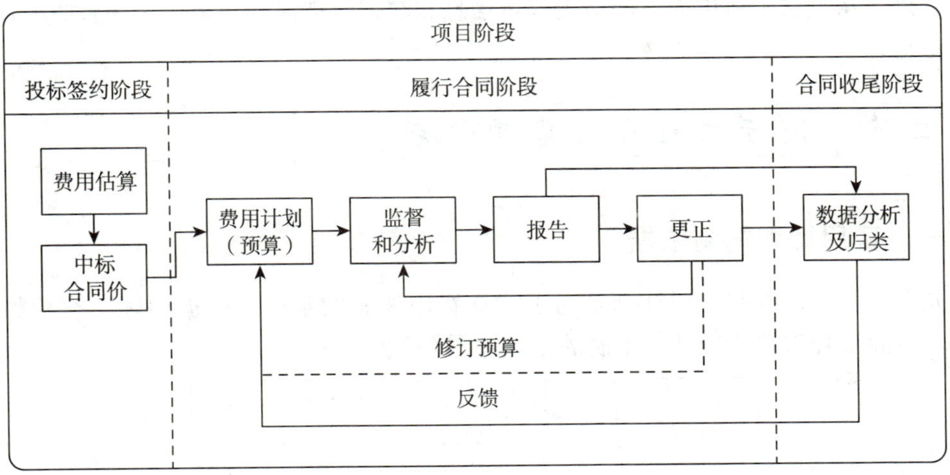


图 5-2　国际工程项目费用管理过程

（二）费用计划

承包商一旦中标，应根据中标合同价，在费用估算的基础上，将与合同工程有关的各种资源（资金、人力、机械、材料等）和相应的费用，按照工作分解结构分配到各工作单元上，并以此编制费用计划，建立合同工程的费用控制基准。

费用计划分为如下两种：

(1)提交给业主的合同现金流计划。现金流计划（又称付款计划表）按月（或按季度）编制，旨在告知业主承包商每月完成的合同额，暗示其每月应向承包商支付的费用金额，业主据此确定项目每月资金流动情况。如果承包商的进度计划发生重大改变，导致现金流计划与实际不符时，应更新现金流计划。

(2)用于内部费用控制的预算计划。这实质上是一种标后预算，承包公司为了确定项目经理的成本控制目标，以中标合同价为基础，再考虑工程所在地的实际情况，计算出一个成本控制目标，作为项目经理费用控制的基准。

由上述可知，费用控制基准有两个，一个用于付款控制，另一个用于内部成本控制。

（三）费用控制

费用控制包括监督和分析成本信息、总结报告、采取纠偏措施等具体过程。在项目实施过程中，承包商应定期采集项目进展的实际数据，不断进行计划值与实际值的比较，发现偏差后，应分析偏差产生的原因，及时采取纠偏措施。

出现费用偏差，也可能意味着存在索赔机会，因此，承包商在分析偏差原因时，应确定费用超支情形下的责任归属。如果是由于业主应负责的原因，承包商应按照合同约定的索赔程度及时发出索赔通知和提出索赔报告。

（四）数据分析及归类

当完成一个合同工程时，承包商会获得许多客观反映工程所在地市场价格的信息，承包商应建立公司定额数据库，并根据每个项目获得的最新数据，及时更新公司定额，确保定额数据反映市场的真实情况，从而可以为将来的项目投标做准备。

另外，从过去项目中汲取的历史成本信息和教训应被保存起来，为以后的工程项目提供参考。

## 第二节 国际工程项目费用计划

### 一、费用计划编制依据

如上文所述，编制费用计划是为了建立费用控制的基准。根据国际工程项目的特征，承包商工程项目费用计划编制的依据如图 5-3 所示。

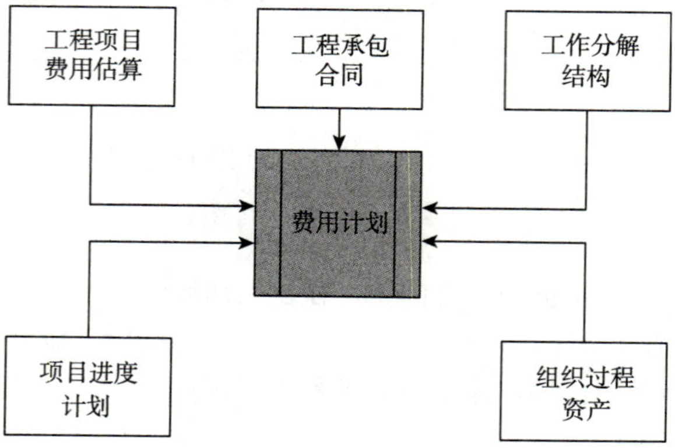


图 5-3 费用计划编制主要依据

#### (一)工程项目费用估算

工程项目费用估算是指承包商按照招标文件规定和有关计算报价的规则，根据承包商的实施方案和国际工程市场价格，计算出完成合同工程所需要的总费用。因此编制费用计划必须依据投标时所做的工程项目费用估算。

#### (二)工程承包合同

工程承包合同决定了当事双方的权利、责任和义务，同时也是承包商编制费用计划的重要依据之一，特别是中标合同价及其价格构成因素。

#### (三)工作分解结构

工作分解结构不仅是编制费用估算的依据，同时也是编制费用计划的重要依据。

费用估算和项目工作分解结构都是为费用计划服务的，两者不能截然分开。费用估算是对工作分解结构中的每个独立工序制定施工方案和进行资源估计，并最终计算出所需要的费用。以此为基础，从下至上计算出合同工程的总费用。

#### (四)项目进度计划

项目费用计划需要说明承包商每个月将完成的具体工作和与之相对应的合同额。如果对项目进度计划中的每一项工作加载费用，即在工作信息中输入完成该项工作所需要的费用额及在工作持续时间内的每日费用支出信息，则可计算出每天承包商将完成的工作和具体合同额。承包商可进一步按月编制出合同工程的现金流计划(为项目费用计划的一部分)。

### (五)组织过程资产

组织过程资产包括承包商公司中的计划、政策、程序、指南、经验教训和历史信息等重要信息，还可能包括以前项目的进度计划、风险数据和价格数据等。

组织过程资产可以对费用计划编制过程和编制格式的规范化提供指导，是制订工程项目费用计划不可或缺的重要资源。

## 二、国际工程费用计划的编制步骤

### (一)搜集和整理资料

需要搜集的资料主要包括：①工程项目的费用预算；②施工组织设计；③项目使用的机械设备生产能力及其利用情况；④项目的材料消耗、物资供应、劳动工资及劳动效率等计划资料；⑤承包商现阶段的物资消耗水平、劳动生产率；⑥以往同类项目费用计划的实际执行情况及有关技术经济指标完成情况的分析资料；⑦工程所在国家和地区的劳务、当地自然环境等地域因素以及这些因素对劳动生产率的影响(如热带气候、寒冷气候等设备和人员的影响)。

### (二)编制费用计划

在掌握了充足的资料后，应对其加以整理分析。根据已有的工程项目费用预算，结合项目进度计划，将中标合同价格分解到工作分解结构中的每个工作包。将工作分解结构各个层次的费用计划进行反复测算、修订、平衡后，提出用于费用控制的合同工程费用计划。

编制费用计划的主要技术是挣值技术(详见第五章第三节内容)，其表达方法可以采用图示方法，即S形曲线，也可采用表格形式。通常是这两者结合在一起使用，S形曲线能够直观地展示工程的总体进展情况，而表格中的计算数据则可看到总体、分部和分项工程的进展情况，并可以在出现费用偏差时，很快发现出现偏差的具体工作和偏差原因。

## 三、国际工程费用计划的内容

### (一)工程项目费用目标的分解

编制费用计划的主要目的是确定项目费用控制的总目标和分目标，被称为项目费用目标分解。工作分解结构是费用管理、进度计划、范围控制以及会计记账、审计等工作的核心基础和连接点，因此，费用目标的分解依附于工作分解结构，即将费用分解到工作分解结构中的每一个可交付成果和工作包上，工作包之上的可交付成果作为成本控制点。成本控制系统中的工作分解结构如图 5-4 所示。

### (二)时间-费用累计曲线

将工程项目费用目标分解落实到各个工作包，并将费用在工作包的持续时间内进行平均分配，就可以得到“时间-费用”曲线。

工程项目时间-费用模型是项目经理部进行费用管理和进度管理的十分重要的工具，通过工程实际费用和进度与计划费用和进度的对比，可以分析费用的进展情况，并预测

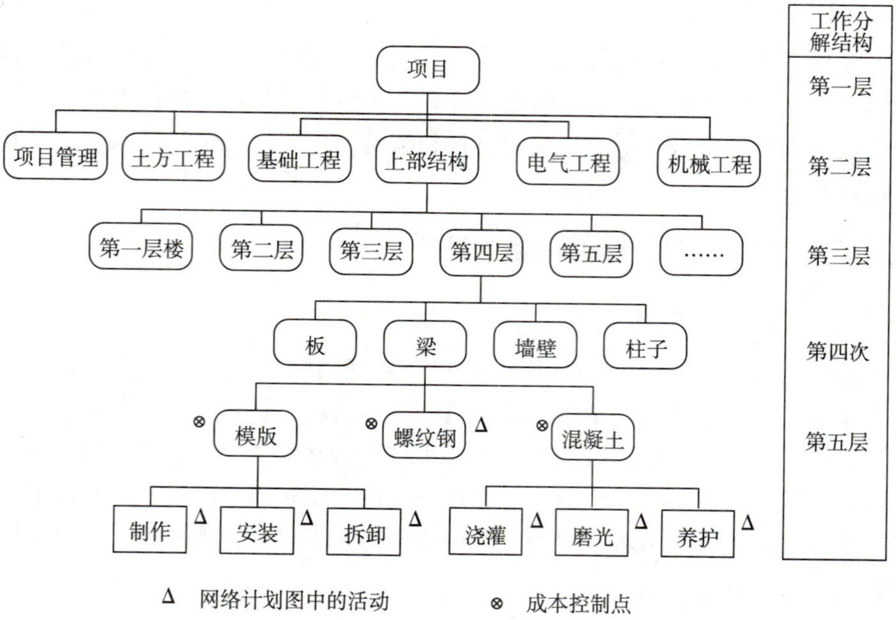


图 5-4 成本控制框架

费用的未来趋势。

时间-费用的表示方式有两种：一种是在总体控制横道图上表示，可以清楚地看到每个时间段上费用的计划消耗情况，见表 5-1 和图 5-5。

**表5-1 费用计划表**

| 活动 | 费用/万元 | 时间/周 | | | | | | | | | | | |
|---|---|---|---|---|---|---|---|---|---|---|---|---|---|
| | | 1 | 2 | 3 | 4 | 5 | 6 | 7 | 8 | 9 | 10 | 11 | 12 |
| A | 20 | 10 | 10 | | | | | | | | | | |
| B | 18 | | | 6 | 6 | 6 | | | | | | | |
| C | 12 | | | | 4 | 4 | 4 | | | | | | |
| D | 16 | | | | | | | 4 | 4 | 4 | 4 | | |
| E | 6 | | | 3 | 3 | | | | | | | | |
| F | 8 | | | | | | 4 | 4 | | | | | |
| G | 35 | | | | | 7 | 7 | 7 | 7 | 7 | | | |
| H | 15 | | | | | | | | | | 5 | 5 | 5 |
| I | 8 | | | | | | | | | | | 4 | 4 |
| 合计 | 138 | 10 | 10 | 9 | 13 | 17 | 15 | 15 | 11 | 11 | 9 | 9 | 9 |
| 累计 | 138 | 10 | 20 | 29 | 42 | 59 | 74 | 89 | 100 | 111 | 120 | 129 | 138 |

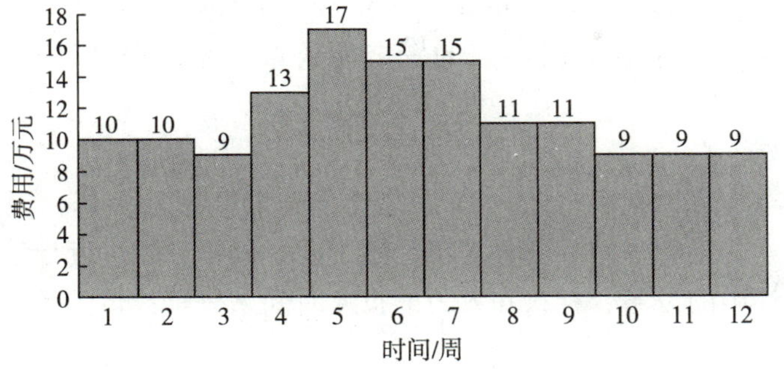


图 5-5　根据网络计划编制的费用计划

另一种是利用时间-费用累计曲线(S 形曲线)表示，见图 5-6。时间-费用累计曲线的绘制步骤如下：

(1)确定工程项目进度计划，编制进度计划的横道图。

(2)假设工程费用在相应工程活动的持续时间内平均分配，即活动持续期间费用是线性分布的，则可以算出费用在单位时间上的分布，如表 5-1 所示。

(3)计算在时间点 $t$ 时，计划累计完成的费用，其计算方法为

$$Q_t = \sum_{n=1}^{t} q_n \tag{5-1}$$

式中，$Q_t$ 为某时间 $t$ 计划累计支出费用；$q_n$ 为单位时间 $n$ 的计划支出费用；$t$ 为某规定计划时刻。

(4)按各规定时间的 $Q_t$ 值，绘制 S 形曲线，如图 5-6 所示。

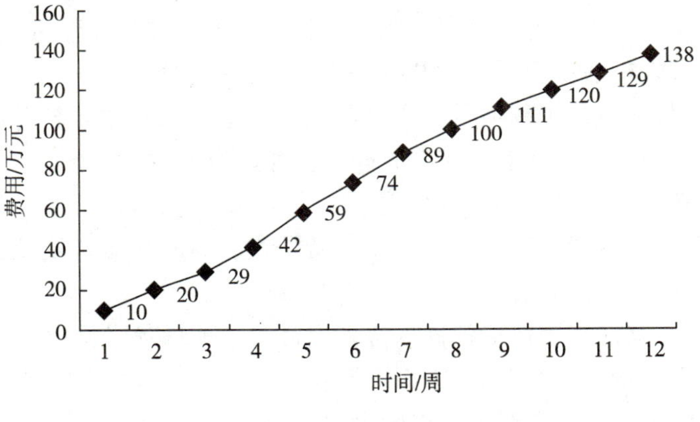


图 5-6　时间-费用累计曲线

## (三)现金流计划

按照工程承包合同的约定，承包商中标后需要在合同约定的时间内向业主提交一份按月(或按季度)编制的合同工程的现金流计划。该计划将向业主表明承包商每个月完成的合同额，而业主将根据合同约定的付款时间和该现金流计划，确定其资金使用情况。

根据此现金流计划，承包商可以得出项目的资金回收曲线和资金支出曲线，两曲线

之间的最大差值即为项目可能需要的最大融资额。另外，基于资金回收计划和资金支出计划，可以清楚地知道任一时间点的资金需求量。通常资金计划以月为单位进行编制。

1. 资金支出计划

承包商的成本构成要素很多(图 5-1)、资金支出时间形式多样，因此导致支出的现金流受到很多因素的影响。编制资金支出计划主要是根据项目进度计划、工程成本预算以及施工组织设计中的设备、材料和人力的投入时间来分析计算的。资金的投入可大致分为以下几个方面：

(1)前期费用。前期费用包括保函手续费、保险费以及签订合同之后立即支付的各项管理费、佣金、代理费和开办费等。

(2)临时设施费。临时设施费包括修建生活营地、各类仓库、维修车间、水电设施、道路设施及各项生产设施(如混凝土搅拌站、加工厂、预制厂)等的费用。

(3)人员费用。人员费用包括人员调遣费及工资、福利、补贴等。在考虑人员费用时，首先需注意区分国内、国外人员费用的构成，其次要分析工资支付方式的不同。

在编制资金支出计划时，一般建议将机票、签证等一次性发生的费用并入到开办费中，而不直接列入人工费中，这样比较容易计算。工人工资的支付方式也各有不同，如临时雇用的工人是按天支付，项目所在国的工人工资可能按周、半月或月支付，而国内外派的工作人员的工资一般是按照每月、半年或一年这样的周期支付的，这些都会对资金流量产生影响。

(4)施工机具设备费。施工机具设备费包括自有机具设备的调遣费、使用费以及新购和租赁设备的费用、零配件设备费、制作人员工资等。对于大型的、通用的机械，如塔吊、外用电梯等，一般都会并入到开办费中。

(5)材料费。材料费是工程项目中支出最大的一笔费用，主要按分批进料的进度估算费用，并考虑材料付款条件安排用款时间。例如，有的材料货到付款，有的需交预付款，有的则在材料供应一段时间后再付款。

(6)工程设备及安装费。工程设备及安装费按设备订货价款、交货进度、支付条件及安装进度安排支付资金和支付时间。

(7)其他费用。其他费用包括各种日常管理费和未预料费用及贷款利息。

而对于总部管理费、税金等费用，由于它们不会对项目的资金流量带来多大的影响，所以在编制资金支出计划时考虑得较少。

将以上费用按工程实施进度列表，汇总得出每月的总费用支出，画出资金支出曲线，如图 5-7 所示。

2. 资金回收计划

承包商的资金回收计划相对于业主而言，就是合同工程的现金流计划，主要是为业主筹集资金提供依据。承包商编制资金回收计划，主要是依据工程进度计划，并结合合同价格及合同中的支付条款进行编制。资金回收款项主要包括：

(1)工程预付款。按合同约定列入，应考虑预付款支付的次数和时间安排，以及何

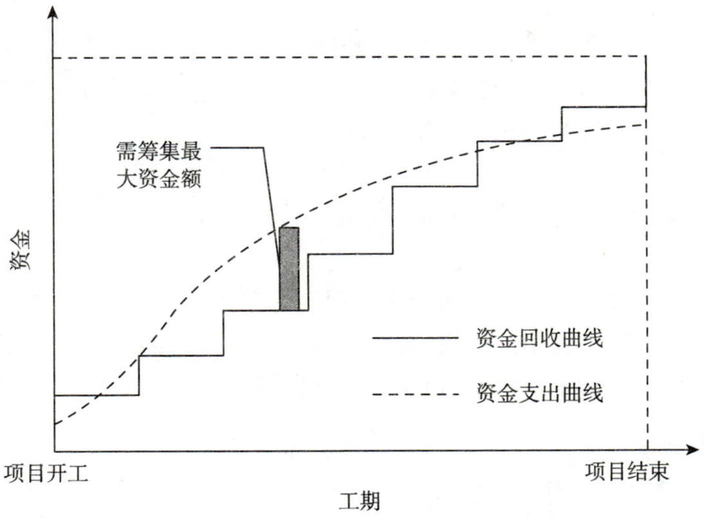


图 5-7　资金流动曲线

时开始返还及其返还方式。例如，FIDIC“新红皮书”认为预付款应从确认的期中付款累计额超过中标合同金额减去暂定金额后余额的 10%时开始扣减，并且每次扣减额度应为支付证书金额的四分之一。

(2)材料设备预付款。许多国际工程承包合同都有材料设备预付款的规定，如材料到达现场并检验合格后可支付材料款的一定比例(一般为 60%～80%)；工程设备可按开出信用证、装船、到港、运抵现场和安装等进度付款。安排资金回收计划时应考虑合同关于材料预付款的比例和时间规定。

(3)期中工程进度款。按工程进度计划计算该月完成的工程量及相应的工程款，还应按比例扣除预付款和保留金，按工程量扣除相应部分的材料预付款，这里还要充分考虑工程师和业主审批账单的时间和业主实际付款的迟滞因素。

根据合同约定，工程款支付一般是在该月工程完成后，于下月初由承包商提出支付申请，经工程师批准后由业主支付。按照 FIDIC 施工合同条件约定的支付时间，业主应在收到承包商申请支付的月报表后的 56 天内向承包商支付进度款。所以实际工程款的支付一般要推迟 2 个月左右。

(4)保留金的退还。按合同约定的保留金退还时间将保留金列入收款计划。按照 FIDIC 施工合同条件的约定，保留金为中标合同金额的 5%，在工程师签发接收证书后返还其中的 40%～50%，而余下的要到缺陷通知期满时退还。承包商为尽早回收资金，一般可以在工程竣工时向业主提供相应金额的保留金保函，提前要求业主返还另一部分保留金。

(5)最终结算付款。最终结算付款是指在缺陷通知期满时，业主向承包商支付的最后一笔款项，一旦支付，双方的合同关系即解除。

3. 资金流动计划

将资金支出计划和回收计划综合在一起，即可得到资金的流动计划，并可绘制出资金支出和资金回收曲线，如图 5-7 所示。

从图 5-7 可知，许多工程项目在建设阶段的现金流是负的，有些项目甚至直至临近结束并取得最终结算款时才产生正的现金流。当最终支付包括保留金并且保留金比例超过利润率时，这种情况更为突出。

## 第三节　国际工程项目费用控制

费用控制是监督项目状态以更新费用计划、管理费用基准变更的过程。它不仅是对项目建设全过程中所发生费用的监控和对大量费用数据的收集，更重要的是对各类费用数据进行正确分析并及时采取有效措施，从而达到将项目最终发生的费用控制在目标范围之内的目的。

### 一、费用控制的特点

#### (一)承包商费用控制的积极性

不同项目类型的合同，由于承包商承担的风险不同，因而其控制费用的积极性表现出差异。对于固定总价合同，承包商承担大部分项目实施过程中的费用风险，因此承包商积极制订自己的费用管理计划并严格实施费用控制措施；对于成本加酬金合同，承包商则不太精打细算，对信誉不高的承包商，还有可能想方设法增加成本，以实现高额的酬金；对于单价合同，承包商控制成本的积极性由承包项目的利润率、复杂程度等因素综合决定。

#### (二)承包商费用控制的综合性

在工程项目中，费用控制必须与进度目标、质量目标相结合才能产生它应有的价值。不能片面地追求费用目标的实现，而忽略项目进度、质量对项目造成的影响。例如，在成本超支时，如果强制要求费用目标的实现，质量可能得不到保障，而质量缺陷可能造成的返工又会造成工程工期的进一步延误和成本的增加。

### 二、费用控制的步骤

在确定了项目费用控制目标之后，必须定期地进行费用计划值与实际值的比较，当实际值偏离计划值时，应分析产生偏差的原因，采取适当的纠偏措施，以确保费用目标的实现。其具体过程如图 5-8 所示。

费用控制的步骤包括如下几个方面。

#### (一)费用监测

费用监测工作是费用控制过程的首要工作，也是最为困难的一项工作。项目成本数据采集的方法通常是现场观察，由现场工作人员负责。每项工作的实际费用必须输入到对应的费用编码下，同时应监督这些工作的进度情况。由于费用监测过程中会获得来自不同工程活动、资源的大量数据，因此有一个良好的费用控制系统可以简化数据收集工作，同时保证数据的完整性。从图 5-8 中可知，费用监测工作主要集中在人工费、材料

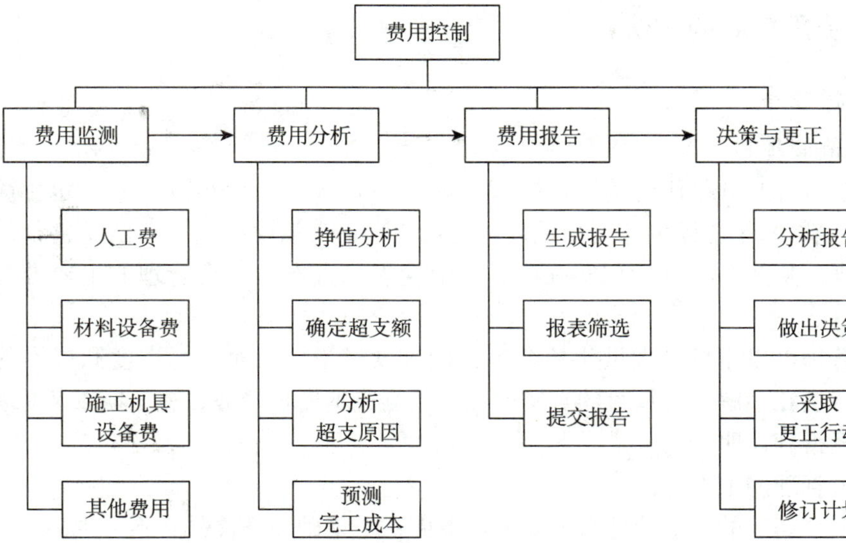


图 5-8　费用控制框架

设备费和施工机具设备费上，对于临时工程费、现场管理费等费用也要给予足够的重视。

（二）费用分析

此部分的工作主要包括挣值分析、确定超支额、分析超支原因、在目前状态下预测完工成本。它的核心原则是从所获取的数据中及时地分析出有用的信息。偏差分析和趋势分析是最基本的研究方法，因为这两种分析可以在任何一项活动结束之前发现问题，并及时地采取纠正措施。

通过计划值、挣值和实际成本之间的比较，可确定成本超支和进度落后情况，并分析偏差的严重性及产生偏差的原因。这一步是费用控制工作的核心，其主要目的在于找出产生偏差的原因，从而采取有针对性的措施，减少或避免相同原因的再次发生或减少发生后的损失。然后根据项目实施情况预测整个项目完成时的费用，预测的目的在于明晰偏差可能导致的后果的严重性。

（三）费用报告

根据最新的数据信息，定期编制费用报告，可为工程项目管理活动提供经济决策支持。从不同费用角度分析成本支出情况，确保费用报告能准确反应成本的实际状况。费用报告的编制工作主要由费用控制人员完成。

（四）决策与更正

当工程项目的实际费用出现了偏差，应当根据工程的具体情况、偏差分析和预测的结果，及时采取适当的措施，并委派下属人员具体实施。在项目实施过程中，应不断地修订和更新费用计划。工程项目的计划应每月更新一次，通常国际工程合同中也会要求承包商每月向业主提交一份新的进度计划和与其对应的费用计划。

上述四个步骤是一个完整有机的整体，在实践中它们构成一个周期性的循环过程。

## 三、费用控制的方法

### (一)挣值管理

1. 挣值管理概述

早在20世纪60年代的美国，挣值管理(earned value management，也称赢得值管理)首先在美国海军北极星计划中被使用。20世纪90年代中期，美国私营部门开始采用挣值管理。从此在项目管理实践中，挣值管理一直作为项目管理的主要方法被广泛采用。

挣值管理可以用货币来量化整个工程的进度过程，从而进行进度和成本的综合控制。这种方法在了解一个项目的真实情况，预测成本增长趋势、总工期以及总费用上的有效性已经得到证明。

1)挣值管理的依据

对于一个高效的挣值管理系统来说，下面三个基础性条件是必不可少的：①工作分解结构能够完整反映全部工程项目范围和费用；②不断更新的范围以及费用管理计划必须能够清晰地界定新增以及删减的工作范围和与之相关联的费用增减；③基准进度计划必须能够反映所有工作分解结构各层次要素及其相关活动的范围、费用和时间。

2)挣值管理系统

作为挣值管理的基础，控制账目、工作包和任务这些工作分解结构的各个单元均是被赋予了进度和费用属性的。在工程项目的实施阶段，必须按照工作分解结构准确地记录项目状态，提供基础数据，进行有效的挣值管理。挣值管理系统的计划和报告层次显示了挣值管理系统所必需的组件，如图5-9所示。

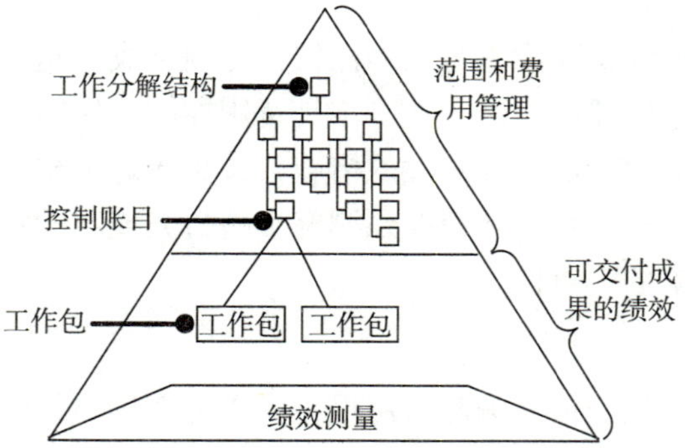


图5-9 挣值管理系统的计划和报告层次

控制账目(control accounts)是综合范围、计划费用、实际费用和进度，并能够对绩效进行测量的管理控制点。控制账目设置在工作分解结构事先选定的管理点上。每一个控制账目都可以包括一个或多个工作包，但是每一个工作包只可以同一个控制账目相联系。

工作包(work packages)是对工程量、工期、质量、费用等各方面作详细说明的最低层次的工作分解结构单元。某工程项目土方开挖及外防水工程的工作包如表5-2所示。

表 5-2 土方及外防水工程工作包表

| 工作包名称 | 工作包编码 | 日期：2007 年 3 月 18 日 |
| --- | --- | --- |
| 土方及外防水工程 | TYC00001000 | 版次：1 |
| 工作说明及工序描述：<br>本工程底板防水采用地下室底板下高分子防水卷材防水，S8 防水砼<br>施工工序(任务)：<br>放线—基槽开挖—验收—垫层—砖胎模及粉刷—验收—回填—垫层二—粘贴防水层—验收—保护层—验收 | | |
| 质量要求：<br>达到设计的强度标准，保证底板不渗漏 | | |
| 紧前工序：平整场地、施工人员培训 | | |
| 主要责任人： | | |
| 计划所需资源：<br>瓦工工日：2287 工日　　防水工工日：370 工日 | | |
| 计划工期：35 天 | | |
| 费用<br>计划：29.75 万元<br>实际：30.05 万元 | 工期<br>计划：2007 年 3 月 16 日～2007 年 4 月 19 日<br>实际：2007 年 3 月 12 日～2007 年 4 月 15 日 | 工程量<br>计划：1400 平方米<br>实际：1400 平方米 |

任务(task)也被称做计划活动(schedule activity)，是在工程项目实施期间组成工作包的单项工作。它一般都估算了持续时间、费用和资源占用情况，并且一项任务按照逻辑关系同其他任务或里程碑相联系。在表 5-2 中，任务指的就是放线、基槽开挖、验收等施工工序。

一个工程项目可以采用工作分解结构分解成若干单元，这些单元又可以细分为若干更低层次的单元，直到它们充分涵盖了该工程项目的所有工作范围。通过计算每一项最低等级单元的费用，并把它们逐级汇总，最终可以计算出工程项目的总费用(或预算)。它是协调和控制项目范围和预算的主要方法。在工作分解结构的各个层次中，每个单元范围的界定是工程项目总范围界定的工作基础。

除了范围和费用，挣值管理系统还能够反映工程项目的进度或持续时间(duration)。一个工作包中所有任务的持续时间就构成了这个工作包的持续时间，而一个控制账目中所有工作包的持续时间又构成了这个控制账目的持续时间，继而构成了包括这些控制账目的所有工作分解结构单元的持续时间和项目工期。由于各个层次单元不仅反映所需的时间还反映了所需的各种资源，所以持续时间包含了资源分配这个属性。这个自下而上的过程就是进度计划编制的过程，而且这一过程有利于跟踪项目的实际进度情况。

如果一个工程项目的所有工作范围都被编制进了进度计划，那么进度计划中包含的基准信息就叫做绩效测量基准(performance measurement baseline)，而建立这种初始基准信息的过程叫做集成基准评审(integrated baseline review)。

绩效测量基准一旦确定，项目就进入了跟踪模式(tracking mode)。在跟踪模式中，项目的范围、预算、进度是被时时监控的，一旦项目范围发生增减，那么与之相关联的费用也必须相应进行改变。这些项目范围、费用、进度的变化必须通过集成基准评审来反映到绩效测量基准中。

这种由任务、工作包、控制账目构成的，自下而上逐级汇总构成工程项目总体工作范围、进度、费用的动态过程就是挣值管理系统工作的过程。

2. 挣值管理主要术语

(1)计划值(planed value，PV)，即计划工作的预算费用(budgeted cost for work scheduled，BCWS)，是指到报告时点项目原计划完成的工作及其数量的预算费用。计划值是成本控制的基准。

(2)挣值(earned value，EV)，即已完工作的预算费用(budgeted cost for work performed，BCWP)，是指到报告时点项目已完成工作的价值，用分配给该工作的预算表示。

(3)实际成本(actual cost，AC)，即已完工作的实际费用(actual cost of work performed，ACWP)，是指到报告时点已完工作的实际发生的总费用支出，与项目计划值无关。

(4)竣工预算(budget at completion，BAC)，是在工程项目费用计划中标明的工程项目竣工时的预算值，即工程项目计划值的总和。

(5)完工估算(estimate at completion，EAC)，是指为完成全部工作将需要的费用估算，它随着工程的进展可能不断地变化。

(6)项目初始工期(original duration，OD)，是在工程初始进度计划中标明的工程项目工期值。

(7)实际花费时间(actual time expended，ATE)，是从工程开工至报告时点为止工程项目实际耗费的时间。

在进行挣值分析时，一般使用S形曲线，如图5-10所示。

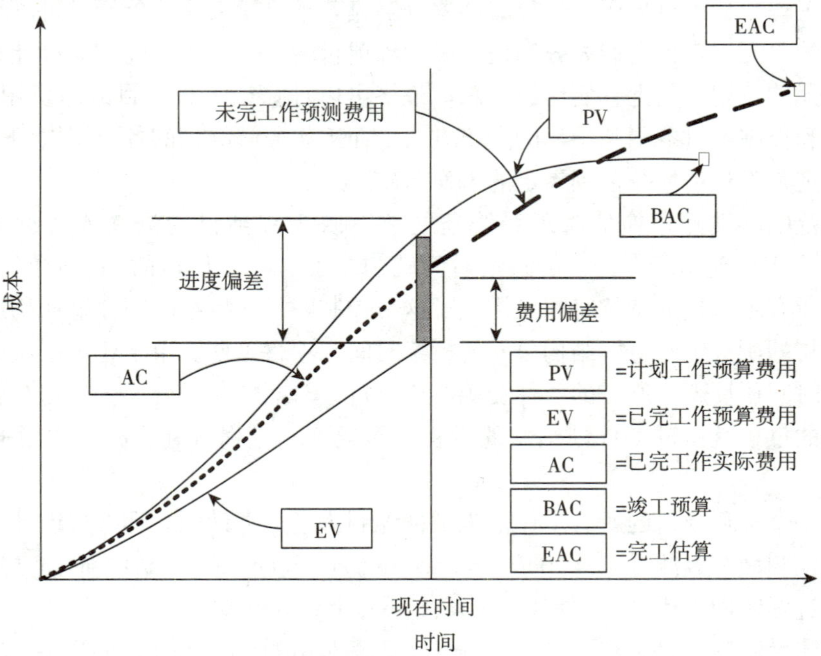


图5-10 绩效测量基准

3. 计划值、挣值和实际费用的获取

计划值、挣值和实际费用是通过项目活动所需的资源计算出来的。

图 5-10 中的计划工作预算费用(PV)曲线指的是本章第二节中的时间-费用曲线，即将计划费用分配到每一工作包上，然后结合进度计划计算单位时间上消耗的费用。

已完工作实际费用(AC)曲线是根据已完工程量，利用各种票据、工作时间表、施工日志等现场资料，计算已完工程发生的实际成本。

已完工作预算费用(EV)根据已完工程量和预算成本计算得出。对于已完工程量的计算方法，应该遵循经济、简单高效原则，具体方法有：

(1)对于可以计算数量的工作，按实际完成的工作数量计算，如门、窗等。

(2)一些难以计量的工作，可以估计项目完成的百分比，作为工作的已完工程量。

(3)有些活动持续时间较短，而逐个计算活动的百分比工作量会很大，且其取值对总体费用影响不太大时，可以采用两点计量法。即预先设定好需要计量的两个点，例如，活动一旦开始，挣值就为 50%，待活动完成时再计量剩余的 50%。

(4)某些工作的价值非常小，则可以在该工作完成后一次性计量。

(5)对于工期较长且可以分解为多个独立步骤的活动，则可以利用里程碑测定，即根据活动所处的阶段计算相应的挣值，如基础工程完成时＝15%等。

(6)项目中的一些项目管理、安全管理、后勤支持等活动，它们基本上是时间的线性函数，所以它们的挣值等于计划值。

4. 挣值管理计算方法

1)项目费用偏差和项目进度偏差的计算

项目费用偏差(cost variance，CV)是项目成本绩效的一种指标。它等于挣值减去实际成本，如公式(5-2)所示。

$$CV = EV - AC \tag{5-2}$$

当 CV 小于 0 时，表明项目的实际费用超过了计划费用，处于超支状态，对于超支的部分一般是不可弥补的；当 CV 大于 0 时，表明项目的实际费用小于计划费用，节省了费用，也可能是之前的费用计划做得不合理。

项目进度偏差(schedule variance，SV)是在项目报告时点处的挣值与计划值之差，可用来表明项目是否落后于基准进度。

$$SV = EV - PV \tag{5-3}$$

当 SV 小于 0 时，表明项目的已完工程量小于拟完工程量，处于滞后状态；当 SV 大于 0 时，表明项目的已完工程量超过了拟完工程量，进度偏快。与进度计划相比，挣值管理中的进度偏差 SV 从总量上反映了项目的完成情况，更注重资源的投入，是关键路径法的重要补充。

但是 CV 和 SV 代表的是绝对数值，具有局限性，单纯依靠它们来判断项目的实际情况往往不准确。例如，有两个总工期均为 4 年的工程项目，总预算分别是 1 亿美元和 1 千万美元，在某一报告时点项目费用偏差都等于－10 万美元。这时，虽然二者的费用偏差值相同，但不表明费用超支对两个项目具有相同的影响，超支的 10 万美元对第二个项目的影响更大。因此，还应将 CV 和 SV 转化为效率指标，以便把项目成本和进度绩效与其他项目作比较，解决 CV 和 SV 的弊端。

2)项目费用绩效指数和项目进度绩效指数的计算

项目费用绩效指数(cost performance index，CPI)是比较项目已完工作的价值与实际成本的一种指标，等于挣值与实际值之比。

$$CPI=EV/AC \tag{5-4}$$

指数 CPI 的值大于 1 时，说明项目费用有节余；如果 CPI 小于 1，说明项目实际费用超支；如果 CPI 等于 1，则说明实际的费用正好等于计划的费用。

项目进度绩效指数(schedule performance index，SPI)是比较项目已完进度与计划进度的一种指标，等于挣值与计划值之比。

$$SPI=EV/PV \tag{5-5}$$

SPI 的值大于 1 时，说明项目实际进度超前；如果 SPI 小于 1，说明项目实际进度滞后；SPI 等于 1，则说明进度正常。

虽然 CPI 与 CV 都是关于 EV 和 AC 的函数，SPI 与 SV 都是关于 EV 和 PV 的函数，但 CPI 和 SPI 这两个指数都是相对数值，在判断项目费用和进度状况上比 CV 和 SV 更能体现工程项目的真实情况。

在工程项目管理的实践中，通常将 CPI 和 SPI 指数控制在某个范围，如 10%，即当 CPI 和 SPI 指数在 0.9～1.1 变化时，认为项目的费用和进度在正常范围内，超出此范围则应采取纠偏措施。如图 5-11 所示，在第 5 周，SPI 超出了控制基准，应采取纠偏措施；其他控制点在基准范围内，无需纠正。

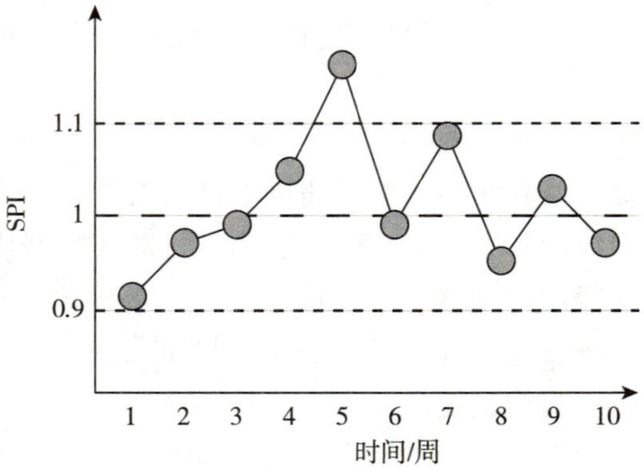


图 5-11　SPI 控制图

3)完工估算值和工期预测值的计算

完工估算(EAC)是在报告时点，根据该报告时点的费用绩效指数 CPI 对项目最终可能发生的费用进行预测，以提醒项目管理人员可能发生费用超支的严重性。

$$EAC=AC+\frac{BAC-EV}{CPI}=BAC/CPI \tag{5-6}$$

计算公式(5-6)由两部分组成，AC 是指工程已完工作的实际费用；$\frac{BAC-EV}{CPI}$是指按照项目目前的绩效水平完成项目剩余工作所需的费用。

项目工期预测值(expected time to completion，ETTC)是在报告时点，根据该报告时点的进度绩效指数 SPI，对项目最终完成全部工作所需要的时间进行预测。

$$ETTC = ATE + \frac{OD - ATE \times SPI}{SPI} = OD/SPI \tag{5-7}$$

ETTC 的计算公式也是由两部分组成的，ATE 是指从工程开工至报告时点为止实际耗费的时间；$\frac{OD - ATE \times SPI}{SPI}$是指按照项目目前的绩效水平完成项目剩余工作所要耗费的时间。

4)未完工程绩效指数的计算

未完工程绩效指数(to complete performance index，TCPI)是指在报告时点，为保证项目能够按照初始计划中的预算或进度完成项目，对完成剩余工作必须达到的绩效指标。

$$TCPI(BAC) = \frac{BAC - EV}{BAC - AC} \tag{5-8}$$

公式(5-8)表示，为保证项目竣工时实际发生的总费用不超过项目竣工预算(BAC)，完成到报告时点为止尚未完成的工作所需的费用绩效水平。

$$TCPI(OD) = \frac{BAC - EV}{BAC - PV} \tag{5-9}$$

公式(5-9)表示，为保证项目竣工时实际耗费的时间不超过项目初始工期(OD)，完成到报告时点为止尚未完成的工作所需的绩效水平。

**【案例 5-1】** 挣值计算

某工程项目初始工期是 2 年，项目竣工预算为 1 千万美元。在第 1 年年末，按照项目的进度计划，应该发生费用支出 5 百万美元。然而，在第 1 年年末项目实际已经发生了费用支出 4 百万美元，并且在检查工作量时发现项目已完工程量仅仅是进度计划的 30%，如图 5-12 所示。

由图 5-12 可见，在第 1 年年末，挣值 EV=30%×10=3(百万美元)，而计划值 PV 和实际费用 AC 分别为 5 百万美元和 4 百万美元。

费用偏差 CV=EV−AC=3−4=−1(百万美元)

进度偏差 SV=EV−PV=3−5=−2(百万美元)

费用绩效指数 CPI=3/4=0.75

进度绩效指数 SPI=3/5=0.6

据此可以判断，此项目正处于一个糟糕的状态，不仅项目实际进度远落后于计划进度，项目费用支出也比预算费用要多。

对项目未来费用、工期和绩效水平的预测，可以通过图 5-13 反映出来。

EAC=10/0.75=13.33(百万美元)

ETTC=2/0.6=3.33(年)

这表明，如果项目以第 1 年的绩效水平完成未来的工作，项目从开工至竣工的总费用为 13.33 百万美元，总工期为 3.33 年。

$$TCPI(BAC) = \frac{10-3}{10-4} = 1.17$$

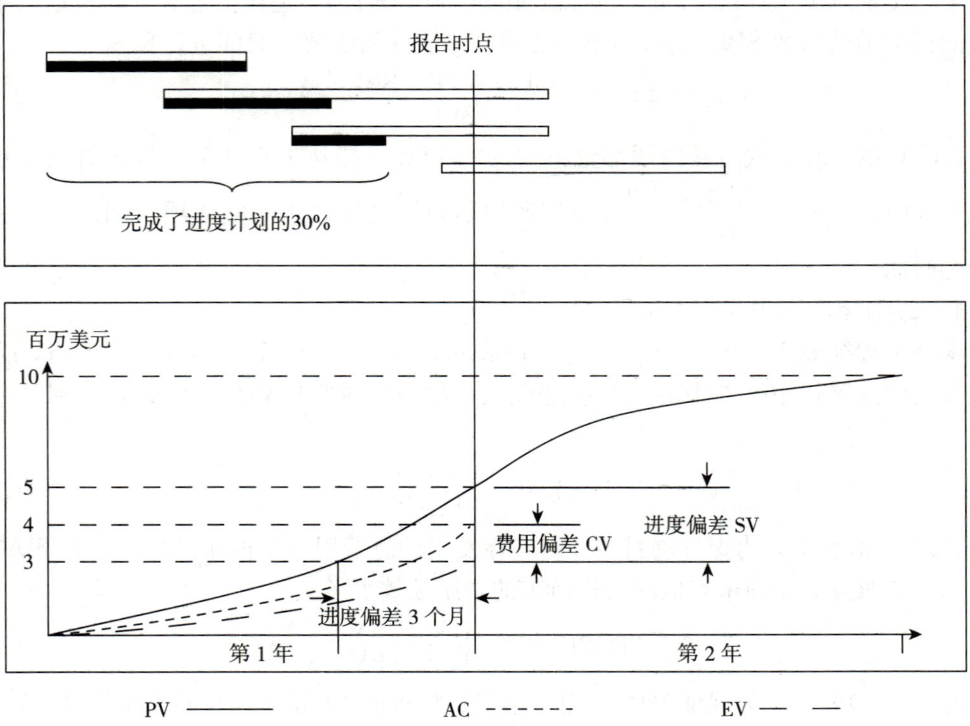


图 5-12　PV、EV 和 AC 三者之间的关系

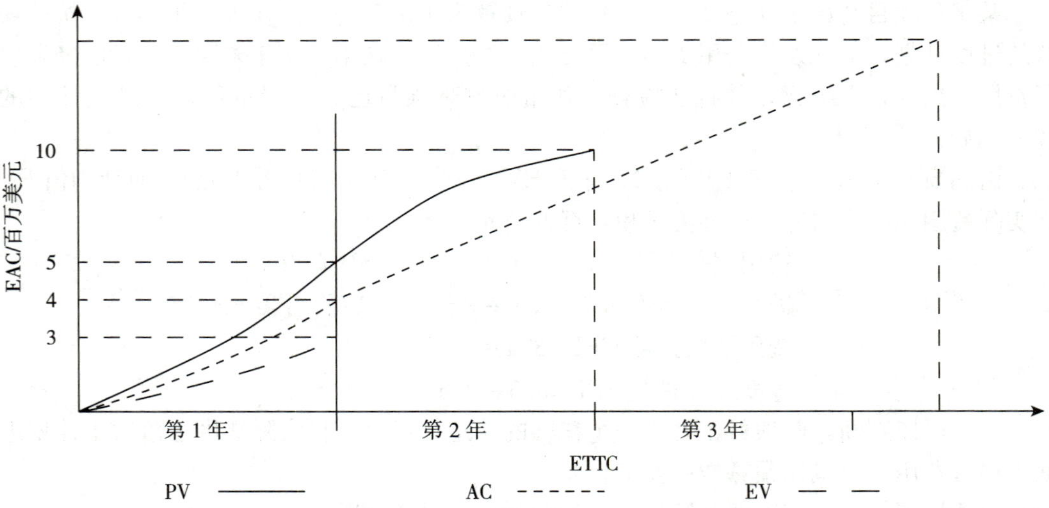


图 5-13　项目完工时的费用、工期和绩效预测

$$\text{TCPI(OD)}=\frac{10-3}{10-5}=1.4$$

这表明，为了项目在竣工时总费用不超过预算(1 千万美元)，则从第二年年初起，必须以 1.17 的绩效水平完成未来的工作；为了项目在竣工时总工期赶上初始进度计划的要求(2 年)，则从第二年年初起，必须以 1.4 的绩效水平完成未来的工作。两者取大

值，应按 1.4 的绩效水平完成剩余工作，才能满足 BAC 和 OD 的要求。

### (二)成本超支的原因分析

工程项目成本超支是个非常普遍的现象，全球工程市场中有 90%的项目成本超支，工程项目平均超支约为 33%，有些项目的超支幅度甚至超过了预期费用的 100%。由于工程项目涉及多个专业领域，参与方众多，如业主、承包商、供应商、各种专业人员等，所以影响成本超支的因素很多。承包商费用超支的原因可以归为以下几类。

1. 国际市场价格变化等经济因素

导致费用超支的最主要因素就是市场价格等经济因素。其主要包括原材料价格上涨、加工材料价格不稳定、机械成本高昂等因素，这些因素都与市场密切相关。承包商的投标报价是基于预期的估算预测，但是人、机、料等市场价格随市场而波动，有时会导致当初的估算预测完全不切实际。工程项目大量使用钢筋、水泥、混凝土等材料，而这些材料的价格有可能在短期内出现剧烈的波动或短缺，这容易造成工程成本的超支。

2. 承包商管理问题

有些费用超支是不能合理地避免的，如不可预见事件、不可抗力事件的发生。然而由于控制计划、项目管理等组织内部问题而导致的成本超支是可以被合理预见和阻止的。许多工程项目费用超支是由于不恰当的施工现场管理和不健全的成本控制系统等组织内部因素导致的，如现场管理不到位、施工计划存在纰漏、施工组织混乱等，这些工作容易被承包商和项目经理疏忽，但只需给予相应的重视就可防止此类问题的发生。另外，项目进度计划是承包商开展进度和成本控制的主要工具之一，因此考虑不健全、不符合实际的进度计划也是导致成本超支的一个主要原因。

另外，根据一项调查研究表明，规模较小的承包公司，由于其管理人才欠缺，管理技能较低，成本和计划控制机制不健全，所以超支幅度较高。而对于规模中等的公司，由于急于开拓市场，面临人才短缺、公司制度与经营规模不匹配等矛盾，从而造成成本超支幅度的增加。对于大型公司，许多规章制度、控制机制均已健全，所以可以很好地控制成本。其具体情况如图 5-14 所示。

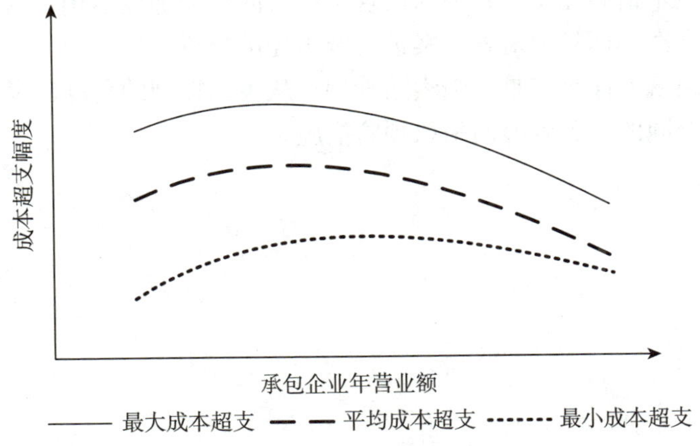


图 5-14　成本超支趋势

3. 业主应负责的原因

工程项目建设过程中，业主会提出许多变更，如工作范围的增加、设计的修改、功能或要求的提高等，这些变更在很大程度上是由于没有进行充分的可行性研究和规划造成的。另外，业主未及时提供场地、各承包商之间协调不佳、组织不落实、图纸提供不及时等也会造成承包商工程费用的增加。对于此类由于业主原因造成的成本超支和进度落后，承包商是可以索赔的，因此承包商应加强索赔管理。

业主应负责的原因通常会在合同中有明确的约定，但承包商应严格遵守合同约定的索赔程序，提出索赔要求。

4. 工程所在国政局动荡和政策多变

政策变化是导致承包商费用超支的又一个主要因素，但国际工程承包合同通常约定，在政府政策发生变化时，如果导致承包商成本超支，承包商可提出调整合同价格的要求。

政局动荡虽然说是业主风险，但承包商往往难以索赔。政局动荡经常会导致政府政策的不连续，带给承包商很大的经济风险。

5. 其他因素

其他因素主要包括不可抗力、气候变化等因素。

(三)纠偏

对偏差原因进行分析的目的是为了有针对性地采取纠偏措施，从而实现费用控制。纠偏可采用组织措施、经济措施、技术措施和合同措施等。

组织措施是从费用控制的组织管理方面采取的措施。在实践中它往往是最容易被忽视的。其实，组织措施是其他各类措施的前提和保障，而且花费少，若运用得法可以收到良好的效果。

经济措施是最易被人接受和运用的措施。其主要包括认真做好成本预测和计划工作；在施工过程中严格控制各项开支，保证有足够的现金流保证项目顺利实施；对于各种变更，及时找业主签证，并做好各种开支记录；月末及时申请期中支付等。

技术措施不仅用于解决项目实施过程中的技术问题，而且对于纠正费用偏差亦有相当重要的作用。技术措施完全可以因为出现了经济问题而加以运用，其关键在于要提出多个不同的技术方案，而且要对各方案进行技术经济分析。

合同措施在纠偏方面重点是加强索赔管理。从主动控制的角度出发，应加强日常的合同管理，研究合同的有关内容而采取预防措施。

# 第六章

# 国际工程项目质量管理

本章内容包括工程项目质量的概念、影响因素、特点以及工程项目质量管理应注意的问题；质量管理体系所依据的国际标准和国家标准，公司和工程项目的质量管理体系以及合同中有关质量管理体系的内容；FIDIC合同下业主对承包商设计、采购、施工阶段质量管理工作的要求以及承包商内部三个阶段的质量管理。

## 第一节　国际工程项目质量管理概述

### 一、质量

质量(quality)被定义为“一组固有特性满足要求的程度”(ISO 9000：2000—3.1.1)。质量概念的关键是“满足要求”，这些“要求”必须转化为指标，作为评价、检验和考核的依据。这些特性包括性能、适用性、可信性(包括可用性、可靠性和维修性)、安全性、环保性、经济性(包括设计成本、制造成本和使用成本)、时间性(产品寿命和及时交货)和美观性。

质量要求是随时间、地点、环境的变化而变化的，是动态的、发展的和相对的。因此，应定期评定质量要求、修订规范标准，不断开发新产品、改进老产品，以满足新的质量要求。在国际工程承包中，不同国家不同地区会因自然环境条件、技术发展水平等的不同而对工程质量提出不同的要求，工程应该适应这种区域差异产生的不同要求，根据不同的要求提供不同性能的工程，以满足该地区的要求。

### 二、工程项目质量

工程项目质量(project quality)是指对一项工程符合工程所在国家法律、法规、技术规范、设计文件及合同约定等综合要求的程度。工程项目质量包括工程建设各阶段的工程质量及其相应的工作质量，如图6-1所示。

#### (一)工程项目质量的影响因素

影响工程项目质量的因素很多，但归纳起来主要有六方面，即人(man)、材料(ma-

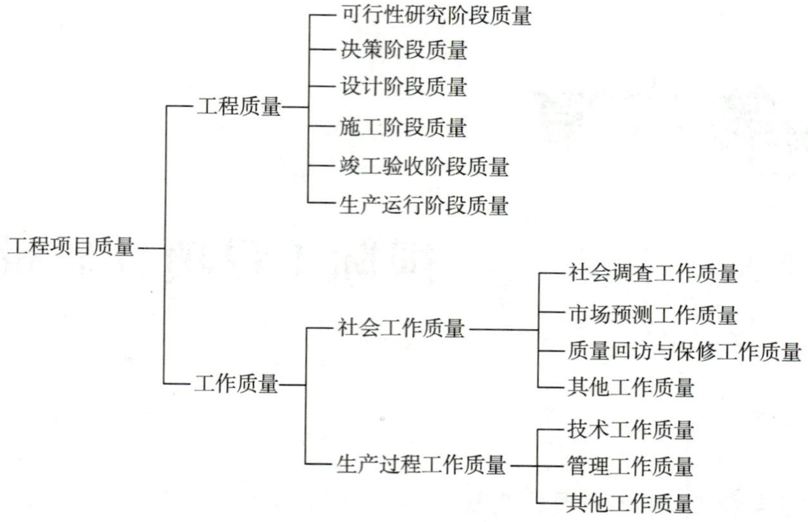


图 6-1　工程项目质量管理的内容

terial)、机械(machine)、方法(method)、测量(measurement)、环境(environment),通常被称为 5M1E 因素，如图 6-2 所示，对这六方面因素严格控制，是保证工程质量的关键。

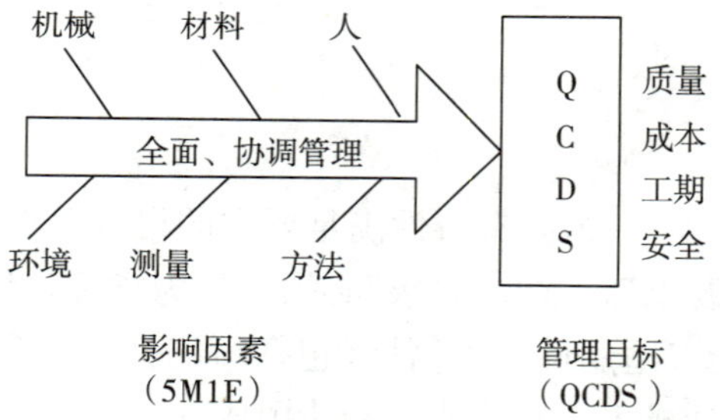


图 6-2　5M1E 与 QCDS 的关系

(1)人。人是指参与工程项目建设的决策者、管理者和操作者，其素质和能力的高低，以及工作的积极性和责任感都会影响到工程项目的质量水平。项目管理者进行质量管理时，应从实施者的素质、理论及技术水平、生理状况、心理行为、错误行为和违纪违章等方面对人的因素加以考虑并控制。在国际工程中，人的因素还应考虑对复杂社会和自然环境的适应性，包括文化差异、长期的国外工作对家乡亲人的思念等。

(2)材料。材料是指构成工程实体的各类建筑材料、构配件、成品、半成品等，它是工程项目建设的物质条件，材料质量是工程质量的基础。项目管理者应着重对工程材料的选用、产品合格的检验、材质的检验、材料的保存使用等方面进行质量控制，以确保材料满足工程的要求。

(3)机械。机械是工程实施机械化的重要物质基础，对工程质量和进度有重要的影响。项目管理者应综合考虑工程项目施工的条件和特点，同时注意机械设备的性能指标和操作的安全性，制定机械化施工方案，使机械设备和施工组织方案有机联系起来，有效提高工程项目的综合效益。

(4)方法。方法是指控制工程项目实施所采用的设计方案、技术方案、组织方案等，是保证工程质量稳定提高的重要因素。项目管理者应结合工程实际，从工艺、技术、操作、组织、程序等方面全面分析和考虑，力求工艺技术先进、操作正确、组织合理、程序完善，以提高工程质量、加快工程进度、降低工程成本。

(5)测量。测量是指工程项目施工中采取的测量方法是否标准、正确。项目管理者应注意针对测量任务所需的准确度，准备相应的测量工具，并定期对测量工具和试验设备进行检验、校准，规定必要的校准规程，以降低测量过程中产生的误差。

(6)环境。环境包括工程技术环境、工程作业环境、工程管理环境和周边环境等很多环境因素。这些环境因素复杂多变，项目管理者应加强环境管理，针对工程项目的条件和特点，采取必要的措施控制环境对质量的影响。

### (二)工程项目质量的特点

1. 影响因素多

工程项目质量不仅受到项目决策、设计、材料、机械、施工方法、施工工艺、技术措施、人员素质、管理制度的直接或间接影响，还受诸如台风、地震等各种不利自然因素的影响。

2. 质量波动大

工程建设项目因其具有流动性、单一性，不像一般工业产品的生产那样有固定的生产流水线，有规范化的生产工艺和完善的检测技术，有成套的生产设备和稳定的生产环境，所以工程质量容易产生波动且波动大。同时，由于影响工程质量的偶然性因素和系统性因素比较多，其中任一因素发生变动，都会使工程质量产生波动。

3. 质量变异大

工程项目生产注重协调性、连续性以及总体性，任何一个环节、一个因素出现差错，均会使整个工程项目产品受到影响，产生质量变异，使工程项目的质量受到损害，甚至出现质量事故。

4. 质量隐蔽性

工程项目施工中，由于工序交接多、中间产品多而产生很多隐蔽工程，导致工程竣工后的竣工验收困难。因此，建筑产品更注重中间过程的隐蔽检验，以及时检查发现质量问题并加强工序的质量管理，不能在事后仅凭经验直觉判断。

## 三、工程项目质量管理

### (一)质量管理

管理是指“指导和控制组织的彼此协调的活动”(ISO 9000：2000－3.2.6)。因而，质量管理(quality management)就是“指导和控制某组织与质量有关的彼此协调的活动”(ISO 9000：2000－3.2.8)。

质量管理是一个组织总的管理工作的重要组成部分，是一项有计划的、系统的活动，所以实施质量管理要根据工程项目的具体特点，建立一个质量管理体系，按照系统的质量管理的原则、方法和过程来开展。

### （二）工程项目质量管理

工程项目质量管理(project quality management)是指导与控制项目团队的、与工程项目质量有关的彼此协调的活动，是为达到工程承包合同所约定的质量要求所采取的作业技术和活动。工程项目质量要求主要表现为合同文件、设计文件、技术规范所规定的质量标准。

实现质量目标，承包商应遵循质量管理的八项原则，即以顾客为中心、领导作用、全员参与、过程方法、管理的系统方法、持续改进、基于事实的决策方法和互利的供方关系。这些也是提高工程项目管理水平，实现项目质量改进和使项目获得较好的综合经济效益的基础。

### （三）工程项目质量管理应注意的问题

(1)工程项目质量管理的目标应是力求满足业主预定的目标和符合合同要求的工程，而不是单纯地追求质量最好最完美的工程。合格的工程项目应具有良好的项目整体效益，应具有符合要求的使用功能，应具有合理的工期、费用。因此，工程项目质量管理应该在符合项目质量、工期、费用、安全要求的前提下，尽可能地提高质量。

(2)工程项目质量管理应遵循项目所预定的质量标准和等级，必须注意质量不等同于等级。有的工程项目质量要求很高，如普通的住宅楼，但其工程项目等级不高；有的工程项目等级很高，如豪华别墅，但其对质量要求不高。

(3)不同工程项目，其质量管理的深度有差异。例如，对核工业工程、大型水力发电工程，质量重于一切，质量管理对于项目管理者来说比成本管理还重要，项目管理中必须设置专门的质量保证组织；对于一些新开发的高新技术项目，没有或很少有现存的质量标准和管理方法，项目管理者则必须寻找新的质量管理方法，并直接参与具体的质量管理工作。

(4)对业主和承包商而言，是在双方签订的合同框架下实施工程项目质量管理，通过合同控制项目质量。首先，合同应规定一个清晰的、量化的、可执行的、可检查的、可监控的质量目标；其次，合同应明确规定承包商的质量责任，规定质量检查和控制的方法和处理方式；最后，合同应明确采购、设计等的质量认可和批准制度。

(5)工程项目质量管理的目标主要是预防，质量事故发生后的补救是不得已而为之。因此，国际工程承包合同要求承包商必须建立完善的质量保证体系，质量保证方面的任何变化均应及时通知业主。

## 第二节 国际工程项目质量管理体系

### 一、质量管理体系所依据的国际标准和国家标准

国际标准化组织(ISO)于1987年发布了ISO 9000《质量管理与质量保证》系列标准。随后世界各国纷纷等同采用或等效采用ISO 9000系列标准，作为本国的质量管理标准，

使全世界质量管理和质量保证活动统一在 ISO 9000 基础上。

ISO 9000 系列标准的中心思想是“为了对质量进行全过程控制，有效地开展质量控制活动，预防质量事故的发生，公司必须建立完善的质量管理体系”。该系列标准用于指导组织建立质量管理体系并使之有效运行，同时也是进行质量管理体系认证的依据，其中规定了制订质量管理体系文件，通过质量管理体系文件使质量活动有章可循。实施质量管理体系文件，可控制各项影响质量的因素，保证产品质量符合要求。

我国于 1988 年等效采用了 ISO 国际标准，并于 1992 年首次发布了 GB/T19000 系列标准，等同采用了 ISO 9000 系列标准，用于指导我国的质量体系认证工作。这一系列标准将是我国在今后一段时间内指导组织建立质量管理体系、进行质量体系认证的主要依据。

## 二、公司质量管理体系

公司质量管理体系(enterprise quality management system)是公司管理体系的一部分，它不仅是公司规范管理、提高产品(服务)质量的重要手段，也是公司在市场竞争中展现公司实力与形象的窗口。公司质量管理体系是根据公司长期发展战略、市场特点以及公司管理要求等所确定的，强调了满足顾客及其他相关方的需求、期望和要求，是工程项目质量管理体系的基础。

质量管理体系文件化是按 ISO 9000 系列标准建立公司质量管理体系的重要原则之一，ISO 9001 标准在第 4.1 款中提出：“组织应建立质量管理体系，形成文件并加以实施和保持，并持续改进。”因此，编制和完善质量管理体系文件是建立和完善质量管理体系的重要任务。

质量管理体系文件(quality management system documents)由以下四个层次的文件构成：

(1)质量手册。

(2)按公司管理需要编制的质量管理程序文件。

(3)为确保公司质量管理体系的有效运行和对公司各项活动质量的有效控制而编制的质量管理作业文件。

(4)为证明公司所取得成果或所完成活动而做的质量管理记录及其他相关文件。

质量管理体系文件框架见图 6-3。图 6-3 中各层次的文件可以分开、互相引用或合并。一般情况下，下一层次的文件支持上一层次的文件，并且下一层文件对上一层文件做出更详细的阐述。在规模较大的工程承包公司中，其质量手册和程序文件可能分为若干个层次，具有更复杂的层次结构。

### (一)质量手册

质量手册(quality manual)主要阐明公司质量方针，确定公司质量目标，是规定组织质量管理体系的文件。

### (二)质量管理程序文件

质量管理程序文件(quality management procedure documents)是对可能影响质量的

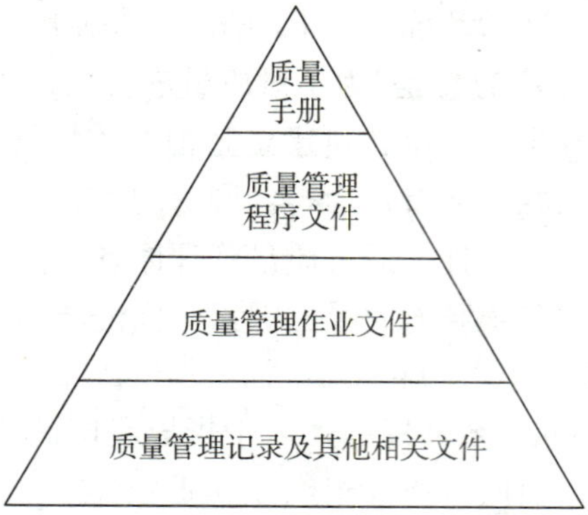


图 6-3　质量管理体系文件框架

作业进行全面策划和管理所需的基本文件，是质量手册的支持文件。质量管理程序文件应阐明可能影响质量的管理人员、执行人员、验证或评审人员的职责、权限和相互关系，说明实施各种质量活动的工作流程等。

（三）质量管理作业文件

质量管理作业文件(quality management working documents)是质量管理程序文件的支持性文件，是为确保质量管理体系的有效运行而编制的作业文件。

质量管理作业文件一般包括作业指导书、标准图表及技术规程等内容。

（四）质量管理记录及其他相关文件

质量管理记录(quality management records)是质量管理体系文件中最基础的文件，它是产品质量水平和公司质量管理体系中各项质量活动结果的客观反映。质量管理记录应如实记录，用以证明达到了合同所要求的产品质量，并证明对合同中提出的质量保证要求予以满足的程度。

## 三、工程项目质量管理体系

工程项目质量管理体系(project quality management system)是用于指导工程项目质量管理的体系文件，质量管理体系文件应与项目质量计划配合使用，保证项目质量目标与任务的实现。工程项目质量管理体系的内容包括工程项目质量计划、工程项目质量保证和工程项目质量控制。

（一）工程项目质量计划

工程项目质量计划(quality plan)，也叫做基准质量计划(baseline quality)，是针对特定的产品、项目或合同，规定专门的质量措施、资源和活动顺序的文件。在国际工程承包中，工程项目质量计划是提交给业主的主要文件之一，需要得到业主的批准，并能够实现直接用于控制工程项目质量的目的。

1. 质量计划的内容

1)工程概况

(1)描述工程承包合同的基本信息，包括项目名称、项目工期、项目性质(新建、改扩建、维修)、项目地点、项目类型、项目规模(工程造价)、项目业主、项目咨询方等。

(2)描述合同工作范围，即承包商需要完成的工程内容。

(3)确定质量计划的有效条件，包括地域和空间范围、气候和温度条件、市场条件和资源可用性。

(4)项目质量计划的编制依据，主要包括四方面内容：工程承包合同(包括应遵守的技术规范和标准)；项目所在国的法律、法规和规章；员工职业健康、安全和环境保护方面的强制性质量要求；海外公司质量管理方针和目标。

(5)明确其他注意事项(适用性的限制)。

2)工程主要技术要求和施工要求(质量目标)

(1)描述工程建成后将达到的功能和技术性能参数。

(2)描述合同所约定的特殊施工过程的具体要求。

3)质量管理组织结构和职责

(1)绘制质量计划实施的组织结构，包括内部组织结构(包含分包商、供应商)和外部组织结构(监理、业主等)。

(2)描述各方质量管理职责。

4)主体工程

(1)根据合同工作范围，将主体工程的任务进行分解，如分解为设计、施工和安装。每个部分根据专业特点再进一步细分。例如，施工可按施工顺序和专业特点进一步细分为多个分部工程，即场地清理、土方工程、明沟、水泥稳定底基层、碎石集料基层、底涂层等。

(2)描述每个分部工程的施工工艺流程、完成流程中的每一项任务的具体工作内容和质量控制方法(即做哪些试验和检验)、W 点(witness point，即业主见证点)、H 点(hold point，即停工待检点)和 S 点(standby point，即工序的全过程业主旁站连续监督点)的设置及业主(或监理工程师)的权力和职责。

(3)产生哪些文件和记录，哪些文件和记录须提交业主(或监理工程师)审批签字。

5)附属工程

附属工程内容和格式与主体工程的要求相同。

6)驻地和临时工程

(1)描述业主和监理工程师驻地的建设内容和质量要求。

(2)描述承包商驻地的建设内容和质量要求。

(3)绘制驻地的总平面图，并做出相应说明。

(4)描述每一个临时工程的建设过程、内容和质量控制方法。

(5)描述质量控制点(W 点、H 点和 S 点)。

(6)产生哪些文件和记录，哪些文件和记录须提交业主(或监理工程师)审批签字。

7)业主提供的设备和材料

(1)描述业主提供哪些设备和设施(包括租赁给承包商用于施工的施工设备和设施)及其质量控制方法(W 点、H 点和 S 点)。

(2)描述业主免费提供的材料的质量控制方法(W点、H点和S点)，包括交接地点、交接时间、质量验收和移交方法、质量责任划分等。

(3)业主(或监理工程师)的权力和职责。

8)公众和环境保护

(1)描述可能对公众产生影响的部分的保护措施及其质量控制方法。

(2)根据合同和法律要求，描述承包商对环境保护采取的具体措施和质量控制方法。

(3)业主(或监理工程师)的权力和职责。

(4)产生哪些文件和记录，哪些文件和记录须提交业主(或监理工程师)审批签字。

9)试验和检验

(1)描述需要通过哪些试验和检验控制质量，这些试验和检验应用在哪个阶段、哪些工序上，对应控制的是哪些质量特性。

(2)描述试验和检验所遵守的操作规程和标准。

(3)描述哪些试验和检验必须由当地政府部门和(或)业主参加。

(4)描述在合同中约定的必须由第三方进行的试验和检验。

(5)描述试验和检验合格的准则。

(6)描述承包商对试验和检验设备的日常检查、维护和保养程序及要求。

(7)产生哪些文件和记录，哪些文件和记录须提交业主(或监理工程师)审批签字。

(8)试验和检验设备一览表。

10)产品防护

(1)描述产品搬运、贮存、包装和交付要求，以及如何满足这些要求。

(2)描述材料和设备的运输过程，以什么样的方式，确保不降低产品所要求的特性，安全运抵现场。

(3)产生哪些文件和记录，哪些文件和记录须提交业主(或监理工程师)审批签字。

11)不合格品的控制

(1)描述如何识别和控制不合格品(做出标志等)，以防止误用。

(2)描述返修工程的程度、类型及授权。

(3)描述工程缺陷处置流程。

(4)描述工程带缺陷接收时的处置方法。

(5)产生哪些文件和记录，哪些文件和记录须提交业主(或监理工程师)审批签字。

12)审核

审核主要服务于以下目的：

(1)质量计划审核：监督质量计划的实施，确保质量计划的有效性。

(2)满足质量标准的程度审核：对所完成的工作在满足工程质量标准方面的审核。

(3)分包商和供应商审核：主要是对为项目提供产品和服务的分包商和供应商的监督。

(4)独立的客观评价：为了证明承包商的工作满足合同质量标准和规范的要求，并说服业主，在必要时，提供独立的客观评价，以满足业主的要求。

(5)描述特定情况下的审核：审核的性质和程度以及审核结果的利用。

2. 质量计划的编制步骤

1)广泛搜集资料

为了编制项目的质量计划，需要搜集的资料包括项目的质量目标、工作分解结构、拟定的施工组织设计、采用的施工工艺、施工规范等资料。

2)质量计划分解

根据工程项目的工作分解结构，将质量计划逐级分解到每个控制账目(工作包上一级的可交付成果)、工作包和任务，使每个工作分解结构单元都具有质量属性。

3)制定项目质量的控制程序

这些程序主要有原材料及设备的检查试验和标志程序、施工过程的质量检查程序、不合格产品的控制程序、实验室的试验工作程序、计量器具的控制程序、各类施工质量记录的控制程序和竣工验收程序等。

### (二)工程项目质量保证

工程项目质量保证(project quality assurance)是工程项目质量管理的一部分，它致力于对达到质量要求向业主提供信任。质量保证应贯穿于项目实施的全过程之中，一般由质量保证部门执行。为了保证项目质量，应通过质量管理部门，把项目各部门、各环节的质量管理职能组织起来，形成一个既有明确职责和权限，又能相互协调、相互促进的质量保证体系，使质量管理工作制度化、系统化和标准化，从而达到业主的质量要求。

1. 工程项目质量保证的依据

(1)质量计划。

(2)质量控制管理的测量结果，即在项目实施过程中对质量控制所作的记录。

(3)实施说明。

2. 工程项目质量保证的方法

1)质量策划

质量控制中一旦出现问题，要立即采取措施纠正。在质量计划中要确定一旦出现问题可能采取的纠正措施。

2)检验

其包括对质量控制结果的测量和测试，从而确定其是否符合要求。

3. 工程项目质量保证的结果

工程项目质量持续改进是工程项目质量保证的结果，即不断提高项目组织的有效性和(或)效率，从而实现质量方针和质量目标。

### (三)工程项目质量控制

1. 质量控制的方法

工程项目质量控制(project quality control)的方法包括因果图分析法(cause-and-effect diagram analysis method)、控制图分析法、流程图分析法、直方图分析法、帕累托图分析法(pareto diagram analysis method)、趋势图分析法、散点图分析法、统计抽样分析法、检查和缺陷补救审查等。其中，前七种方法被誉为“质量控制七工具”。下面，就两种常用的控制方法进行阐述。

1)因果图分析法

因果图分析法也叫做鱼骨图分析法，这是一种利用“头脑风暴法”集思广益，寻找影响质量问题的潜在因素，然后用图的形式来表达的一种分析方法，有利于搜寻问题产生的根源，并为收集数据指出方向。因果图的形式如图 6-4 所示。

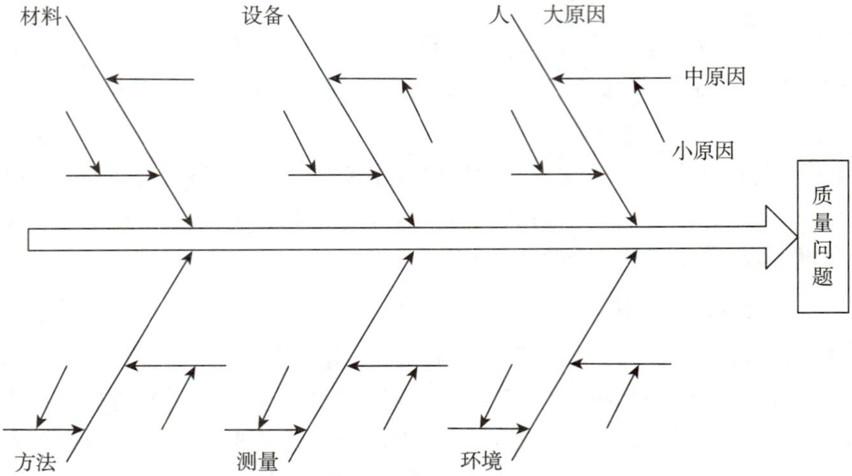


图 6-4　工程项目质量缺陷因果图

因果图有三个显著的特征：

(1)可以直观表示所观察的效应或考察的现象有影响的原因。

(2)清晰地显示这些可能的原因的内在关系。

(3)内在关系一般是定性的和假定的。

因此，在构造因果图时最重要的工作是清晰理解因果关系。同时还要考虑所有可能的原因，一般可以从人员、机械设备、材料、所采用的实施方法、测量方法及环境六个方面去寻找。

2)帕累托图分析法

帕累托图分析法也叫做主次分析图分析法，它从大量数据中找出主要原因，分析主要矛盾。这种方法按照各原因发生频率大小顺序绘制直方图，表示有多少结果是由已确认类型或范畴的原因所造成。它是将出现的质量问题和质量改进项目按照重要程度依次排列而采用的一种图表，可以用来分析质量问题，确定产生质量问题的主要因素。帕累托图的形式如图 6-5 所示。

按重要程度排序是为了指导如何采取纠正措施：项目应首先采取措施纠正造成最多数量缺陷的问题。从概念上讲，帕累托图与帕累托法则一脉相承，该法则认为相对来说数量较少的原因往往造成绝大多数的问题或缺陷。帕累托分析法往往被称为二八原理，即百分之八十的问题是百分之二十的原因所造成的。

2. 质量控制流程

工程项目的质量控制阶段主要包括准备阶段、施工阶段和验收阶段。承包商在进行质量控制时必须协同工程师对质量进行监督和管理，其过程如图 6-6 所示。

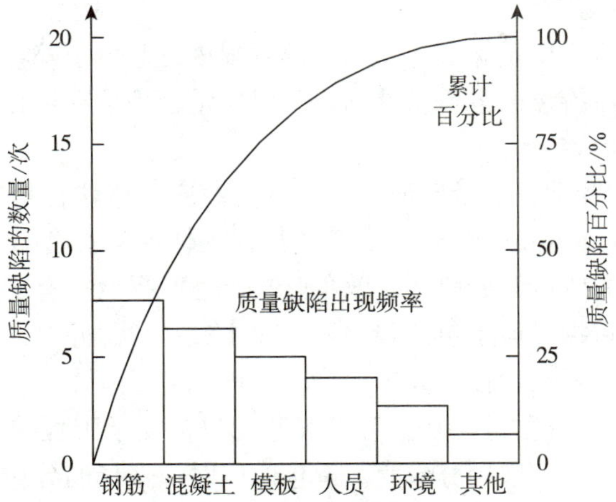


图 6-5　工程项目质量缺陷帕累托图

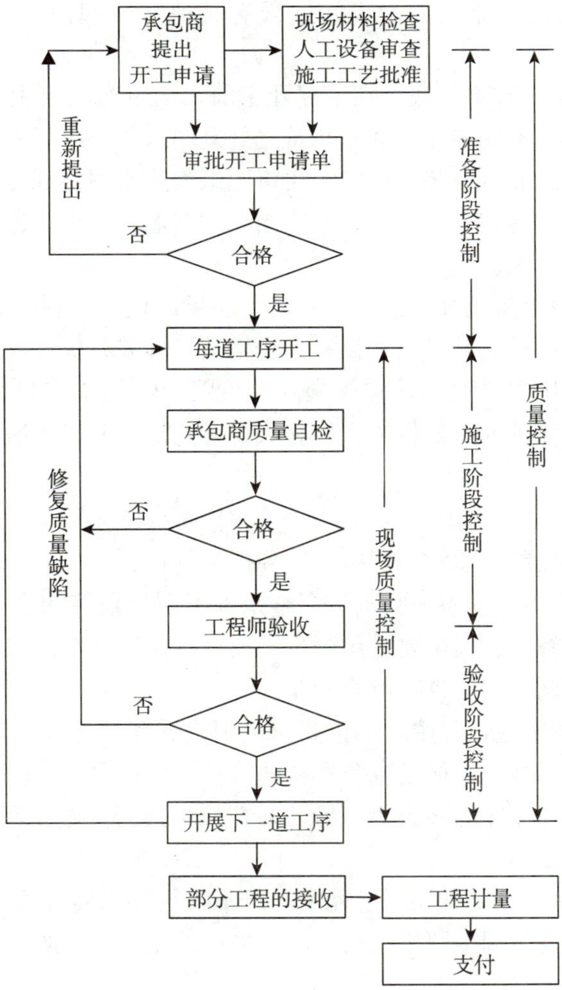


图 6-6　工程质量控制程序

3. 质量控制的内容

质量控制是指对执行质量保证计划的全部过程进行监督跟踪，确保质量计划得到执行，并在出现偏差时，持续改进质量计划，确保质量管理活动可控。工程项目实施阶段的质量控制包括以下内容。

(1)执行质量计划和项目质量保证体系。承包商应严格执行批准的质量计划并建立质量保证体系(quality assurance system)。质量保证体系应符合工程合同的约定。承包商应在每一设计和实施阶段开始前，向业主(或工程师)提交所有实施程序和如何贯彻这一体系的文件以供其审批。但承包商要注意，业主(或工程师)对此类文件的批准不解除承包商合同下的任何义务和责任。

(2)对分包商工作进行质量控制。对于大型或包含复杂工程技术的项目，承包商会在业主(或工程师)的同意下雇用分包商。承包商应对拟选择的分包商进行资格审查，对其在建工程及已完成工程的质量进行考察，对分包商的技术及管理能力、人员的资质、工程机械设备和施工经验进行评价，从而择优选择分包商。对于业主的指定分包商，承包商也要进行各方面的评审。如发现问题或有其他合理理由，承包商可以申请拒绝雇用。

(3)实施图纸会审及技术交底。在工程开工前，承包商应组织相关部门和人员进行图纸会审，查找图纸中不同专业之间不相符之处及图纸与技术规程、工程量清单之间不符之处，及早发现导致质量缺陷的隐患。再将图纸表达不明确和冲突之处通过技术交底的形式与工程项目各参与方进行交流，消除图纸的漏洞和错误，避免在工程项目实施过程中出现质量失控的情况。

(4)检验到场材料及机械设备。承包商运到现场的任何材料和机械设备都必须经过检查，必须保证存放在现场的材料和设备是合格的，并妥善保存这些材料和设备。承包商在施工过程中或使用建筑材料前应该向业主(或工程师)提交材料的样品和相关的资料。承包商还应该为业主人员提供进入材料或设备的加工制造场所和天然材料获取场所进行现场检验的便利。

4. 质量控制的措施

工程项目的质量控制，通常采用以下三种措施进行。

(1)测量。工程实施过程中的测量贯穿整个施工质量监控的全过程。开工前要对施工放线进行核查，在施工过程中要采用测量手段进行控制，对已完工程各部位的几何尺寸、高程、坡度等方面也需要进行测量检验。

(2)检验。在工程实施过程中，承包商应运用检查和试验等手段进行质量控制。这些关键的控制内容包括施工机械设备和材料的检验、构成永久工程部分的生产设备的检验、重要的施工工艺和工序的检查等。另外，在业主进行隐蔽工程检验或竣工试验时，承包商应予以协助。

(3)质量控制程序。在质量控制过程中，严格执行质量监控程序，也是保证工程质量的有效手段。在监控过程中严格执行程序，能够强化承包商的质量意识，提高工程质量水平。

# 第三节　国际工程项目质量管理与合同约定

## 一、合同中有关质量管理体系的约定

FIDIC 施工合同条件中对承包商如何建立质量保证体系做出约定，其主要内容归纳如下：

（1）承包商应建立一套满足合同要求的质量保证体系，且该体系应符合合同中规定的细节，业主代表应有权审查该体系。

（2）在设计和施工每个阶段开始前，承包商应向业主代表提交所有的程序文件和符合文件供其参考。

（3）当任何技术性文件发给业主代表时，文件本身应有事先经承包商本人批准的明显证据。

（4）遵守质量保证体系，不应解除承包商根据合同约定承担的任何义务和责任。

业主代表管理承包商依据的是合同文件，但要使工程质量得到保证，最终还是通过承包商的内部管理来实现。上述规定也体现了现代工程管理的一种习惯做法，业主代表有权要求承包商结合合同中有关质量方面的规定，编制一套内部实施工程的质量保证程序文件和符合文件，并监督承包商的人员遵照执行。

该款所述的质量保证体系与承包商组织自身的 ISO 9000 体系文件既有类似之处，同时也有很大区别。承包商提交给业主代表的程序文件和符合文件都必须针对双方间的合同工程进行编制。根据 ISO 8402 对质量保证的定义："为了能够提供足够的信任表明实体能够满足质量要求，而在质量体系中实施并根据需要进行证实的全部有计划和有系统的活动。"承包商建立质量保证体系也是为了向业主提供足够的信任，展现自身的管理能力。

但承包商的质量保证体系文件并不构成合同文件，只能视作承包商向业主做出的一种承诺，对承包商有约束力。因此该款最后明示，遵守质量保证体系并不解除承包商合同下的任何责任和义务。

## 二、设计质量管理

设计是工程建设的"龙头"，是工程采购和施工的基础。在 EPC 交钥匙总承包模式下，由于承包商主要负责工程项目的设计，其良好的设计质量管理是顺利实施后续采购和施工工作的前提。

### （一）业主对承包商设计质量管理的要求

1. 按合同进行设计

对承包商的一般义务，会在合同中做出如下的约定：

（1）承包商应依照合同进行工程设计，其所设计的工程在完成后，应符合合同约定的工程预期目的。

（2）承包商应在设计开始前，向雇主提交所有设计程序的细节和控制文件，供其参考。当任何技术性文件发给雇主时，文件本身应有事先经承包商本人批准的明显证据。

“合同约定的工程预期目的”需要在合同专用条件做出进一步的定义。但一般的理解是，承包商设计出的工程应能达到不违反法律约定，实现安全运营，满足业主要求中的约定，达到合同约定的功能和性能指标。

2. 设计人员

设计工作具有高智力性、技术性与艺术性等特性，其过程和设计方案是否合理、经济实用和创新，常常无法由设计文件的表面反映出来，所以其成果评价比较困难，质量很难控制。

合同中一般是要求承包商雇用称职的、有能力的人员完成工程，这也包括设计人员。但设计人员通常不需要业主的直接批准。

3. 质量目标

承包商应保证其设计符合：

(1)合同约定。

(2)相关技术法规和技术标准的规定。

(3)可行性研究阶段所定的质量要求。

(4)各部位设计的协调性。

(5)现场、施工的实际条件。

(6)施工对设计深度的要求。

4. 设计依据和技术标准

根据FIDIC的EPC交钥匙项目合同条件，承包商的设计应严格遵守合同，主要包括：

(1)业主要求。

(2)工程所采纳的技术标准和规范(可能是工程所在国的或其他国家的，如美国、英国、法国标准等)。

(3)合同所适用的法律(即与工程建设相关的法律，如建筑法、环境法、产品法等)。

(4)良好的设计习惯(good engineering practice)。

由于一个工程涉及众多的技术规范与标准(codes and standards)，因此某些规定可能不一致，甚至出现矛盾。FIDIC合同约定，若对同一问题的规定不一致甚至矛盾时，承包商应该要求业主给予澄清，并获得其指示，或按照最严格的规定或按业主方的要求执行。因此，设计人员应掌握、熟悉和了解各类标准，以免在这方面出现失误，引起设计质量问题。

5. 设计文件的检查与审批

业主对承包商设计文件的审批是业主对承包商设计工作质量管理的一种方式，也已经成为国际工程中的一种习惯做法。EPC合同对此通常有下列规定：

(1)业主有权对承包商编制的与工程相关的任何文件进行检查。

(2)若合同要求某些文件需经过业主审批，承包商应提交给业主或业主委托的工程师进行审批。

(3)业主应在规定的时间内完成审批，提出发现的问题，要求承包商修改。

(4)承包商在业主批准前或审批期满前不得将该图纸和文件用于工程实施。

(5)若承包商对业主已经批准的文件希望再进行修改，则仍需报业主方审批。

(6)承包商的设计成果文件应按合同约定的语言编写。

(7)业主对承包商设计文件任何批准、同意等，不解除承包商合同下的任何责任和义务。

但在具体实践中，上述关于设计管理的规定还不充分，容易产生问题。就设计的批复时限来说，FIDIC 规定的是 21 天，世界银行规定的是 14 天。实际上，由于不同的文件复杂程度不一样，有时文件很复杂，业主审核需要的时间长，有时文件很简单，业主审核需要的时间短，因此在合同中可根据不同类型的文件来规定具体的审核期，这样更为合理。

除此之外，还应对业主审批的次数进行限制，否则可能造成一份文件反复多次审批，拖延最终批复的时间。在国际工程中，习惯将业主批复一次作为一个版次，因此在合同中可以约定业主最多批复的版次。

另外，对于设计相关的各类图纸与文件，也不一定都需要业主方审批，毕竟承包商对设计负最终责任。因此，可以在合同中约定需要事先审批的具体文件名称或类别。关于设计文件方面，最好对下列内容在合同中或相关的设计管理协调手册中做出清晰的说明。

(1)承包商设计文件的分类。

(2)哪些文件只是提交，供业主知情。

(3)哪些文件需要业主审议，审议期限。

(4)哪些文件需要业主批准，批准期限。

(5)设计质量文件审议或批复的最终循环次数。

6. 竣工文件和操作维护手册的编制和提交

FIDIC 合同对竣工文件的编制与提交的规定如下：

(1)承包商应编制详细的竣工记录，并在竣工试验之前按合同约定的份数提交给业主。

(2)承包商还应提交竣工图纸，由业主审核；竣工图纸的编制规格须获得业主的事先许可；接收证书签发之前，承包商应按合同中规定的份数和格式将竣工图纸提交给业主。

(3)竣工试验开始之前，承包商应提交临时操作维护手册，其详细程度应满足操作、维护、拆卸、重装、调整等工作的需要。

(4)承包商在获得工程验收证书之前，必须将正式的操作维护手册和其他规定的手册提交给业主。

### (二)EPC 承包商内部设计阶段的质量管理

对于国际 EPC 工程，在项目开始前期，承包商应集中力量进行设计的质量管理。承包商首先根据业主方提供的基础数据和资料，按工程的具体标准和要求确定设计的基本质量管理思想、设计质量管理方案，进行系统的质量管理工作。

1. 设计组织

EPC承包商项目设计部是完成EPC项目设计工作的临时性组织，项目设计组织的一个核心工作就是选择称职的设计经理，并赋予其相应的管理权与职责。选择项目设计经理不仅要考虑其技术方面，还要考虑其管理协调能力。设计工作的过程和设计方案要力求合理、经济实用和创新，还要注意与其他各部门的接口工作，尤其是采购部门。设计部和采购部的接口一般界定如下：

(1)凡涉及采购工作的内容，由设计部门负责向采购部提出材料设备请购单，给出采购方面的技术要求。

(2)对于复杂的长周期非标设备，由采购部负责向厂家催要ACF① 图纸以及CF② 图纸，转交给设计部进行审查，设计部应及时对其进行审查，并将其返回采购部作为厂家的制造依据。

(3)在与厂家或供货商的前期洽谈、设备制造以及验收过程中，设计部负责派员协助采购部处理有关技术问题。

2. 设计质量计划

设计质量计划是设计计划的组成部分，也是项目质量计划的组织部分，由设计部编写，经项目经理批准后作为项目设计质量工作的依据。设计质量计划的内容主要包括：

(1)设计质量要求。

(2)设计质量保证原则。

(3)工程设计采用的规范和质量标准。

(4)法律法规中有关设计规范、规程的要求。

3. 设计质量管理程序文件和作业指导文件

在完成设计质量组织和计划后，根据设计质量管理的工作需要，形成一系列的设计质量管理程序文件和作业指导文件，以保证质量管理工作有序地进行。有的文件按照FIDIC合同的规定可能需要提交给业主。承包商编制的此类文件主要包括以下内容：

(1)项目设计质量管理组织结构图。

(2)设计质量管理工作程序。

(3)设计质量经理的职责和任务。

(4)设计质量管理人员的配备计划和职责划分。

(5)设计各专业质量管理工作流程图。

(6)设计各专业质量管理规定。

4. 设计质量控制

设计质量是影响项目总体质量的首要环节。设计质量控制的基础是合同提供的设计基础资料与要求；控制主体为设计经理、各设计专业负责人、项目经理、质量部经理；控制的过程为设计策划、设计输入、设计评审、设计校审、设计会签和设计输出；而完善的质量保证体系和设计质量保证程序为设计质量控制提供了保障。

---

① ACF为advanced certified final drawings的缩写，意思是前期确认图纸。

② CF为certified final drawings的缩写，意思是最终确认图纸。

其中，设计输入是控制设计质量的关键，决定着业主是否顺利批准项目的设计。对设计输入的质量控制主要包括以下内容：

(1)合同约定的设计质量要求，包括符合工程性能、适用性、可信性、安全性、环境、经济性、时间性和美观性。

(2)业主提供的设计基础资料，这些资料由业主在招标期间提供给承包商，供其参考。承包商应对资料的准确性、完备性、适用性进行审查。

5. 设计成果文件

设计成果文件主要包括图纸、计算书、数据表、技术说明书、计算机软件、作业指导书、手册等。此类成果文件的编制应符合合同的规定，如 FIDIC 合同约定“当任何技术性文件提交给业主代表时，文件本身应有事先经承包商本人批准的明显证据”。在这些文件的编制过程中，可能需要业主方的审查与批准。虽然此类文件是按照合同约定所编制的，但一般并不构成 FIDIC 合同文件的一部分。若与合同约定不一致，即使业主批准了，仍不能解除承包商的补救和整改责任。

承包商还应注意对设计成果文件进行存档管理，应将设计的全部资料，包括设计变更资料，进行分类编目，归档永久保存，以证明承包商履行了质量保证及质量控制责任。

## 三、采购质量管理

对于国际 EPC 工程项目而言，采购(procurement)是项目实施期间的一个核心环节，是实现工程设计意图、顺利实施项目的基本保障。一个采购过程包括采购计划、选择供应商、催交、检验、运输等环节，其中与采购质量管理密切相关的是检验(inspection)环节。

### (一)FIDIC 合同中有关采购质量管理的规定

合同中对项目物资采购的质量规定是承包商开展采购工作的基础，也是业主验收相关材料设备的依据。在采购过程中，除承包商自己进行采购活动的具体监控外，业主也会派出人员直接参与各类采购物资的检查和验收。FIDIC 合同中对交货检验的规定主要包括以下内容：

1. 质量责任

除非合同另有规定，如甲方供材(owner supplied items)，否则承包商应负责采购完成工程所需的一切物资，这些物资包括材料、设备、备件和其他消耗品，并对这些物资的质量负责。

针对甲方供材的质量责任，合同相关规定如下：

(1)承包商在接收此类材料前应进行目测，发现数量不足或质量缺陷等问题，应立即通知业主(或工程师)，在收到通知后，业主应立即将数量补足并更换有缺陷的材料。

(2)在承包商目测材料之后，此类材料就移交给了承包商，承包商应开始履行看管责任。

(3)即使材料移交给了承包商之后，如果材料数量不足或质量缺陷不明显，而这些问题是目测不能发现的，那么业主仍要为之负责。

2. 质量要求和技术标准

采购产品的质量应满足合同中规定的质量要求和技术标准。确定质量标准的一般依据是：

(1)工程所在国的质量标准。

(2)合同约定的质量标准。

3. 检验方法

FIDIC合同中对检验方法的规定主要包括以下内容：

(1)检验的内容和手段，以及检测应达到的质量标准。

(2)对于抽样检查的产品，约定抽检的比例和取样的方法，以及双方共同认可的第三检测单位。

### (二)EPC承包商采购质量管理

1. 采购质量管理组织

采购质量管理组织一般是由设计部或质量部派出的检验工程师组成，主要负责检验采购产品的工作。

2. 采购质量计划

采购质量计划要明确采购质量目标，制定采购质量保证原则和采购质量管理所应遵守的工作程序，及保证对检验结果的存档工作。

3. 采购产品选择

(1)承包商采购前应提供样品，样品经业主认可后必须封存，在供应到现场时再做对比检查。

(2)承包商应尽量选择有长期合作伙伴关系的供应商。一个大型的承包公司应和一些商誉好的供应商建立战略合作伙伴关系，这将有利于保证产品质量、保证供应。

(3)要求供应商提供产品相关证书，如经过认可或批准的质量文件和证明、生产许可证、质量认证书，也可以通过与其之前的客户沟通来了解供应商产品的具体情况。

(4)对重要的、大批量供应或专项物资供应，可以派专门人员在生产厂区巡视，检查产品质量及生产管理系统，与供应商或生产厂家一起研究质量改进措施，验收产品。

(5)了解供应的可靠度，即供应商的供应能力、现已承接的供应任务。这不仅影响工程质量，还会影响工期。一般地，若供应商超过供应能力供应，不仅供应时间得不到保证，供应质量也无法得到保证。

4. 采购产品检验

采购产品检验的任务是保证相关设备和材料通过检验，并可以对厂家的设备制造和材料生产的质量保证体系进行检查。承包商的检验工程师应负责按检验计划进行各项现场及实验室的检验，并且对检验成果的正确性负责。

检验计划应体现在供货合同的规定中，若合同约定简略，可以在制造前专门召开一次检验协调会，确定检验的具体内容、方式、时间以及检验过程中各自的义务。对一些重要设备的里程碑式的检验，如发货前的最终检验，合同中如果规定业主同时派员参加，承包商应在检验前按规定提前通知业主派员参加。

检验的具体程序一般由厂家根据检验计划做出安排，并提供检验所需的一切文件和资料，检验程序需要由EPC承包商的采购部和供货商协商后，由供货商将检验程序“文件化”(documented)后发给承包商，由承包商通知业主具体日程。

每次检验结束后，应由承包商的检验工程师整理检验报告，真实地记录检验的过程和检验结果，并给出被检验的设备或材料是否符合合同的规定，是拒收、有条件验收还是合格验收。参与检验的其他方应该在此报告上会签(countersign)。应注意，此类检验属于验证(verification)，不解除厂家对产品的最终质量责任。

## 四、施工安装质量管理

### (一)FIDIC合同中有关施工安装质量管理的规定

FIDIC合同中与工程项目施工安装质量管理相关的条款包括有关工程分包的规定，有关施工现场材料、设备的规定，及有关施工技术、方法的规定等。

1. 有关工程分包的规定

由于工程建设具有一次性的特点，工程施工复杂并且施工期限较长，因此对工程项目的质量管理要从承包商的选择程序开始。在工程合同履行中，出现了新的承包商，为了确保工程项目的质量，合同条件会对工程项目的分包行为在程序上进行一定的控制。从国际工程实践来看，EPC总承包合同对工程分包都有不同程度的规定，有的FIDIC合同对承包商的约束较松，有的则要求比较严格。

一般来说，允许分包是因为大部分工程，特别是EPC交钥匙合同工程比较复杂，涉及的专业多，工作量大，一个公司不可能承担所有工作，即使能够承担，也达不到最佳效率。一般分包的工程应是专业技术性较强且分包商在该专业更有专长和经验的，这样的分包有利于工程质量的提高。但是，EPC承包商不得将整个工程分包出去，且应对分包商、其代理人或雇员的行为和违约负责，即EPC承包商不能以分包商未能履行相关工作为借口来免除相关质量的责任。

2. 有关施工现场材料、设备的规定

施工使用的材料和工程设备是确保工程质量的物质基础，因此必须按照合同约定对其进行严格的质量控制。

承包商应为业主人员检验任何材料、工程设备和工艺提供通常所需要的协助，包括进入现场条件、设施、许可和安全装备，并应按照承包商文件中规定的送审程序，向业主提交样品，供其审核。

对于业主人员有权检验、测量和试验的工作，承包商应在其为了便于运输或储存而被覆盖、包装前通知业主及时进行检验、测量和试验。业主应及时进行检验，不得无故拖延，或者立即通知承包商无需进行检验工作。

由承包商提供的所有工程设备，一旦运至施工现场，应视作准备为工程施工专用。除从施工现场某一部位移至另一部位外，未经同意，承包商不得将主要设备移出施工现场。

3. 有关施工技术、方法的规定

承包商的施工工作必须依据合同以及规范、规定等文件实施。在按照规范规定的各类标准施工时，若发现有不一致的情况，以最严格的为准(the most stringent shall prevail)①。若工程实施过程中出现了新标准，业主有权要求承包商按新标准执行，但应补偿承包商。

业主人员有权按合同约定对承包商的施工安装工作进行现场检查和试验，对检查不合格的工作，业主的授权人员有权拒绝验收并命令返工。若承包商一意孤行，不予纠正，则可能导致业主终止合同。

工程竣工后应达到规定的性能保证(functional/performance guarantees)规定的各类指标。

### (二)EPC承包商施工安装的质量管理

施工安装质量管理就是承包商按照合同的规定，对施工中各个阶段影响质量的因素进行有效的控制和管理，达到预期质量目标。施工安装质量管理与设计、采购的质量管理有着密切的联系，它是对所投入的资源和条件、对生产过程各环节、对所完成的工程产品，进行全过程质量检查与控制的一个系统过程。

#### 1. 施工前准备阶段的质量管理

承包商在施工前准备阶段必须做好技术、物质、组织和施工现场的准备工作。在此阶段的主要工作包括：

(1)根据合同规定，确定施工、安装和质量检验所依据的标准、规范及其设计文件，作为施工质量控制的基础。

(2)根据项目特点和施工安装的特殊要求，对各类施工人员，尤其是特别工种进行培训，保证施工人员的素质满足施工要求。

(3)对工程所需的原材料、半成品、构配件和永久性设备、器材等从运输、装卸、进场、存放和使用等方面进行全过程、全面的质量管理。

(4)编制施工安装质量计划，并根据合同约定向业主报批。

(5)对施工方法、方案和工艺进行管理，包括对施工计划、施工质量保证措施和施工方案等进行审查。

(6)根据工作范围与施工安装工作量进行机械、设备选型，确定与施工技术方案匹配的施工机具。

(7)对施工安装环境与条件方面的准备工作质量进行审查。

(8)对测量基准点和参考标高的确认及工程测量放线的质量控制。

(9)做好施工现场场地及通道条件的保证，完成现场开工所必需的“四通一平”，即水通、路通、电通、电信通和场地平整。

(10)做好施工图会审与施工技术接口协调工作。在此过程中，对施工过程中容易出现的错误以及质量问题做好预防措施，控制好施工操作程序与施工用材质量控制程序。

(11)严把开工关等事前质量保证工作。

#### 2. 施工安装过程中的质量管理

施工安装过程中的质量管理分为两个层面：一是业主方人员依据合同对现场施工安

① 在近年实践中的EPC合同往往如此规定，但此规定在各类合同范本中并没有出现。

装作业进行的检查与控制；另一层面是承包商的内部施工安装质量管理。承包商的施工安装管理人员应始终与业主方人员保持联络和协调，并按施工安装管理程序的要求进行施工安装质量管理。施工过程中承包商内部的质量管理工作主要包括：

(1)确定质量控制依据，包括合同技术要求、设计文件、施工规范和质量检验标准等。

(2)确定质量控制点，将重要和复杂项目施工中的关键部位与薄弱环节作为重点进行控制。承包商施工安装质量管理人员应在工程施工前列出质量控制点的名称或控制内容、检验标准及方法等，针对可能产生的质量问题，制定有效措施加以预控。质量控制点通常包括三类，即 W 点、H 点和 S 点。

(3)采用承包商内部检查、会审、现场实测、实量等方式进行质量控制。对于重要施工环节，按合同约定，由承包商项目管理人员或承包商和业主一起在规定的时间内检查(W 点)，确认其质量符合要求后，才能进行下道工序。

(4)工序交接质量控制。当某专业工程或主要施工工序完成后，在进行下道工序前，由承包商施工质量管理人员组织进行质量检查，经检查合格后形成工序交接单，方可进行下道工序，对不合格工序不得转入下道工序。对于重要的工序，业主一般派员参加，并背书认可。

(5)施工质量统计。质量统计和评价也是质量控制的一种方式，通常采用质量控制点检查一次合格率来衡量施工质量的水平。

3. 竣工验收阶段的质量管理

工程质量竣工验收阶段就是对项目进行整体试车运转和检查评定，以考核质量目标是否符合设计阶段的质量要求。这是施工工作完成的最后一道质量检查。承包商在这一阶段的质量管理主要是与业主进行联合验收，检验整个项目是否达到质量要求。就承包商内部而言，其主要工作是确保在与业主联合检查之前项目自检合格，达到了竣工验收的条件。这些条件通常包括：

(1)工程项目已经按合同约定全部完成。

(2)工程质量达到了验收规范要求的标准和设计文件要求。

(3)竣工验收前应具备的各类竣工资料已经准备齐全，并符合合同要求。

(4)已经完成了需要由第三方机构(或政府相关部门)进行的各种专项验收。

工程进入竣工验收阶段，承包商应有计划、有步骤、有重点地进行收尾工程的清理工作。通过交工前的预验收，找出漏项项目和需要修补的工程，并及早安排施工。除此之外，还应做好竣工工程成品保护，以减少竣工后的返工整修。竣工验收阶段的主要工作有：

(1)由业主组建竣工验收专家组，并进行工程验收，承包商须配合业主开展竣工验收，并在验收报告上签字确认。

(2)承包商与业主办理工程的验收和交接手续，办理竣工结算和工程档案资料的移交，办理工程保修手续等，主要是处理工程项目的结束、移交和善后清理工作。

(3)竣工验收通过后，承包商应向业主申请颁发接收证书，同时提交尾项表，并对完成全部尾项工作的时间做出明确承诺。

# 第七章

# 国际工程项目沟通管理

本章包括国际工程项目沟通管理的基本概念、主要内容，工程项目文档管理，国际工程项目组织间的沟通管理。

## 第一节　国际工程项目沟通管理概述

### 一、项目沟通管理

沟通，是项目参与方互换信息的过程，即信息发出者将某一信息通过中间媒体传递给信息接收者，而接收者对所接收的信息做出回应的过程。工程项目管理中的沟通不只是简单的信息传递，它具有明确的目的，是在收、发信息的双方之间为了某件事情达成一致的过程。无论采取什么沟通技术和方式，沟通的首要问题是收、发信息的双方是否能够真正理解相互传递的信息和含义。恰当的沟通能使收、发信息的双方明白做什么、怎么做、什么时间做、如何做等。因此，沟通必须既传递信息和思想，又传递动机。

项目是以团队作业的方式展开，而团队作业需要大量的思想沟通和信息交流。工程项目沟通管理就是对信息流通全过程采用的方法和手段实施的管理，包括项目信息的生成、传递、接收、储存和最终处理的全部过程。

国际工程项目中，因存在文化差异、语言障碍等因素，参与者可能不会准确地将信息翻译成符合规定的项目语言，为保证项目的顺利实施，项目经理的大多数时间都用在与项目组织内部或外部相关人员的沟通上。良好的沟通能将不同语言、不同文化、不同国家和拥有不同技能的人员有效地联系起来，为项目的顺利进行创造条件，为项目经理的成功领导提供保障。有效的沟通能够：

(1)提高项目计划和决策的效率。

(2)为成功组织和控制管理过程提供手段。

(3)有利于建立信任和改善人际关系。

可见，有效的沟通对国际工程项目的成功至关重要。项目沟通管理的主要内容包括沟通策划、沟通技术和方式、信息存储及处理等。

## 二、项目沟通管理的主要内容

### (一)沟通策划

工程项目通常采用多种“项目语言”进行沟通，包括口头、书面文件和图纸等。因此，项目参与者除认识到个人进行的沟通对整个项目产生的重要影响外，还应严格遵守项目语言运用中的各项规定，如制图规则、统一的符号和文档格式等。在沟通过程中，信息发出者应使发出的信息简明完整，便于他人正确接收；信息接收者必须保证信息被完整地接收以及对信息更准确的理解。因此，为保证沟通的准确性和及时性，必须对项目沟通进行统一规划。

沟通策划通常在项目组织机构建立之后进行，即根据项目组织结构明确项目利益相关者，根据利益相关者参与项目的程度，建立信息传递结构图，确定利益相关者所需信息种类及数量，同时明确何时、以何种方式将信息传递给利益相关者。完整的沟通策划主要包括信息收集和归档结构图、信息传递结构图、信息发生时间表、信息更新等。

沟通策划的结果是编制出一份完整的沟通管理计划，用于指导项目中的沟通活动。

沟通策划的依据主要包括以下几个方面。

1. 工程承包合同

应根据工程承包合同确定沟通需求。沟通需求可定义为项目参与者对沟通的需求总和。为使项目资源得到充分利用，应首先确定项目信息的类型和格式，并进行信息的价值分析。项目沟通需求所需的主要信息包括：

(1)承包商项目经理部与业主、项目其他参与者间的责任关系及对应的信息需求。

(2)承包商项目经理部与上级总部间的沟通信息需求。

(3)项目涉及的学科、部门和专业之间的沟通信息需求。

(4)项目相关专业人员所需的后勤服务及提供服务的地点的信息需求。

(5)外部信息需求等。

2. 信息性质

不同性质的信息，沟通方式的选择有很大弹性，从简单的口头对话到正式的会议，从书面文件到可立即查询的表格以及其他现代通信技术等。沟通方式的选择主要取决于信息的以下特性：

(1)信息需求的急迫性。

(2)信息传递的可用技术(可能受工程所在国通信技术水平的限制)。

(3)信息被项目参与者接收的程度。

(4)项目环境。

3. 项目组织结构

沟通策划与项目组织结构密不可分，项目组织结构对项目信息交流提出了很多特殊要求，直接决定了沟通对象、沟通方式和沟通信息的类型，对沟通策划的影响最大。沟通策划过程中，需根据参与者在组织结构中的角色及参与项目的程度，制订沟通管理计划。沟通策划主要参考因素有：

(1)项目组织结构图。

(2)项目参与者间的权责关系。

(3)项目所涉及的学科、部门和专业等。

4. 沟通制约因素

项目管理实践中，存在着很多制约沟通的因素，这些因素在很大程度上是个人主观意愿和情绪造成的，这些障碍因素不但会影响项目沟通的有效性，还会影响项目的成败。识别和消除这些因素、保证沟通顺畅是项目主要管理人员的一项重要工作。项目中的沟通制约因素主要包括：

(1)信息发出者及接收者在专业能力和语言能力方面的差异。

(2)噪声。沟通过程中的各种干扰会造成信息的曲解。

(3)发出者和接收者有不同的理解力。由于双方在文化背景、经验水平和知识结构上差距较大，会给信息传递带来出现失误的风险。

(4)发出者和接收者对待信息的态度不同。信息传递的效果往往受沟通双方性格、情绪等主观因素的影响。

(5)语言系统障碍。不同人员对语言、词汇等相关信息的表达和理解能力有很大不同。

(6)沟通环境和方式对沟通效果的影响。沟通时机选择不当，非语言的暗示未被正确领会等都会对沟通效果产生影响。

## (二)沟通技术

沟通技术是将项目信息准确、完整、及时地传递给相关组织或个人所采用的工具和方法，包括实施沟通管理计划和对未预料到的信息需求者做出反应。一般的沟通技术也同样适用于工程项目的信息交流，沟通包括很宽的知识面，并非仅限于项目信息交流。沟通的一般技术如下所述：

(1)选择“发出—接收”模型：形成信息反馈回路，识别信息交流障碍。

(2)选择传播媒介：何时采用书面文件交流，何时采用口头交流，何时写非正式的便条，何时写正式报告，何时采用图纸交流等。

(3)选择传播工具：专人递送，邮寄，快递，传真，电传，电话、电子传输等。

(4)书写风格：主动和被动语言、句子结构和用词选择等。

(5)表达技巧：身体语言、直观模型、肢体语言暗示等。

(6)会议管理技术：制定会议日程和会议议程，解决各方冲突等。

对于国际工程项目，各相关方如业主、分包商、供应商可能来自不同国家，拥有不同文化背景，从事不同的专业技术工作，因此较一般项目而言，国际工程项目沟通中存在更多的制约因素，因此，选择合适的沟通技术对项目的顺利进行至关重要。EPC 项目因采购在成本中所占比重较大，与业主、分包商和供应商的沟通对项目而言至关重要。

### （三）沟通分类和沟通方式

沟通可以有不同的划分方法，视项目的具体情况而定。按不同的维度可将沟通划分为：

(1)内部沟通（在项目经理部内）和外部沟通（业主、供应商、媒体、公众）。

(2)正式沟通（指示、信函、报告、备忘录、简报）和非正式沟通（即兴讨论）。

(3)纵向沟通（上下级之间）和横向沟通（同级之间）。

(4)官方沟通（新闻通讯）和非官方沟通。

(5)书面和口头。

(6)口头语言和非口头语言（音调变化、身体语言）。

另外，根据信息的传递方向可将沟通方式划分为：

(1)交互式沟通。在双方或多方之间进行信息互换，是确保全体参与者就某一话题达成共识的有效方法，如项目会议等。

(2)推式沟通。把信息发送给需要了解信息的特定接收方，这种方法能确保信息发布，但不能确保信息到达目标受众或被目标受众理解，如信函、电子邮件等。

(3)拉式沟通。在信息量很大或受众很多的情况下使用，它要求接收方自行获得信息内容，如公司数据库等。

沟通方式的选择取决于信息的性质、重要性和信息发出者、接收者的人际关系及需求。无论采用何种方式进行沟通，信息发出者的最终目的还是希望接收者能准确理解和执行信息内容。沟通的主要途径一般包括信函、书面文件和图纸、项目会议、口头沟通和计算机网络沟通等。

#### 1. 信函

信函属于推式沟通。在项目实施过程中，所有的往来函件中应当包括项目名称、项目合同号、信函标题、信函编号、信函起草人姓名和签字、信函接收人姓名、信函发出时间及信函内容等。

#### 2. 书面文件和图纸

书面文件和图纸属于推式沟通，一般是指项目采用的规范、标准等技术资料，以及项目实施中发生的各种事件的报告，如索赔报告、事故报告等。因项目参与者工作量大且时间紧，没有更多时间去看包含在文字中的冗杂信息，所以这种方法要求有较高的技巧，包括文件和图纸格式必须内容正确、叙述简洁、不包含无用的信息等。

#### 3. 项目会议

项目会议属于交互式沟通，可以立即得到信息接收者的反馈，是一种正式交流方式，也是项目组织的一项重要活动，其作用表现在：

(1)使人们了解项目共同目标，明确自身在项目中的位置及工作目标。

(2)能够发现易被忽视的问题。

(3)会议结果和决议通常作为下步工作的行动指南，可密切项目参与者之间的关系。

需要注意的是，与其他沟通方式相比，项目会议的成本较高，会议太多或太少对项目而言都是有害的，一般情况下会议需要达成某种共识或形成某种决议，并做好正式会议纪要或决议文件，以便指导后续工作，提高会议效率。项目会议一般包括以下三种形式：

（1）项目经理部内部协调会议（每周一次）。为使项目经理和项目成员了解项目进展情况而定期召开的会议，属于常规会议，主要内容包括检查项目进展情况、获得项目信息、安排下一步工作、找出项目存在的问题并制定解决方案。项目内部协调会议是了解项目绩效和进展情况的最快捷、最有效的沟通方式。

（2）项目技术会议（视需要确定）。各部门专业技术人员为解决项目遇到的技术问题而与有关人员商定解决方法所召开的会议。

（3）项目状态检查会议（每月一次）。由业主、咨询工程师和承包商参加的会议，旨在检查项目进度是否符合预期，处理项目与外部环境间的问题，变更或修订项目相关计划等。

4. 口头沟通

口头沟通是非正式的沟通方式，属于交互式沟通，可以迅速传递信息，但交流内容往往是未经计划的。因口头传递不留证据、无从查证，在项目沟通中，不可过分依赖这种非正式的交流方式。一般而言，可先进行口头沟通，继而以正式文件予以确认，使之转变为正式沟通方式。

口头沟通时应坦率明确，不要过多地使用专业术语，防止误导或引起错误理解。国际工程项目可能涉及当地民族习惯、宗教信仰、礼仪和习惯等，在口头沟通中应格外注意。此外，肢体语言在国际工程项目沟通中发挥着重要作用，得体的肢体语言可提高沟通的有效性，应引起足够的重视。

5. 计算机网络沟通

项目经理部可建立独立的内部网络系统，将项目使用的计算机连成网络，既可以为项目成员通过网络沟通搭建平台，又可以将项目信息存入公共数据库供全体成员即时查询。

计算机网络沟通应注意项目资料的保密工作，防止项目内部资料通过互联网外泄。另外，与口头沟通一样，在网络沟通达成一致意见后，需通过正式文件予以确认。

## 第二节 国际工程项目文档管理

### 一、文档管理概述

文档管理是指对作为信息载体的文件资料进行有序的收集、加工、分类、编码、传递、存储，并为项目各参与方提供专用和常用信息的过程。

（一）文档管理的目的和范围

项目文档管理的目的是为项目管理的各个环节提供高效、快捷的信息服务，保障项目参与各方的顺利沟通，确保工程项目的顺利实施和工程竣工档案文件的顺利收集、归类和移交。

项目文档管理分为项目文件管理和档案管理，包括国际工程项目管理过程中形成的各种有保存价值的文字、图纸、图表和声像资料等，如：

(1)项目现场记录，会议纪要，项目经理部文件，重要的发函、来函和复函，与项目物资、设备等相关的单据。

(2)涉及项目人事调动和财务运作的资料。

(3)工程招投标、监理、变更、支付、索赔、验收、移交的相关文件。

(4)竣工图纸。

(5)其他有保存价值的记录等。

## (二)文档管理的具体内容

### 1. 建立文档管理控制中心

文档管理控制中心是项目经理部的文档管理部门，配备文档工程师和专业的文档管理人员，负责制定文档管理程序、文档格式、文档编码体系、项目文件的传递和报批、文档的保管和借阅等工作。文档工程师是文档管理控制中心的核心成员，负责项目全部文档的汇总、控制和管理，文档工程师的具体工作包括：

(1)编制各类文档的标准格式和文档管理程序，并将其应用和推广，以指导项目文档管理工作。

(2)建立并维护项目计算机内部局域网络和文档数据库，确保信息的及时获取、共享和更新。

(3)对文档的拟稿、审批、对外发布、收发、分类、存档和销毁等过程进行控制，确保项目信息安全，保障项目文档的质量及格式满足项目规定及相关使用者的需要。

除文档管理控制中心外，对于大型和超大型项目，项目经理部各部门应再设置本部门的文档管理人员，文档控制工程师对此类人员负总责。文档控制工程师与各部门文档管理人员相互配合从而构成了项目文档控制网络，如图 7-1 所示。

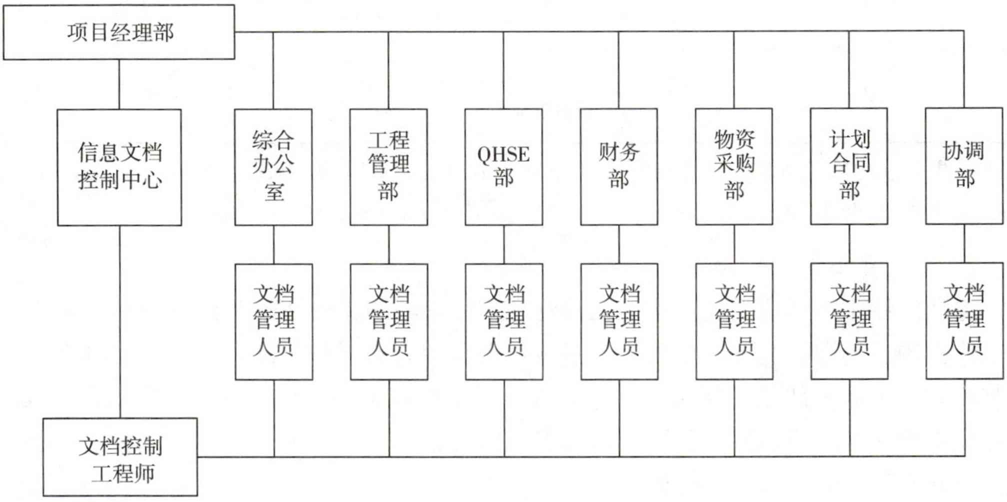


图 7-1　信息文档管理组织结构

2. 建立文档编码体系

建立文档标准编码体系，是文档管理的重要内容。文档管理控制中心应对项目从投标、设计、采购、施工、试运行到竣工验收全过程中形成的有价值的各种信息文件进行编码、存档，实现项目文档管理的标准化、规范化和统一化。项目文件编码的一般构成如图 7-2 所示。

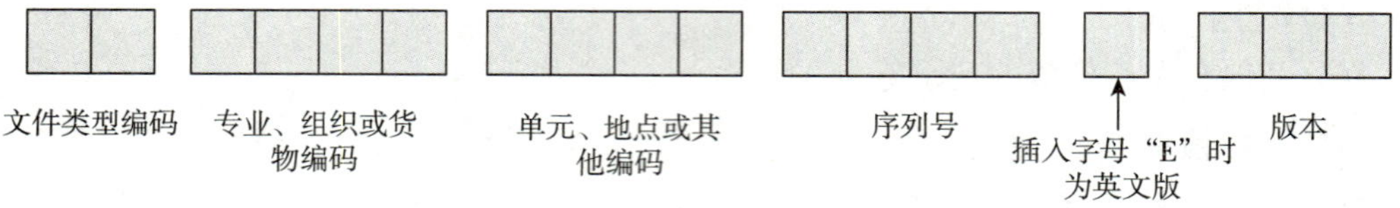


图 7-2　文档标准编码内容

项目文件编码组成内容如表 7-1 所示。

**表 7-1　项目文件编码的组成内容**

| 编码类别 | 描述 |
|---|---|
| 文件类型编码 | 文件类型编码是两个字母或数字，代表文件的类型 |
| 专业、组织或货物编码 | 各部门文件有所不同，采购部门代表了货物的种类，内部往来信函的编码表明了起草信函的部门。外部往来信函的编码表明了外部组织 |
| 单元编码、地点编码或其他编码 | 单元编码有 4 个数字，在单元编码索引中列出<br>地点编码有 4 个字母，在地点编码索引中列出<br>其他编码有 4 个字母或数字。只要申请人和信息文档管理部达成一致，就可以随时分配这种编码，包括采购文件、合同和供应单位文件相关的编码。如果使用了其他编码，必须监督其使用的一致性，避免不同的编码指明同一件事。只要有新的编码修改或有编码删除，相关索引就应更新 |
| 序列号 | 序列号由 4 个数字组成。在序列号后加字母“E”只适用于英文版本。序列号适用于所有的文件和号码。如果文件由一个或更多不同格式的附件附录组成，可以在号码后对所有的附件附录使用相同的序列号 |
| 版本 | 版本号上通常指明了文件不同版本的发布。版本号一般不适用信函、会议记录、信息申请和质疑文件 |

注：索引包括图纸类型索引、专业编码索引、单元编码索引、文件类型索引、申请类型索引、行政管理/管理文件类型索引、地点编码索引、组织编码索引、供应单位文件类型索引和货物编码索引

3. 建立文档管理程序

文档控制工程师应建立严格的文档管理程序，绘制文档处理流程图，定义文档管理的工作范围、内容和具体实施方法，规范项目文件的编制和运行。同时，文档控制中心应与项目经理部其他相关部门编写与文档管理密切相关的文件，如各部门文件的编号、项目变更程序等。文档管理程序应包括以下内容：

(1)信息文档管理执行计划。

(2)标准文档编号系统程序。

(3)电子文档管理系统。

(4)会议记录程序。

(5)信函管理程序。

(6)技术文件管理程序。

(7)采购相关文件管理程序。

(8)供应单位文件管理程序。

(9)文件变更通知管理程序。

(10)归档索引和合同记录保留索引管理程序。

(11)设计图纸和批准程序。

(12)文档分发矩阵。

(13)项目文件的移交程序。

4. 项目文件的传递和审批

项目经理部对向组织外(业主、分包商、供应商、媒体等)发送的文件，应先将文件递交到文档控制中心，由项目经理审核、签字批准后，由其统一进行文件的传递工作。在文件传递过程中，文件传递表尤为重要，它包含了传递方名称、接收方名称、传递文件名称、编号、版本号、WBS(即工作分解结构)号、电子文件类型、页数、份数、安全级别、传递目的等信息。项目所有正式文件的传递都应使用文件传递表。

项目实施过程中，项目经理部与业主间会产生大量的往来函件，所有此类函件必须经过项目经理的审核。对发往业主(或工程师)的函件，项目经理应进行审核并签字确认。对接收的来自业主(或工程师)的函件，项目经理应签发处理意见后，再发往相关部门按时办理。

5. 制定文档的保管和借阅制度

保管原始项目文件是文档控制中心的一项重要职责。文档控制工程师应负责项目执行过程中所有有效项目文档原件的临时存档、分类整理和存放工作，以及项目结束后向总公司的文件移交工作。

文档控制中心应建立一套高效简洁的项目文件内部流转程序，并由专人负责监督执行；建立严格的登记制度管理文件的接收和发出；建立严格的文件借阅制度，不能随意更改、损坏和带走文件，保证文件查阅后保持原来存放顺序，保证存放文件的安全性，尤其是防盗、防蛀、防火和防潮。

## 二、工程项目文档管理

### (一)文件的接收和发送

文件接收后，文档控制中心应对其有效性和完整性进行审查，如发现问题，应立即与发送方联系；若文件符合接收条件，要及时签署接收回执单给发件方、提交方确认。所有接收的项目文件必须按项目规定进行登记、编号、处理和归档。项目文件的电子版应与纸质版同时提交，项目规定不便作电子处理的文件除外。项目文件的接收程序如图7-3所示。

项目发出的所有文件都应按项目文档编码程序进行编码。需要发出的文件，文档控

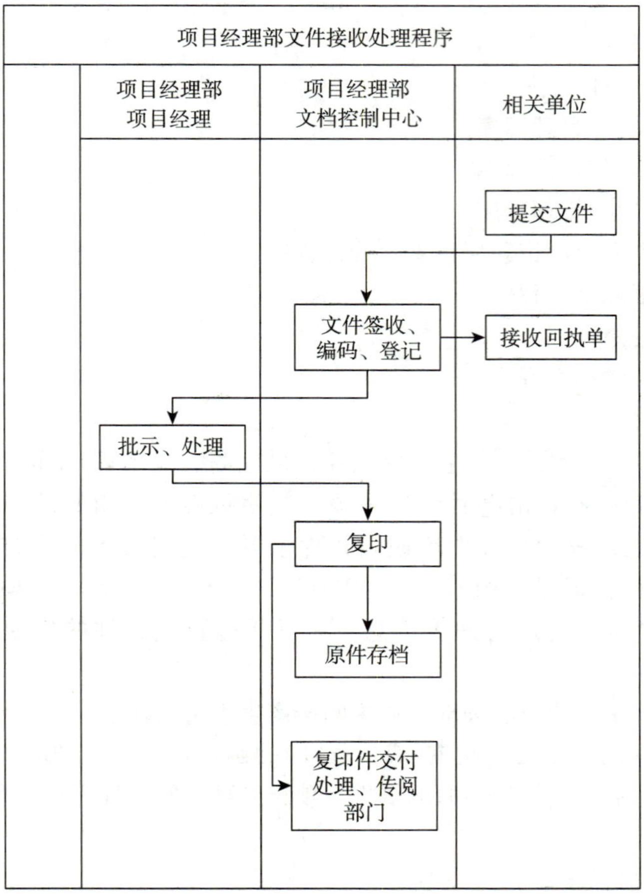


图 7-3 项目经理部文件接收处理程序

制中心应进行检查，确保文件格式等符合项目规定后，由项目经理签字确认，文档管理控制中心填写项目文件传送单，由其编码、登记、复印、存档和发出原件。对方接收文件后需提供接收回执单，交文档控制中心存档。文件的发出程序如图 7-4 所示。

### (二)文件资料的收集和整理

项目文件资料的收集贯穿项目建设的整个过程，项目文件应随项目进度及时收集整理，文件资料的管理工作应列入项目建设计划和有关部门及人员的职责范围、工作标准和岗位责任制，并制定相应的检查及考核措施。文件资料收集的具体工作包括：

1. 明确项目各阶段文件收集的主要内容

(1)项目准备阶段：业主方提供的设备、工艺和涉外文件等，勘察、设计、采购等相关文件，按规定应向业主提交的相关设计基础资料和设计文件。

(2)项目施工安装阶段：与业主、分包商、设备供应商和监理单位相关的有效文件。

(3)项目试运行及交付阶段：监理部门对项目进行审核的文件，生产运行单位提供的有关试运行的文件，项目物资供应商提交的物资供应文件和业主接受项目相关的文件。

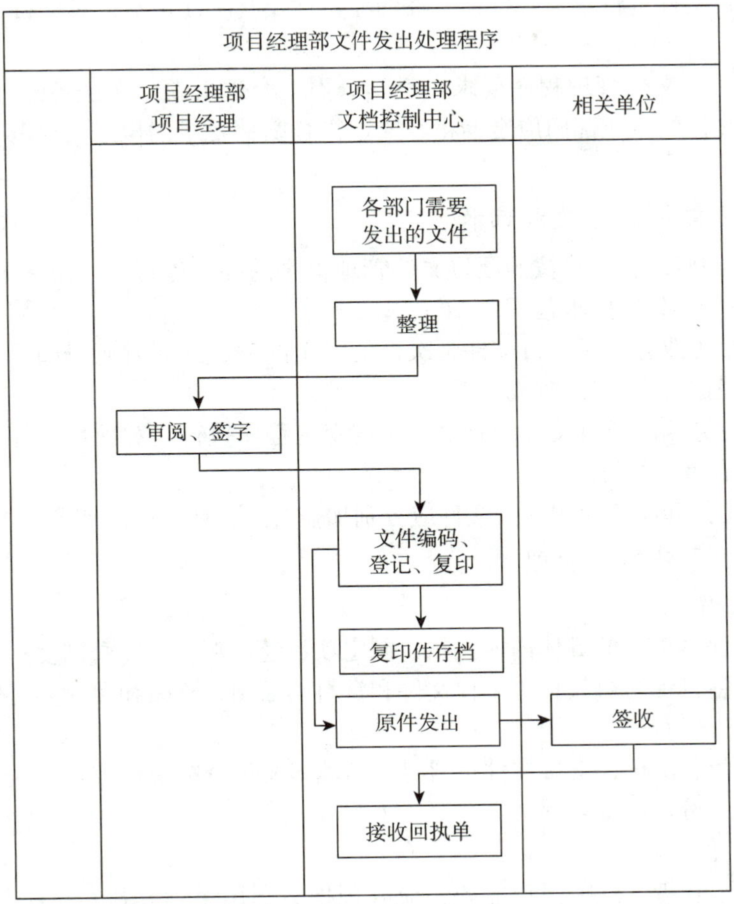


图 7-4　项目经理部文件发出处理程序

2. 文件收集范围和收集时间

文件收集的范围包括凡是反映与项目有关的重要活动、具有考察利用价值的各种载体文件。

项目各类文件应按文件形成的先后顺序或项目完成情况及时收集。

3. 项目文件资料的质量要求

(1)项目文件资料应字迹清楚，图样清晰，图表整洁，技术签证手续完备，并能达到清晰再复制的程度。

(2)需永久、长期保存的文件不应用易褪色的书写材料(红色墨水、纯蓝墨水、圆珠笔、复写纸、铅笔等)书写、绘制。

(3)复印、打印文件的字迹、线条及照片和影像的清晰度及牢固程度应符合设备标定质量的要求。

(4)录音、录像文件应保证载体的有效性。

(5)电子文件应保存到符合保管期限要求的脱机载体上。

项目文件的整理应与项目资料的收集同步进行，具体内容包括：

(1)对项目文件进行审查，保证文件的原始性及真实性，不得对项目文件进行伪造、篡改。

(2)按照项目文件管理程序要求，科学分类、合理组卷，保证各部分之间的联系。

(3)电子文件的生成部门应定期将经鉴定符合归档要求的电子文件移交到文档控制中心。

#### (三)项目文件的修改和回收

项目文件的修改应严格按照项目文件管理程序的要求进行，任何人不得随意修改、损毁项目文件。其具体要求包括：

(1)按程序更改并注明项目文件版次，新版文件发送的同时应对旧版文件进行标志(即标志出已经被替换)、回收或销毁。

(2)因变更导致的项目文件的修改，应按变更程序执行，对项目文件的任何改动都应由原审批部门重新审批。

(3)作废文件和改版后的受控文件应分别加盖“作废”或“受控”印章。

#### (四)文件资料其他管理

1. 保密工作

文件资料保密工作的具体内容包括：制定项目经理部工作保密制度；与项目经理部相关工作人员签订保密协议；对工程文件和资料的借阅、查阅和保存实行保密管理。

2. 文件资料的移交

项目各部门、单位在交接文件资料时，需填写文件资料交接表，一式二份，移交方和接收方各存一份，以备查阅。

3. 电子文件管理

电子文件不外借，确因工作需要，应办理档案利用手续并执行电子档案管理的规定。对于外借电子档案，使用者不得私自复制、拷贝、修改以及转送他人。

4. 文件借阅管理

文件借阅管理要求将存档文件划分为可外借和不可外借两种，不可外借文件只允许在档案室进行查阅；对于可外借文件，使用者除应按时归还外，还对所借文件的完整、保密及安全负责。项目内部人员需持有部门审批证明，同时注明身份及使用范围，经档案管理人员核实后使用档案。外部人员需持项目经理批准的许可证明，同时注明身份及使用范围，经档案管理人员核实后使用档案。

5. 文件销毁管理

对经鉴定确无保留价值的项目文件，应列出文件清单，提出销毁报告，进行销毁。

## 第三节　国际工程项目组织间的沟通管理

### 一、国际工程项目组织间沟通管理的要点

#### (一)沟通方式

项目管理采用的沟通方式在本章第一节已进行了详细的阐述，国际工程管理过程中

采用的沟通方式主要是书面沟通和口头沟通两种。其中，书面沟通是一种正式的沟通方式，对沟通双方都具有约束效力，项目的书面沟通文件均应编码、存档，书面沟通的缺点是沟通速度较慢、即时性差。口头沟通是一种非正式的沟通方式，便于项目各参与方在施工现场进行即时沟通，利于问题的即时解决，其缺点是容易失真、对双方没有约束力。一般地，口头沟通达成一致意见后应形成正式的书面文件予以确认，这也是项目管理中最常用的一种沟通方式。

(二)通信地址

为保证参与沟通各方在项目实施过程中文件的准确、即时传送，应在合同中明确双方的通信地址，若变更通信地址，应按合同要求提前一定时间将新的通信地址告知各相关方。

(三)术语定义

术语定义是项目各方顺利沟通的基础，更是解释合同的主要依据。在国际工程中，存在大量的专业名词和术语，合同参与方应在合同中对这些术语定义进行详细说明，为各方建立统一的术语解释，这样可防止误解的产生，提高沟通效率。EPC 项目因涉及大量工业型生产设备和专业性技术工作，对术语进行正确的定义显得尤为重要。

(四)文件格式

和术语定义一样，文件格式也是项目语言的一种。统一的文件格式，有助于沟通双方发送和接收大量的文件和信息，简化沟通程序并对其进行正确的理解和回应。

(五)冲突管理

国际工程项目实施过程中会产生各种冲突，虽然并非每个冲突最终都会得到公平的解决，但必须对冲突进行即时处理，避免冲突升级，否则会对国际工程项目产生致命的破坏。

## 二、国际工程项目组织间沟通的内容

国际工程项目的实施过程主要涉及业主、分包商、供应商和当地居民及政府等，其中业主(包括业主雇用的咨询方)及分包商是承包商进行项目沟通的主要对象。为保证工程实施过程中项目参与各方的顺利沟通，在相应的合同中应对沟通涉及的各项内容做出详细规定，项目沟通过程本身就是项目合同执行的具体体现。

合同是项目实施过程中各项管理的依据，因此，在合同中应对容易产生不同理解的名词和术语进行定义。在 FIDIC 1999 版“新黄皮书”中，将名词和术语定义分为合同，各方和人员，日期、试验、期限和竣工，款项和付款，工程和货物，其他定义六组。国际工程项目常需定义的术语如下：

(1)与合同相关的定义，包括合同、合同协议书、中标函、投标函、业主要求、资料表、承包商建议书、投标书、投标书附录、保证表、付款计划表等。

(2)与各方和人员相关的定义，包括当事方、业主、承包商、工程师、承包商代表、业主人员、承包商人员、分包商、争端裁决委员会等。

(3)与日期、试验、期限和竣工相关的定义，包括日(天)、年、基准日期、开工日期、竣工日期、竣工试验、接收证书、质量保修期、履约证书等。

(4)与款项和付款相关的定义，包括中标价、合同价格、成本(费用)、最终支付证书、最终报表、外币、当地币、期中支付证书、暂定金额、保留金、付款申请表等。

(5)与工程和货物相关的定义，包括承包商设备、货物、材料、工程、永久工程、临时工程、分项工程、生产设备等。

(6)其他定义，包括承包商文件、工程所在国、业主设备、不可抗力、法律、履约担保、现场、不可预见、变更等。

(一)与业主之间的沟通

1. 合同文件的优先次序

FIDIC 1999 版“新黄皮书”对构成合同的各个文件优先次序约定如下：合同协议书(如果有)、中标函、投标函、专用合同条件、通用合同条件、业主要求、资料表、承包商建议书以及组成合同的其他文件。

2. 与业主沟通管理的主要内容

1)招投标过程中与业主的沟通及涉及的文件

潜在投标人在对工程项目有投标意向的前提下，首先需在业主指定的时间和地点向业主购买资格预审文件，对于资格预审文件中存在的问题需以书面形式向业主提出质询，并由业主针对质询进行回答。另外，潜在投标人应在业主规定的截止时间前报送资格预审文件。业主在依据资格预审文件对潜在投标人进行资格预审后，应将结果以书面形式通知所有潜在投标人，并向通过资格预审的投标人宣布出售招标文件的具体时间和地点。

收到招标文件后，投标人应仔细研究招标文件，就招标文件中存在的任何错误、疑问等及时向业主质询，并及时接收业主关于全部质询的答复；同时应及时与业主沟通确认标前会议和现场考察的时间。投标人应在仔细研究招标文件的基础上确定工程的范围、图纸和补充资料，仔细填写投标文件(如投标函、投标书附录、工程量表、技术建议书)和投标保证格式的各项内容，并制定备选方案(如果有)，在投标截止日前进行投标并在业主规定的时间和地点参加开标会议。在此期间，投标人应及时与业主沟通了解投标保证的各项相关要求和投标有效期的延期问题，确保投标工作顺利进行。

在业主评标过程中，针对业主的澄清要求，投标人需及时澄清投标文件的各项事宜，确保投标文件的有效性。投标有效期满前，投标人应及时关注指定的网站或媒体查询投标结果，并注意接收业主的中标函(即授予合同通知)。在业主规定时限内与业主签订合同并按要求递交履约保证后，投标人即确立了工程项目的承包商资格。

2)施工过程中与业主的沟通及涉及的文件

在确定了承包商资格后，承包商应在向业主递交履约保函的同时取回投标保证。根据 FIDIC 合同，承包商应在合同协议书规定的合同生效日期后 42 天内接收业主下达的开工令，并在工程正式开工后的 28 天内向业主和工程师提交施工进度计划，并针对业主和工程师的要求做合理修改。同时，承包商应核实业主向其提交的关于其资金状况的说明，及时到业主同意的银行开具预付款保函并递交业主，随后在首次提交期中付款申请表后接收业主支付的预付款。正常条件下，在工程施工过程中，支付、变更、索赔和争端解决是承包商与业主进行沟通的主要内容。

承包商在合同约定的支付期末按照工程师规定的格式向其提交一式六份报表，列出自己认为有权获得的款项并附上进度报告及相关证明文件，如工程设备和材料的预付款和扣还款的发票、收据等。期中支付证明应注意预付款、保留金的支付与扣还，以及因变更、索赔等原因引起的追加款或扣减款。工程师应在接到承包商递交的月报表和证明文件后 28 天内向业主签发期中支付证书。业主应在工程师收到承包商递交的报表和证明文件后 56 天内，及时将期中支付证书中证明无误的款额支付给承包商，如图 7-5 所示。

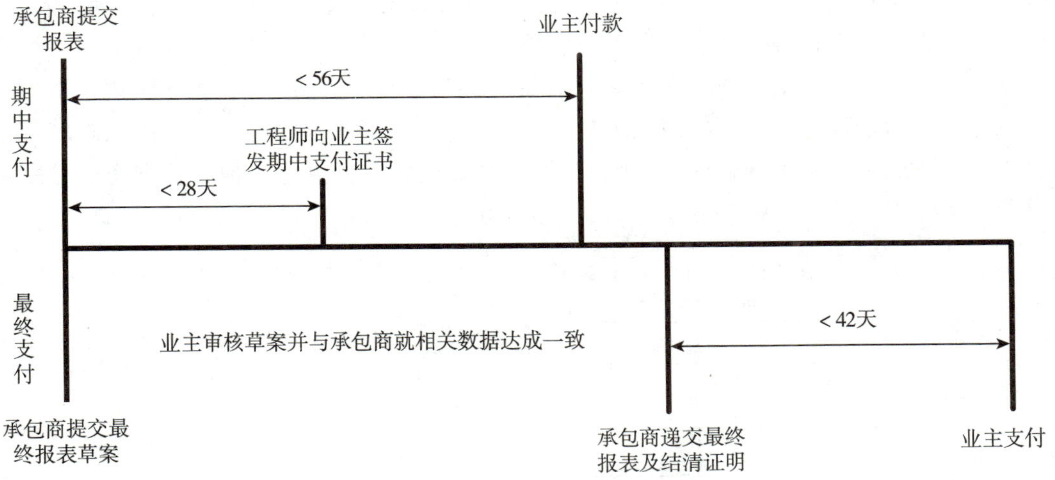


图 7-5 FIDIC“银皮书”付款顺序

工程变更在工程实施过程中难以避免，是承包商与业主沟通的重要内容。业主可以在项目施工中的任何时间，通过向承包商发布指示或要求的方式提出变更要求。承包商应遵守并执行每项变更，除非承包商及时以通知的形式向业主说明不能实施变更的理由。如果业主在提出变更之前要求承包商提出建议书，承包商应尽快做出书面回应，包括因变更引起的进度计划的修改方案、调整合同价格的建议书、完成变更工作的说明或不能照办的理由。业主应对承包商提出的回应给予回复，在此期间，承包商不应延误任何工作。此外，在基准日期后，因工程所在国法律及相关司法程序发生改变，对承包商正常履行合同造成了影响，承包商应及时向业主发出通知，提出因上述原因造成的施工期的延长以及合同价格的调整。另外，承包商也应及时通知业主因成本改变造成的合同价格的调整。同时，承包商也可随时将能够加快施工进度、降低业主施工、维护和运行费用以及提高业主效率的建议以书面形式提交工程师和业主。

承包商应在索赔事件发生后 28 天内依据索赔条款及其他合同有关文件，向工程师发出索赔通知，并在索赔事件发生 42 天内，向业主递交一份详细的索赔报告，在报告中说明索赔的依据，提出延长施工期或追加款额等要求。若索赔事件是连续性的，承包商应每月递交一份索赔报告。在索赔期间，承包商应确保索赔证据的真实性和完整性。业主或工程师在接到索赔报告 42 天内，应做出回应，并根据合同条款对承包商的索赔要求予以修改并确定。

项目实施过程中，争议发生后，承包商和业主应在投标书附录中规定的时间内成立争议评判委员会，争议评判委员会可由一人或三人组成，由三人组成时，承包商和业主应各推荐一人，由这两人推荐另外一人，并由推荐的第三人担任争议评判委员会主席，承包商和业主各承担争议评判委员会成员薪酬的一半。承包商和业主应向争议评判委员会提交已方的证明材料并向工程师和另一方呈送副本。争议评判委员会将参考各方提交的材料，在 84 天内召开听证会，并就争议做出决定，将其决定呈送各方。承包商和业主需在 28 天内对争议评判委员会做出的决定做出回应，若双方均满意且均执行决定，争议就此解决；若虽然双方均满意争议评判委员会做出的决定，但有一方并不执行，则另一方可直接提交仲裁。若有一方不满意争议评判委员会做出的决定，不满意一方应在 28 天内将其不满及仲裁意向通知对方，在此日期后、提交仲裁之前的 56 天内，双方应秉承通过协商合理解决争端的诚意进行沟通，尝试解决争端，若在 56 天内双方就争端解决方案达成一致则争端解决，否则 56 天后将开始仲裁。无论在何种情况下，仲裁结果即是争端事件的最终解决方案，如图 7-6 所示。

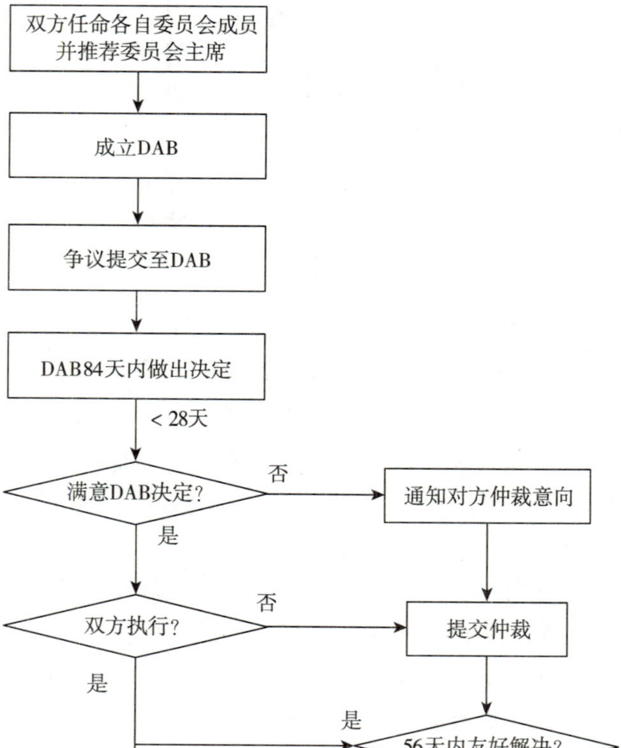


图 7-6 通过争议评判委员会解决争议或提请仲裁的程序

3)竣工试验和接收阶段与业主的沟通及涉及的文件

(1)竣工试验的申请及须提交的文件。根据FIDIC合同，承包商应在竣工试验开始前21天将试验的具体日期告知业主，并在该日期到期后的14天内在业主指定的某日或某几日内进行竣工试验。

承包商还应在竣工试验开始前将记录工程准确位置、尺寸和实施的详细竣工记录保存于现场，并提交规定份数的副本给业主和工程师。此外，承包商应向业主提供工程的竣工图并取得业主对其尺寸、基准系统和其他细节的同意。试运行期间，承包商应将工程运行的情况通知业主，并进行其他试验。

一旦工程按照合同约定通过了竣工试验，承包商应向业主递交一份经证实的试验结果报告。

(2)延误竣工试验的处理。根据FIDIC合同，若因业主原因妨碍竣工试验14天以上时，承包商应尽快完成竣工试验并向业主索赔因此造成的延期、费用和利润。若因承包商原因造成竣工试验的延误，承包商应在接到业主通知的具体日期进行竣工试验，否则业主有权自行安排人员对工程进行试验并由承包商承担相关费用。如承包商接到业主的通知，被告知因工程设备、材料缺陷等原因拒收工程，承包商应立即修复缺陷并按照相关条款重新进行试验。

(3)申请颁发接收证书和须提交的资料。根据FIDIC合同，通过竣工试验后，承包商应在工程竣工并做好接收准备的前14天通知业主接收工程和申请颁发接收证书，同时应附上一份尾项工作表和完成这些尾项工作的时间承诺。业主接到通知28天内，应向承包商颁发接收证书并注明合同要求的竣工日期及相关收尾工作。若业主在28天内既未颁发接收证书，也未拒绝承包商申请，则接收证书应视为在28天期满的最后一天颁发。承包商应在收到接收证书后84天内，按合同要求一式六份向业主递交竣工报表。工程师应按规定颁发支付证书并由业主支付承包商。

(4)缺陷修复和申请颁发履约证书。根据FIDIC合同，业主颁发接收证书后，承包商应在指定时间内完成扫尾工作，并在缺陷通知期到期前完成缺陷或损害的修补工作。若承包商未能在合理时间内修补缺陷及损害，且在接到业主通知确定的日期内仍未完成修补工作，在这种情况下，业主可选择在由承包商承担费用的情况下，雇用他人完成修补工作，但这种情况下承包商不再对修补工作负责，同时相应地减少合同金额。业主应在承包商提供了所有承包商文件、完成了所有施工和试验、修补了所有缺陷后，或最后一个缺陷通知期到期后28天内向承包商颁发履约证书。履约证书的颁发并不意味着合同的结束，各方仍对未履行的义务负责。承包商在收到履约证书后28天内，应从现场撤出所有剩余的承包商设备、垃圾和临时工程等，否则业主有权对这些物资进行处置。

业主应在颁发接收证书且与工程有关的所有试验已完成时，向承包商支付一半保留金，在最后缺陷通知期满后，将另一半保留金支付给承包商。承包商也可在接收一半保留金，并向业主递交保留金保函后，得到另一部分保留金。如工程在缺陷通知期内出现任何问题，承包商需负责对其进行维修使其满足合同的各项要求，如承包商未在业主通知的时间内修复缺陷，业主有权自行组织他人修复工程，费用自工程保留金中扣付。业主应在承包商提供了所有承包商文件、完成所有试验并修补缺陷或最后一个缺陷通知期满后28天内向承包商颁发履约证书，并在承包商有权获得履约证书后21天内退还履约担保。承包商应在收到履约证书后54天内向工程师和业主提交最终报表草案及相关证明，列出完成的所有工作的价值和认为应得到的支付款额。业主应审核最终报表草案，提出修改意见并与承包商对草案进行修改，然后承包商应按照最终修改意见编制最终报表并提交业主。承包商在提交最终报表的同时应提交一份书面结清证明。业主应在收到最终付款申请、结清证明和最终报表后的42天内，支付最终款项。至此，除最终报表和竣工报表的要求外，承包商不再对工程实施引发的任何问题承担责任。

### (二)与分包商之间的沟通

#### 1. 分包商沟通管理概述

分包商是与承包商签订合同，在工程实施过程中承担主合同中一部分施工的组织。承包商在投标过程中，可能使用分包商关于某部分分包合同的报价作为主合同工程报价的一部分，但这并不意味着分包商与承包商合同关系的成立。相应的，业主和承包商签署施工合同的行为，对分包商也没有约束力。分包商对承包商的报价仅仅是一种要约，要等承包商针对要约做出承诺时，合同才生效。

一般情况下，分包商仅与承包商存在合同关系，与业主和工程师没有合同关系，双方之间沟通的主要方法与业主和承包商间的沟通方法类似。分包商在施工过程中的所有事项均需依据承包商的指示而进行，在某种程度上，分包商与承包商的关系类似于承包商与业主的关系。业主向分包商发出指令，或分包商对业主提出索赔诉求等，均需通过承包商进行。此外，分包合同的成立是以承包商与业主之间承包合同(主合同)的成立为前提的(此条件应写入分包合同)，分包合同是随着主合同的灭失而灭失的。也就是说，即便承包商对分包商提出的要约做出了承诺，而业主在工程实际履行前终止了合同，则分包合同自然失效；如业主在工程进行当中因自身支付能力不足或承包商违约等原因终止合同，则分包合同随着主合同的灭失而灭失，此时，分包商应对已经从事的工程的价值和已购买材料等向承包商提出支付要求。分包不涉及债权债务的转移，承包商应对业主承担的责任和义务并没有因分包合同的成立发生任何程度上的减免。分包商在工程实施中应承担承包商应对业主承担的责任和义务，分包商的任何行为或违约，承包商亦须视同自身行为一样对业主承担责任。

分包商按类型被分为自雇式分包商和指定分包商。自雇式分包商即承包商自己选择并经业主批准同意后雇用的分包商。指定分包商是业主在招标文件中规定或在工程进行中承包商依据业主和工程师的指示雇用的分包商。指定分包商是业主为保障工程质量和功能而拥有的选择分包商的合理权利。指定分包商应与承包商签订分包合同，在签订分包合同后，指定分包商即与自雇式分包商处于同等地位。只有当业主直接与分包商商谈或二者间形成了直接合同关系时，分包商才能直接与业主进行接触，直接从业主处得到付款，但分包商和业主的任何沟通文件均应告知承包商并向其提供附件。分包商与项目相关方的关系如图7-7所示。

#### 2. 分包商沟通管理的主要内容

承包商与分包商之间沟通的主要方法与业主和承包商间的沟通方法类似，各阶段的

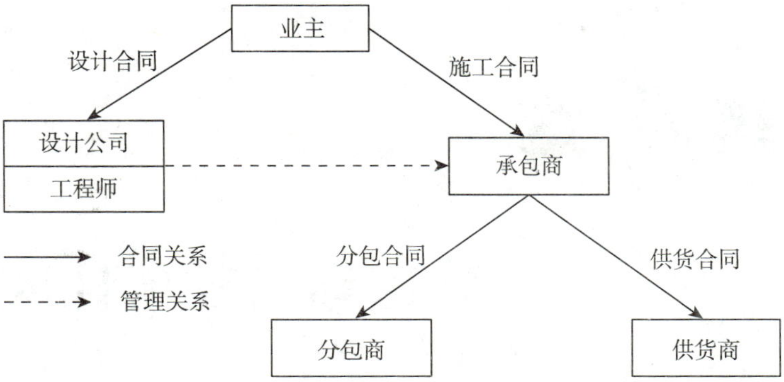


图 7-7　国际承包工程项目各方合同关系

主要区别包括：

(1)分包工程投标。分包工程投标中，承包商可能采用电话、传真、邮件或公开招标、议标方式要求分包商投标报价。这些分包工程招标文件应包括分包工作的具体范围和要求，以及业主发布的招标文件副本和承包商自身编制的投标材料的具体内容(涉及承包商报价机密的部分除外)，以便于分包商在报价过程中充分考虑可能面临的各种问题，结合自身优势提出有竞争力的报价。承包商将分包商报价作为投标报价的一部分进行投标，若承包商和分包商就分包报价达成协议，则分包商的报价具有约束力，业主中标后双方自然确定分包合同，此时任何一方违约均需承担相应责任。若双方之间未就承包商报价达成协议，承包商中标后与其他分包商签署分包合同，分包商不能就承包商行为要求赔偿；分包商在承包商中标后拒绝签署分包合同时，承包商也不能就分包商行为要求赔偿。

(2)分包工程支付。一般而言，与主合同支付程序相比，分包合同包含附条件支付条款。所谓附条件支付条款，是指分包商得到承包商的支付是以承包商得到业主支付为前提的。分包合同的附条件支付条款是承包商向分包商转移风险的方法。不同国家法律对待附条件支付条款的态度是不同的，承包商在与分包商签署分包合同时应充分了解工程所在国法律对附条件支付条款的态度，以免在工程支付中引起不必要的争端。

(3)分包工程索赔。业主和承包商、承包商和分包商之间均可依照索赔程序，就工程事项向对方提出索赔，包括工期、费用或工期加费用。分包商不可直接向业主索赔，业主也不能直接向分包商索赔，必须通过承包商。承包商有责任在接到分包商向业主索赔的文件后依照索赔程序，帮助分包商争取索赔利益，但承包商不承担一定帮助分包商索赔成功的责任和义务。

# 第八章

# 国际工程项目风险管理

本章内容包括国际工程项目风险管理概述；国际工程项目风险识别；国际工程项目风险分析与评价；国际工程项目风险应对决策。

## 第一节　国际工程项目风险管理概述

### 一、工程项目风险

#### （一）项目风险

风险是一个重要概念，应涵盖风险管理的对象和目标。

尽管风险管理理论已经有了几十年的发展历史，但由于风险的普遍存在以及风险管理在行业中的专门化，风险管理人员根据各自特定的活动，对风险给出过不尽相同的定义。所以，对于风险一词的定义，并未达到完全一致。但不管有关风险定义的描述有何不同，其都指出了关于风险的三个基本要素，即风险因素的存在性、风险事件发生的不确定性、风险后果的不确定性。

在项目管理理论中，目标控制和风险管理是工程项目风险管理方法论的核心。风险管理的目的是通过风险分析减少项目决策的不确定性，使决策更加科学，以及在项目实施阶段保证目标控制的顺利进行，更好地实现项目的目标。因此，工程项目风险可定义为：影响工程项目目标实现的事件发生的可能性。项目目标指的是项目的费用、进度、质量和安全。

#### （二）风险因素

风险因素就是可能产生风险的各种问题和原因。工程项目风险来自于同项目有关的各个方面。出于研究目的的不同，人们对风险因素的分类也有所不同。例如，按风险性质将风险因素划分为主观风险和客观风险；按项目环境将风险因素分为国家风险（指国际工程承包商在从事国际工程承包的过程中，因东道国主权、政治、法律或经济政策的变化而遭受经济损失的可能性）、自然风险和项目风险；按风险来源因素分为自然风险、技术风险、设计风险、金融风险、市场风险、政策法律风险和环境风险等。

根据工程项目管理的实践，工程项目风险可按图 8-1 的方式进行分类。这种分类方法有利于区分各类风险的性质及其潜在影响，风险因素之间的关联性较小，有利于提高风险管理人员对风险的辨识程度，使风险管理策略的选择更具明确性。

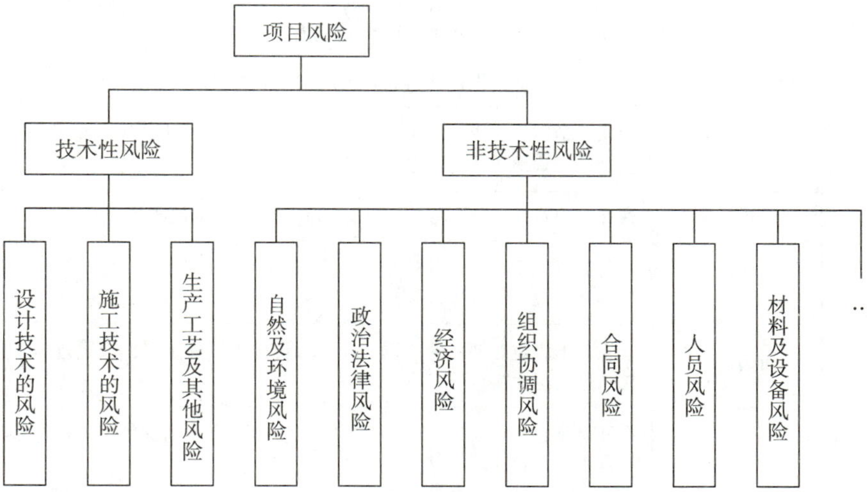


图 8-1　工程项目风险因素分类

（三）风险事件及其后果

风险事件指的是由一种或几种风险因素相互作用而发生的任何影响项目目标实现的可能发生的事件。例如，施工方案的失败可能是由于施工技术不当、施工人员素质差以及未曾预料的地基条件等因素导致的。

风险事件的发生是不确定的。这是由于项目外部环境的千变万化以及项目本身的复杂性和人们对于未来变化的预测能力有限而导致的。例如，人们即使意识到施工期间恶劣的气候是一个需要重视的风险，但这并不一定意味着恶劣气候就一定会降临，或者就像人们所预料的那样来临而给施工带来预期的影响。

风险事件发生所造成的对项目目标实现的影响也是不确定的，是一种潜在的损失或收益。一个项目从外汇汇率的变化中或许受到很大的损失，或许会获得不小的收益，除非人们能确定汇率一定上升或下降，而不是上下浮动。

需要指出的是，在大中型工程项目建设中，对业主而言，项目实施期间大部分的风险事件都是灾难性事件。因此，国内一些学者也将项目风险定义为影响项目目标实现的灾难性事件。

从以上论述中，我们可以得出：风险就是风险事件发生的可能性。风险由于其不确定性，从而对工程项目目标的实现产生有利或不利的影响。而且，几乎每一类风险都会在不同时期以不同的方式（风险事件）影响到项目目标的实现。表 8-1 作为示例给出了与风险分类相应的风险事件。

表 8-1 风险事件示例表

| 风险因素 | | 典型风险事件 |
|---|---|---|
| 技术风险 | 设计 | 设计内容不全、设计缺陷、错误和遗漏，标准和规范采用不恰当或存在缺陷，未考虑地质条件，未考虑施工可能性等 |
| | 施工 | 施工工艺的落后，不合理的施工技术和方案，施工安全措施不当，应用新技术新方案的失败，未考虑场地情况等 |
| | 生产工艺及其他 | 工艺设计未达到先进性指标，工艺流程不合理，未考虑操作安全性等 |
| 非技术风险 | 自然环境 | 洪水、地震、火灾、台风、雷电等不可抗拒自然力，不明的水文气象条件，复杂的工程地质条件，恶劣的气候等 |
| | 政治法律 | 法律及规章的变化，战争和骚乱、罢工、经济制裁或禁运等 |
| | 经济 | 通货膨胀或紧缩，汇率的变动，市场的动荡，社会各种摊派和征费的变化，资金不到位，资金短缺等 |
| | 组织协调 | 业主和上级主管部门的协调，业主和设计方、施工方以及监理方的协调，业主内部的组织协调等 |
| | 合同 | 合同条款遗漏，表达有误，合同类型选择不当，承发包模式选择不当，索赔管理不力，合同纠纷等 |
| | 人员 | 业主人员、设计人员、监理人员、一般工人、技术员、管理人员的素质（能力、效率、责任心、品德） |
| | 材料及设备 | 原材料、半成品、成品或设备供货不足或拖延，数量差错或质量规格问题，特殊材料和新材料的使用问题，过度损耗和浪费，施工设备供应不足，类型不配套，故障，安装失误，选型不当等 |

## 二、风险量和风险坐标

了解到风险因素的存在以及风险事件对项目目标的影响，而这只是对项目风险的初步认识，还需要进一步掌握风险量、各种不同规模的损失出现的概率等信息。

风险量是衡量风险大小的一个变量，可被定义为

$$R=f(p,\ q)$$

式中，$R$ 为风险量；$p$ 为风险事件可能发生的频率；$q$ 为风险事件发生对项目目标的影响程度（损失量）。

风险量的量化具有很大主观性，与人的评价标准以及对于风险事件发生的预测能力和对其后风险的控制能力有关。风险量的确定能为选择处理项目风险的方式提供所需信息。

风险坐标是描述风险大小的一种形象方法，它分别以风险的两个特征值——风险发生导致对项目目标影响的严重程度（损失量大小）和风险发生的频率为横、纵坐标，如图 8-2 所示。

风险的这两个维度适用于描述具体的风险事件，有助于甄别出那些需要强有力地加以控制与管理的风险，但不适用于描述项目整体。

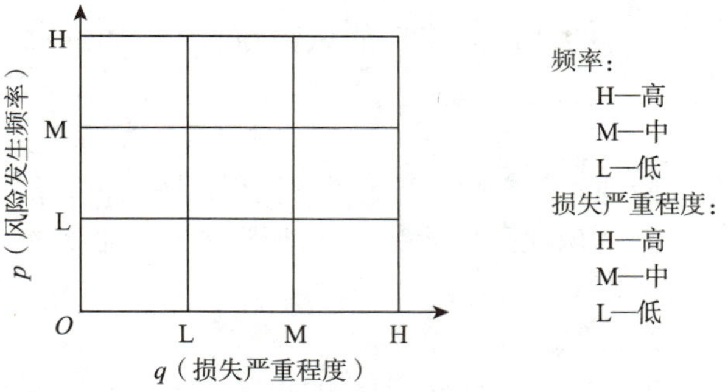


图 8-2　风险坐标

## 三、工程项目风险管理

### (一)工程项目风险管理过程

风险管理就是一个确定和度量项目风险，以及制定、选择和管理风险处理方案的过程。工程项目风险管理应是一种系统的、完整的过程，而且这个过程在项目进展期间持续周而复始，如图 8-3 所示。

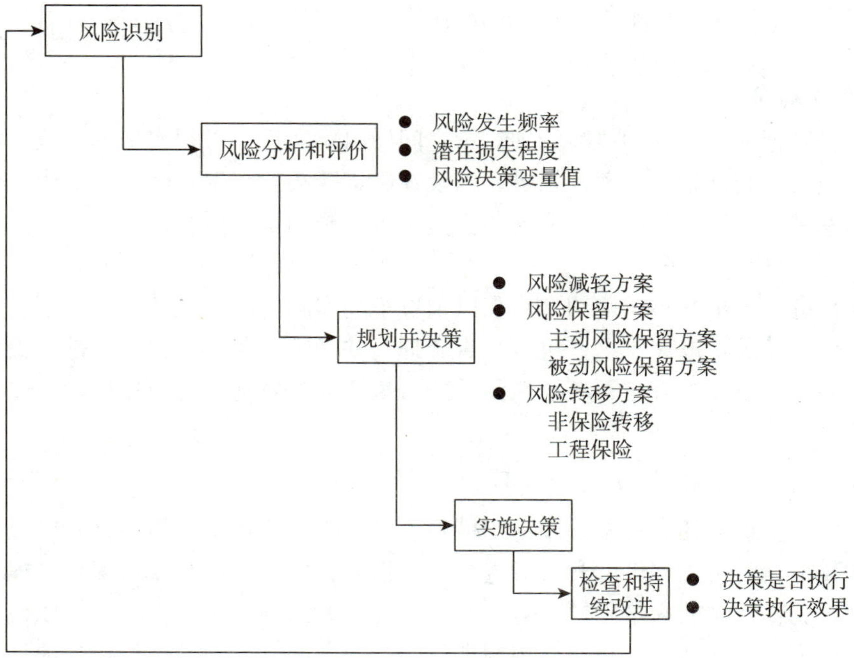


图 8-3　风险管理流程图

1. 风险识别

风险识别是项目管理中最首要的步骤。风险识别的内容是根据国际工程所处的社会、自然环境和完成项目需要开展的全部活动，运用头脑风暴、检核表等管理技术，尽可能全面地辨识出影响项目目标实现的风险事件存在的可能性，并进行恰当的分类。

2. 风险分析和评价

它是将一个项目风险的不确定性进行定量化，用概率论来评价项目风险潜在影响的过程。这个过程在系统地认识项目风险和合理地管理项目风险之间起着重要的桥梁作用。风险分析和评价包括以下内容：

(1)确定风险事件发生的概率和可能性。

(2)确定风险事件的发生对项目目标的影响程度，如经济损失的大小、工期的延误量等。

(3)确定项目建设期内对风险事件实际发生的预测能力以及发生后的处理能力。

(4)将每一种项目风险定量化，将项目风险清单中的风险进行排序，确定最严重、最难以控制的风险。这部分最需要关注的项目风险将作为最终评价的结果。

(5)将工程项目所有的风险视为一体，评价它们的潜在影响，从而得到项目的风险决策变量值，作为项目决策的重要依据。

3. 规划并决策

完成了项目风险的识别和分析、评价过程，就应该对各种风险管理对策进行规划，并根据项目风险管理的总体目标，就处理项目风险的最佳对策组合进行决策。

一般而言，对于会对工程项目目标产生影响而导致负偏离的风险，其管理有四种对策，即风险回避、风险减轻、风险转移和风险保留。

4. 实施决策

当风险管理人员在各种风险管理对策之间做出抉择后，必须实施其决策，如制订安全计划、损失控制计划、应急计划等，以及在决定购买工程保险时确定恰当的保险水平和合理的保费、选择保险公司等，这些都是决策实施的重要内容。

5. 检查和持续改进

在项目进展中不断检查前四个步骤以及决策的实施情况，包括各项计划以及工程保险合同的执行情况，以评价这些决策是否合理，并确定在条件变化时，是否提出不同的风险处理方案，以及检查是否有被遗漏的项目风险或者发现新的项目风险，以持续改进风险管理水平。

### (二)工程项目管理与风险管理

工程项目管理的任务就是利用组织措施、经济措施、技术措施和合同措施，围绕项目的三大目标——费用、进度和质量进行主动控制。但是，由于项目实施过程中充满了人们无法预测或控制的大量矛盾和风险，目标控制无法顺利进行。因此可以说，工程项目管理方法论的核心就是项目目标控制和风险管理。同时风险管理目标是项目总体目标的子目标，前者是实现后者的一种手段，而后者是前者的方向，目标控制和风险管理的关系可用图 8-4 表示。

### (三)工程项目风险管理的目标

工程项目风险管理最主要的目标是通过控制与处置风险，防止和减少损失，保障工

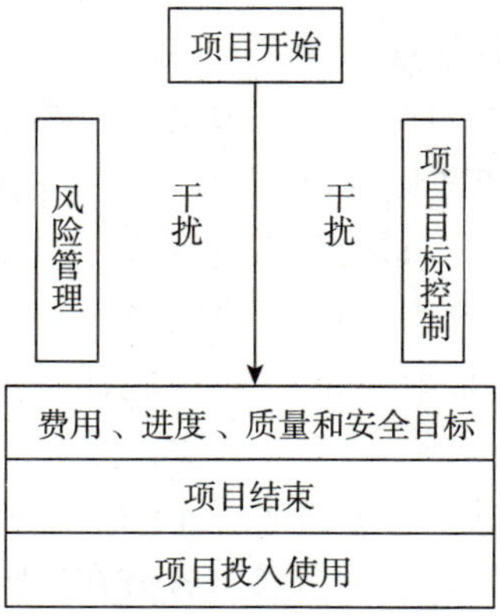


图 8-4　工程项目管理与风险管理

程项目的顺利进行。风险管理的目标通常被分为两部分，一部分是风险发生前的目标，另一部分则是风险发生后的目标。风险发生前的管理目标是避免或减少损失的发生；风险发生后的管理目标是尽可能减少风险造成的损失，尽快恢复到损失前的状态，两者构成了风险管理的完整目标。

1. 风险发生前的目标

1)以尽可能低的风险管理成本，获得最大的安全保障

风险管理者采用最经济的手段为可能发生的风险做好准备，运用最合适的、最佳的技术手段降低管理成本。具体来讲，风险管理者应在风险发生前，比较各种风险管理工具以及有关的安全计划，对保险和防损技术费用进行全面财务分析，从而以最合理的处置方式，把控制损失的费用降到最低限度，通过尽可能低的管理成本，达到最大的安全保障，取得控制风险的最佳效果。这一目标的实现依赖于风险管理人员对效益与费用支出的科学分析和对成本及费用支出的严格核算。本目标也是风险管理的经济目标。

2)减少忧虑心理

风险给人们还带来了精神上和心理上的紧张不安的情绪，这种心理上的忧虑和恐惧会严重影响劳动生产率，造成工作效率低下。风险发生前的另一重要管理目标之一就是要减少人们的这种焦虑情绪，提供一种心理上的安全感和有利于生产生活的宽松环境。

目前，我国公司在国际工程承包中遭遇了几起恐怖袭击事件，对员工的心理造成了一定的影响，而恰当的风险管理制度和方法，可以缓解员工的忧虑心理。

3)履行有关义务

国际承包商在工程所在国从事工程承包活动，必然要承担社会责任和义务，实施风险管理也不例外。风险管理必须满足工程所在国的法律法规和各项公共准则的要求，必须制订并全面实施防灾、防损、保护环境、员工安全保护等计划，尽可能地消除风险隐患，履行有关的义务，承担必要的责任。

2. 风险发生后的目标

1)降低损失，尽最大努力继续履行合同

风险发生后实施风险管理的目标是，采取恰当的措施以降低风险造成的损失。对非承包商承担的风险，考虑便于后期索赔和为避免采取的措施失当而产生合同争端，承包商应尽快通知工程师和业主，就应急措施达成一致意见。一般地，判断采取的措施是否恰当，主要是对所采取的措施产生的效果与不采取措施和采取其他措施产生的效果进行对比。对因承包商采取不恰当的措施而造成的损失，承包商须自己承担后果。

危害性的风险事件给项目各参与方带来了不同程度的损失，而实施风险管理则能够为恢复项目的正常实施提供条件，使项目参与各方在风险发生后迅速恢复正常运作。为达到这一目标，承包商必须在遭受损失后的最短时间内，尽快在全部或至少在部分范围内提供服务或恢复施工。

2)承担社会责任

一般来说，风险事件不仅影响了承包商，还会对项目各参与方产生不同程度的影响。但是道德责任观念和社会意识要求承包商使这类风险事件对各方人员产生的影响达到最小。因此，承包商应通过风险管理，防止由于风险而导致项目实施的中断或发生人身伤亡和财产损失，尽可能减轻承包商受损对其他人和整个社会的不利影响。

## 第二节 国际工程项目风险识别

风险识别是项目风险管理的首要步骤，是人们系统、连续地识别项目风险存在的过程。风险识别将确定项目风险之所在，对风险后果做出定性的估计，最终形成一份合理的项目风险清单。

### 一、项目风险识别的过程

只有识别出风险，才能对风险进行更有效的管理。风险识别的目的在于确认项目风险的存在及其性质、在何时可能以何种方式造成何种后果，从而分析和提出风险管理的对策。风险识别的任务是通过风险调查和分析，查找工程风险的风险源，并且找出风险因素转化为风险事故的转化条件。

在合同有效期内，风险识别是一个不断反复的过程。随着项目进展和外界环境的变化，新的风险可能会随时出现。

参加风险识别的人员通常包括项目经理、项目团队成员、项目团队之外的相关领域专家、其他的项目经理等。这些人员是风险识别过程的关键参与者，同时应鼓励所有项目人员参与风险识别。

风险识别是根据风险的来源等特征对风险及其影响因素进行统计和分类。风险识别过程通常分为以下五个步骤(图 8-5)。

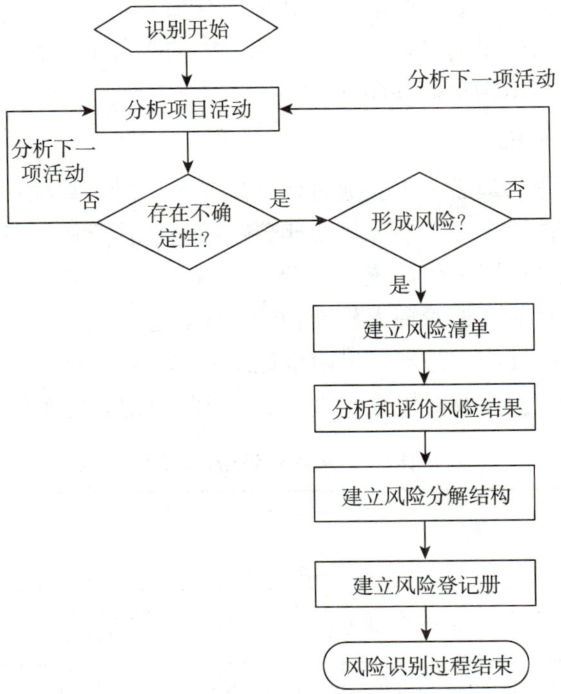


图 8-5　项目风险识别过程

（一）分析项目活动，识别不确定性因素

风险存在于所有项目活动中，因此可以通过分析项目活动，发现可能存在的不确定性因素。不确定性是指所发现和预测的因素是否具有存在性，发生的时间和造成的后果是否不可预测。存在不确定性因素，即意味着风险的存在。

有些因素是确定无疑，肯定会发生的，发生的后果和造成的影响也是可以预知的，这类因素不是风险管理要考虑的主要目标，因为承包商完全可以在其发生之前做好准备。

（二）建立风险清单

将识别出的风险列入项目风险清单。清单中应该列出所有的潜在风险，包括从准备投标到工程完成结束期间影响到工程项目各个方面的不确定性因素。这只是一个初步的风险清单，随着信息的增加，会对其做出更新。

（三）分析和评价风险结果

依据上一步建立的风险清单，分析和推测每一种风险发生的可能性（即发生概率）以及发生后可能导致的严重后果（损失量），包括财产的损失、人身伤害、费用的增加和工期的延误等方面。

（四）建立风险分解结构

依据风险清单和对每种风险分析的结果，对风险进行分类，建立国际工程风险分解结构（risk breakdown structure，RBS）。风险的分类既能加深对风险的认识和理解，又能通过分类辨清风险的性质。分类的方法和标准有很多，各个承包商可以依据惯例和自己以往的经验和具体情况采取合适的方法，在分类时要注意风险之间彼此的相互关系。国际工程承包风险分解结构示例如图 8-1 所示。

### （五）建立风险登记册

这是风险识别过程的最后一步。通过建立风险登记册，将项目可能面临的风险汇总并排列出轻重缓急，能给人一种总体风险印象。而且能让全体项目管理人员意识到良好的风险管理需要大家的协同工作，统一行动，使每个人不仅考虑自己所面临的风险，而且能自觉地意识到项目的其他管理人员面临的风险，还能预感到项目中各种风险之间的联系和可能发生的连锁反应。当然，风险登记册并非一成不变，风险管理人员也应随着信息的变化和风险的演变而及时更新。表 8-2 为风险登记册的实例。

**表 8-2 风险登记册(样表)**

RISK REGISTER(风险登记册)
Project Name(项目名称)：
Project Manager(项目经理)：

| Summary(概要) | | | | Description(描述) | | | | | Preventative Actions (预防行动) | | | Contingency Actions (应急行动) | | |
|---|---|---|---|---|---|---|---|---|---|---|---|---|---|---|
| ID | Date Raised | Raised By | Received By | Description of Risk | Description of Impact | Likelihood Rating | Impact Rating | Priority Rating | Preventative Actions | Action Resource | Action Date | Contingency Actions | Action Resource | Action Date |
| 编号 | 提出日期 | 提出人 | 接收风险表人 | 风险描述 | 影响描述 | 发生的可能性 | 影响 | 优先性 | 预防行动 | 行动资源 | 行动日期 | 应急行动 | 行动资源 | 行动日期 |
| | | | | | | | | | | | | | | |
| | | | | | | | | | | | | | | |
| | | | | | | | | | | | | | | |
| | | | | | | | | | | | | | | |
| | | | | | | | | | | | | | | |
| | | | | | | | | | | | | | | |
| | | | | | | | | | | | | | | |
| | | | | | | | | | | | | | | |
| | | | | | | | | | | | | | | |

资料来源：本表取自 http://www.method123.com/

## 二、风险识别的依据

### （一）历史数据

我们知道，导致工程项目风险的因素有很多，在项目建设各阶段都有可能发生。那么，是否我们对初始风险清单所列出的每一阶段的风险都要付出很大努力去控制呢？答案既是肯定的，又是否定的：

(1)只要意识到项目风险的存在，就必须采取正确的对策。

(2)从管理的观点看，应该集中力量管理重要的项目风险。

例如，我们从工程建设的经验可以得知，减少风险的关键在前期工作，即项目决策和设计阶段。因此这两个阶段的风险便被视为重要的项目风险，需要细致地进行分析。

同样的，根据建筑质量的统计表，我们可以了解到设计阶段和施工阶段的质量风险最大。

### (二)招标文件

招标文件的内容阐述了该项目(合同工程)的大量信息，包括招标人与投标人间的责任、权利与义务，是识别项目(合同工程)风险的主要依据之一。

### (三)项目信息

每一个工程项目都有其各自的特点，不可能两个项目有完全一致的风险。因此，在风险识别过程中，花费人力、物力、财力通过风险调查获得项目信息是必不可少的，也是非常重要的一项工作。

项目信息通常包括：

(1)项目技术特点。例如，项目本身所采用的技术，特别是四新技术(新技术、新工艺、新设备、新材料)；组织项目实施和参与项目实施人员的数量、技术素质、能力和经验；项目实施的技术方案和方法；项目实施的硬件技术，包括施工设备、建筑材料和机电设备的质量；等等。

(2)项目组织特点。例如，业主的组织管理模式；外部机构联系(包括项目领导机构、为项目提供资金的机构以及参与项目建设的有关机构)；等等。

(3)项目的自然环境特点。例如，水文气象资料；工程地质条件；项目实施过程对邻近环境的影响；邻近环境对项目实施的影响；等等。

(4)项目经济环境。例如，资金来源和附加条件；经济政策的变化可能对项目实施的影响；相关市场的变化可能对项目实施的影响；融资途径；贷款方条件；等等。

(5)承包合同。例如，合同类型(施工合同、DB合同、EPC合同等)；合同计价方式(单价、总价或成本补偿合同)；合同关于双方权利、责任和义务的约定；等等。

## 三、风险识别的方法

从风险管理的角度看，任何一种风险识别的方法或途径都不是没有弱点的，或万无一失的，几乎不可能单纯地通过某一种方法识别出广泛存在的项目风险。管理策略必须是利用最适合工程项目具体情况的那种方法或者是几种方法的组合。方法的选择取决于工程项目的性质、规模和风险管理人员所掌握的风险分析技术等因素。

### (一)风险识别的原则

在风险识别过程中应遵循以下原则：

(1)由粗及细再由细及粗。由粗及细是指通过建立风险分解结构，从上到下，获得对项目风险的广泛认识，得到项目风险清单。由细及粗是指从初始风险清单的众多项目风险中，根据同类工程项目的经验以及风险调查，确定那些对项目目标实现有较大影响的项目风险，抓主要矛盾。

(2)先怀疑，后排除。对于所遇到的问题都要考虑其是否存在不确定性，再通过分析，进行确认与排除。

(3)排除与确认并重。

(4)对于上述步骤难以判定项目风险的存在以及对项目目标影响程度的，可做实验论证，如风洞实验等。

(二)风险识别方法

1. 现场考察

国际工程招投标过程中，招标人均会陪同投标人考察现场，通过对现场内外环境、工程地表条件(必要时可进行一些投入不大的现场工程地质勘察)等的实地考察，投标人可以发现现场不利条件可能导致的风险。

在进行现场考察前，应编制现场考察事项清单。

2. 文件审查法

对工程项目文件(包括计划、假设、先前的项目文档和其他信息)进行系统和结构性的审查。项目计划质量、所有计划之间的一致性及其与项目需求和假设条件的符合程度，均可表现为工程项目中的风险指示器。

3. 检核表法

人们在自身先前的工程项目管理中，或者是其他人在类似工程项目的实践中，对工程项目中可能出现的风险因素，或者成功的经验和失败的教训经常会有一些归纳、总结。在进行风险识别时，就可根据历史资料、以往类似项目所积累的知识以及其他信息来源着手制定风险检核表，并结合当前工程项目的建设环境、建设特性、建设管理现状等和检核表作比较，分析可能出现的风险。这种风险识别过程迅速简便，但不可能包含所有的风险。所以，应对检核表上未列出的事项加以关注和探讨。在项目收尾过程中，应对风险检核表进行审查、改进，以便将来的项目使用。

4. 信息搜集法

风险识别中所采用的信息搜集的方法包括：

(1)头脑风暴法。头脑风暴法的目的是取得一份综合的风险清单，其应用方式是召集由项目团队成员参加的会议，会议通常由项目负责人主持，也可邀请不同学科专家来参与。在主持人的推动下，与会人员就项目的风险集思广益。根据已经获得的项目资料，参会人员可以自由发表见解，从中识别项目风险。

(2)德尔菲法。项目风险管理专家以匿名方式参与此项活动。主持人用问卷征询有关重要项目风险的分解，问卷的答案交回并汇总后在专家中传阅，请他们进一步发表意见。此过程进行若干轮后，就可得出关于主要项目风险的一致看法。这种风险识别的方法有助于减少经验数据中的偏倚，并能防止任何个人对结果不适当地产生过大的影响。

(3)SWOT 分析(strength，weakness，opportunity，threat，SWOT)。根据项目所

处自然和社会环境，从多个角度对项目进行审议，扩大风险考虑的广度。选取某一时点，对项目存在的内外风险进行扫描，然后进行优势、劣势、机会和威胁的分析。其中，劣势和威胁是项目风险的基本来源。

(4)图解技术法。图解技术法包括因果图和流程图。因果图也叫鱼骨图，能直观显示出各种因素如何与各种潜在问题或结果联系起来，用于识别风险的成因，如图 8-6 所示。流程图显示工程项目作为一个系统整体，各要素之间如何相互联系及其因果传导机制，图 8-7 为用于识别国际工程项目风险辨识的流程图。

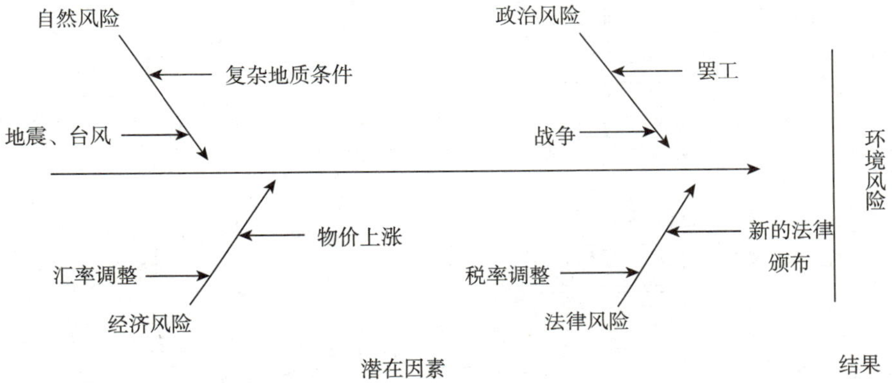


图 8-6 国际工程项目环境风险的因果分析图

## 第三节 国际工程项目风险分析与评价

系统地识别项目风险只是风险管理的第一步，接下来必须对风险做进一步分析，定性地确定项目风险的概率大小或分布、项目风险对项目目标影响的潜在严重程度(潜在损失值)，以对已识别风险进行优先排序。而风险评价，可以定量地确定对各风险事件的共同作用、风险事件发生概率和引起损失的综合后果以及各风险事件对项目实施的影响和工程项目主体能否接受这些风险，并据此做出相应的风险决策。

项目风险分析和评价的结论有如下作用：

(1)是项目决策的重要依据。项目建设的经验证明，最大的失误是决策的失误。而决策失误的主要原因之一就是决策者忽略了或无法预测项目建设过程中项目风险的存在及其可能后果，从而有可能因实际情况与预测情况差异很大而导致项目失败。

(2)是项目实施阶段风险管理对策选择的重要依据。风险管理人员将根据项目风险分析和评价的结果，对可能采取的对策进行规划并决策。

### 一、风险分析与评价过程

风险分析和评价过程，在系统地识别项目风险和合理地做出风险管理决策之间起着重要的桥梁作用。因此，风险分析和评价过程可被定义为：“一个将项目风险的不确定性量化，用概率来评价风险潜在影响的过程。”图 8-8 概括了这一过程。

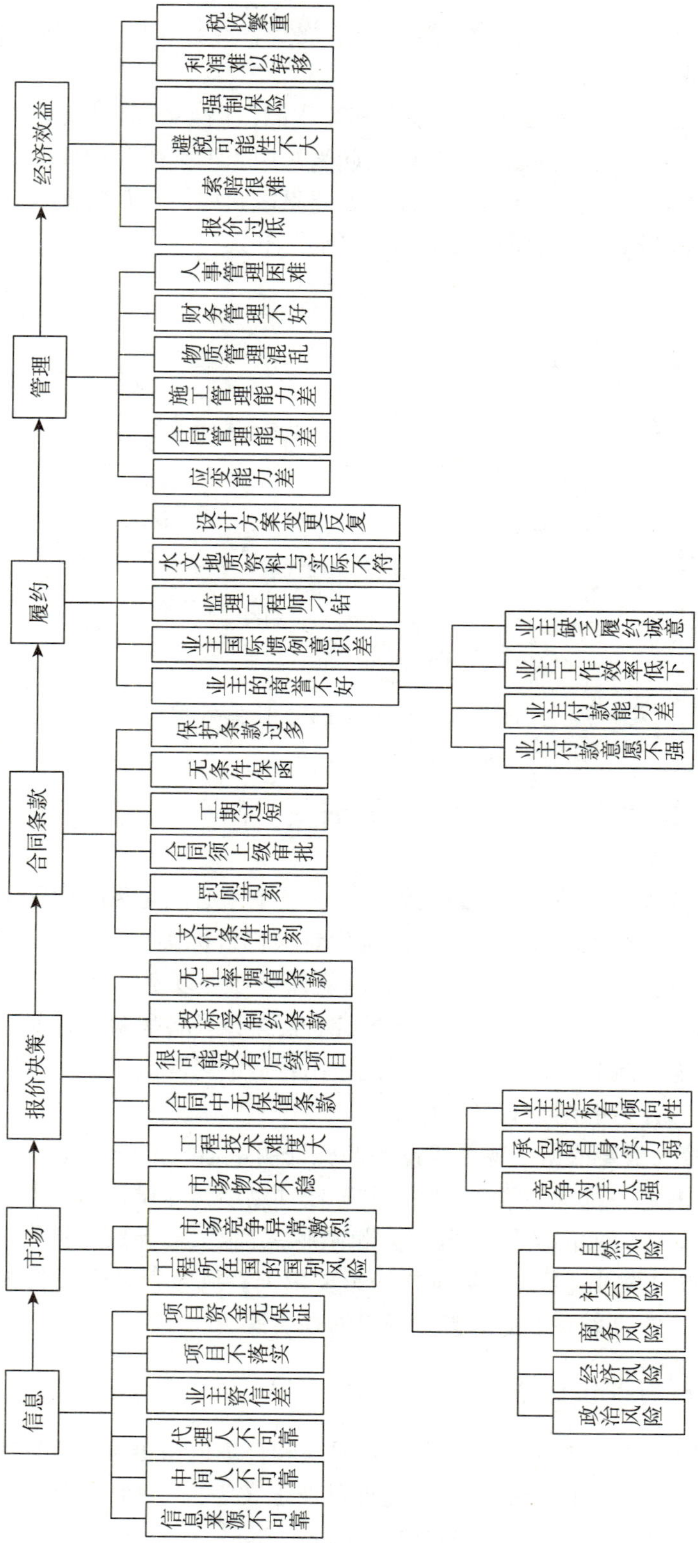


图8-7 国际承包工程风险辨识图

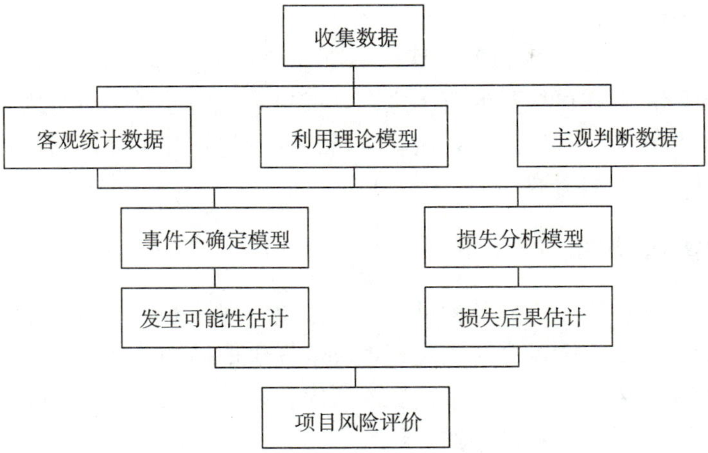


图 8-8　工程项目风险分析和评价过程

### (一)收集数据

收集与风险事件相关的数据和资料的渠道包括：过去类似工程项目的经验总结或记录以及气象、水文、建设市场、社会经济发展的历史资料。随着工程的进展也会产生大量的数据和资料，所搜集的数据和资料要求客观、真实，最好具有可统计性。由于工程项目的一次性和固定性等特点，可供使用的历史数据资料有可能不完备，这时可采用专家调查等方法获得具有经验性的主观评价资料。

### (二)建立风险模型

以取得的有关风险事件的数据资料为基础，对风险事件发生的可能性和可能的结果给出明确的量化描述，即风险模型。模型分为风险概率模型和损失模型，分别用以描述不确定性因素与风险事件发生概率的关系，以及不确定因素与可能损失的关系。

### (三)风险发生的概率与影响评估

风险模型建立后，就可用适当的方法去估计每一风险事件发生的概率和可能造成的影响(即后果)。通常用概率来表示风险事件发生的可能性，用费用损失或工期损失来表示可能造成的影响。

### (四)确定项目风险评价标准

工程项目风险评价标准就是工程项目主体针对不同的项目风险确定的可以接受的风险率。一般而言，对单个风险事件和工程项目整体风险均要确定评价标准，分别称其为单个评价标准和整体评价标准。

### (五)确定项目风险水平

风险水平包括单个风险水平和整体风险水平。工程项目整体风险水平是综合了所有风险事件之后确定的，整体风险水平的确定方法要和整体评价标准确定的原则和方法相适应。

（六）综合比较

将工程项目单个风险水平和单个评价标准、整体风险水平和整体评价标准进行比较，进而确定风险是否在可接受的范围之内，或应采取何种风险应对措施。

需要注意的是，在工程实践中，风险分析与评价过程和风险识别过程并不是截然分开的，划分只是逻辑上的需要。

## 二、风险衡量原则

在识别了工程项目所面临的各种风险后，风险管理人员必须对项目风险进行衡量，以便确定它们的相对重要性，并为风险管理决策提供依据。

对于每一种项目风险，风险衡量包括两项内容：

(1)项目风险出现的概率或损失的概率。

(2)若项目风险发生而导致的潜在损失量或损失的严重性。

风险衡量需要同时确定项目风险的概率和损失量，目的是为了评价项目风险量的大小，即项目风险的相对重要性。

## 三、风险概率的衡量

风险分析过程中，衡量项目风险概率有两种方法，即相对比较法和概率分布法。

（一）相对比较法

相对比较法由美国风险管理专家 Richard Prouty 提出。这时风险概率被定义为一种风险事件最可能发生的概率，其表示如下：

(1)“几乎是 0”。这种风险事件可认为不会发生。

(2)“很小的”。这种风险事件虽有可能发生，但现在没有发生并且将来发生的可能性也不大。

(3)“中等的”。这种风险事件偶尔会发生，并且能预期将来有时会发生。

(4)“一定的”。这种风险事件一直在有规律地发生，并且能够预期将来也是有规律地发生。

项目风险的发生常表现为几种风险事件及几种损失类型的组合，能够顾及的概率种类极其繁多，但是一般选择的是对决策有用的。

相对应地，项目风险导致的损失大小也可相对划分成重大损失、中等损失和轻度损失，从而在风险坐标上对项目风险定位，反映出风险量的大小。

（二）概率分布法

与相对比较法相比，概率分布法更有可能较为全面地衡量项目风险。损失量的概率分布，能使人们正确地理解常见风险的衡量，尤其有助于确定在一定情况下哪种风险对策或对策组合最佳。

但在建立概率分布时，通常缺乏所需的有关项目风险数据，这使得概率分布分析只适用于一般有充分数据或经验积累的项目风险的衡量。

理论概率分布也是风险衡量中被大量采用的一种估计方法。即根据项目风险的性质分析大量的统计数据，当损失值符合一定的理论概率分布或与其近似吻合时，可由特定的几个参数来确定损失值的概率分布。常用的概率分布有均匀分布、正态分布、对数正态分布、贝塔分布以及三角分布等。

## 四、损失的衡量

项目风险导致的损失，就是风险一旦发生将会对项目目标实现造成的影响，包括如下四个方面：

(1)费用超支。费用超支反映为项目费用各组成部分的超支，如价格上涨引起材料费超出计划值等。

(2)进度延期。过度延期反映在各阶段工作的延误或总体进度的延误上，如因恶劣的气候导致施工的中断等。

(3)质量事故。质量事故是指工程质量不符合合同规定的质量标准或设计要求，造成经济损失或延误工期，可细分为未遂事故和已遂事故两种。

(4)安全事故。安全事故是指工程建设活动中，由于操作者的失误、操作对象的缺陷以及环境因素等相互作用所导致的人身伤亡、财产损失和第三者责任等。

从以上四种损失的分类可以看出，它们分属于不同的性质，如费用超支可以用货币来衡量，而进度的拖延则属于时间范畴，质量事故和安全事故既牵涉到经济影响又可能导致工期的延误，显得更加复杂。但是进一步分析可知，这四种损失在本质上可归纳为经济损失和责任。

仅仅了解项目风险会导致哪一种损失和责任是不够的，风险管理人员必须对项目风险进行量化，即确定潜在损失值的大小。因此，损失值被定义为：项目风险导致的各种损失发生后为恢复项目正常进程所需最大费用支出。这项定义使得项目风险定量有了一个统一的衡量尺度。

### (一)费用风险

费用风险导致的损失可以直接用货币形式来表现，即价格、汇率和利率等的变化或资金使用安排不当等风险事件引起的实际费用超出计划费用的那一部分就是损失值的大小。

### (二)进度风险

进度风险导致的损失由以下部分组成：

(1)货币的时间价值。进度风险的发生可能会对现金流动造成影响，在利率的作用下，引起经济损失。

(2)为赶上计划进度所需的额外费用。其包括加班的人工费、机械使用费和管理费等一切因追赶进度所发生的非计划费用。

### (三)质量风险

质量风险导致的损失包括事故引起的直接经济损失，以及修复和补救等措施发生的费用以及第三者责任损失等，可分为以下几个方面：

(1)建筑物、构筑物或其他结构倒塌所造成的直接经济损失。

(2)复位纠偏、加固补强等补救措施的费用。

(3)返工损失。

(4)造成的工期拖延的损失。

(5)永久性缺陷对于项目使用造成的损失。

(6)第三者责任的损失。

(四)安全风险

安全风险导致的损失包括：

(1)受伤人员的医疗费用和补偿费。

(2)财产损失，包括材料、设备等财产的损毁或被盗。

(3)因引起工期延误而带来的损失。

(4)为恢复项目正常实施所发生的费用。

(5)第三者责任损失。

在此，第三者责任损失为项目实施期间，因意外事故可能导致的第三者的人身伤亡和财产损失所作的经济赔偿以及必须承担的法律责任。

但是，在项目实施过程中，风险事件的发生往往会同时导致一系列损失。例如，地基的坍塌引起塔吊的坍塌，并进一步造成人员伤亡和建筑物的损坏，以及施工被迫停止等。这一地基坍塌事故影响了项目所有的目标——费用、进度、质量和安全，但其最终损失的大小还是以货币形式来衡量，反映为费用风险。

## 五、风险评价

在风险衡量过程中，项目风险被量化为关于风险频率和损失严重性的函数，但在选择对策之前，还需要对项目风险量做出相对比较，以确定项目风险的相对严重性，即风险评价。

风险评价最简单的方法是在所有项目风险中找出最严重者，将其和评价标准相比较，若高于评价标准则拒绝该风险，即放弃该项目或项目方案；若低于其评价标准，则接受该风险，即实施该项目或项目方案。这种方法忽略了时间的因素和事物发展变化的规律，在一定程度上否定了风险管理的必要性。对此种方法进行改进后的工程项目风险评价方法有综合评价法、层次分析法、模糊评价法、等风险图法等。

(一)综合评价法

综合评价法也称主观评分法，这种方法分三步进行：首先，识别和评价对象相关的风险因素、风险事件或发生风险的环节，列出风险调查表；其次，请有经验的专家对可能出现的风险因素或风险事件的重要性进行评价；最后，综合得出整体的风险水平。

(二)层次分析法

层次分析法是定性分析和定量分析相结合的评价方法。评价者将复杂的风险问题分解为若干层次和若干要素，并在同一层次的各要素之间简单地进行比较、判断和计算，得到不同方案的风险水平，从而为方案的选择提供决策依据。层次分析法可细化工程项目风险评价因素体系和权重体系，使其更为合理；对方案评价，采用两两比较法，可提高评价的准确程度；对结果的分析处理，可以对评判结果的逻辑性、合理性进行辨别和筛选。层次分析法风险评价模型如图 8-9 所示。

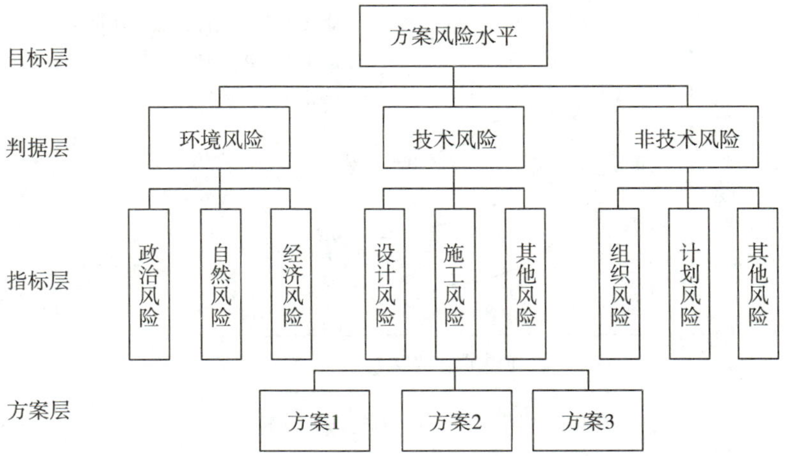


图 8-9　层次分析法风险评价模型

（三）模糊评价法

模糊评价法是利用模糊集理论评价工程项目风险的一种方法。工程项目风险很大一部分难以用完全定量的精确数据加以描述，这种不能定量的或精确的特性就是模糊性。例如，工程项目风险评价中，常用“风险大”或“风险小”等词汇来描述。这种描述没有给出具体的风险率和可能的损失，但使得人们对该工程项目风险状况有了基本了解，并可考虑适当的风险应对措施。为了能定量地描述风险的模糊性，可引入隶属度的概念，用 $A$ 表示隶属度。例如，某工程项目风险的隶属度 $A=(1/90\%，0.5/60\%，0.2/30\%，0/5\%)$ 表示风险率 90％者为高风险，风险率 60％者为高风险的程度仅是 0.5 等，依次类推。

（四）等风险图法

工程项目风险的大小不仅和风险事件发生的概率有关，而且还与风险损失的多少有关。如本章第一节所述，项目风险量大小 $R$ 为其出现概率 $p$ 和潜在的损失量 $q$ 的函数：$R=f(p，q)$。

风险量函数具有以下性质：

（1）风险量 $R$ 的大小基本取决于潜在损失的严重性。一种有巨大灾害可能性的潜在损失，虽不经常发生，但远比那种预期经常发生小灾而无大灾的潜在损失严重得多。

（2）如果两种损失具有同样的严重性，则其频率较大的那种损失风险量更大；同时，具有一定严重性的损失的风险量更大。

（3）项目风险频率与损失量的乘积就是损失的期望值，即风险量大小是关于损失期望值的增函数。

在风险坐标中可得等风险量曲线的大致形状，如图 8-10 所示。

风险管理理论中，函数 $f$ 常表示为

$$R=f(p，q)=p\cdot q$$

或

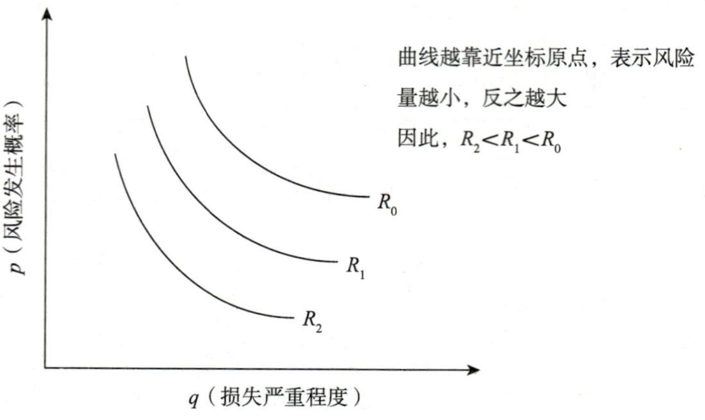


图 8-10　等风险量曲线图

$$R=\sum p_i \cdot q_i$$

式中，$i=1$，…，$n$ 表示项目风险发生后导致的 $n$ 种损失情况。

从等风险量曲线(图 8-10)可以看出，在风险坐标图上，离原点位置越近则风险量越小。据此，可将风险坐标划分成如表 8-3 第 3 列所示的九个区域，以描述风险量的等级。这样，风险量的大小就分为五个等级：①VL(很小)；②L(小)；③M(中等)；④H(大)；⑤VH(很大)。

**表 8-3　风险量等级表**

| $p$(风险概率) | $q$(损失严重性) | $R$(风险量) | 等级 |
|---|---|---|---|
| L(很小) | L(轻度损失) | 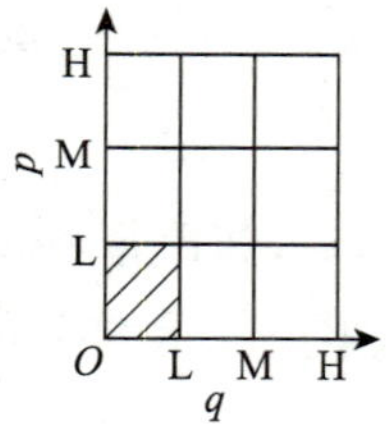 | VL |
| M(中等) | L(轻度损失) | 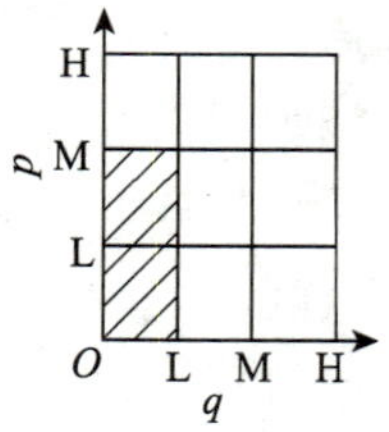 | L |
| H(大) | L(轻度损失) | 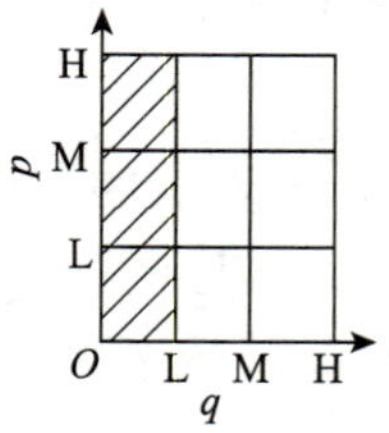 | M |

续表

| $p$(风险概率) | $q$(损失严重性) | $R$(风险量) | 等级 |
|---|---|---|---|
| L(很小) | M(中度损失) | 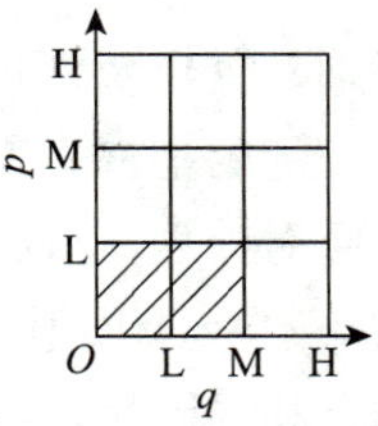 | L |
| M(中等) | M(中度损失) | 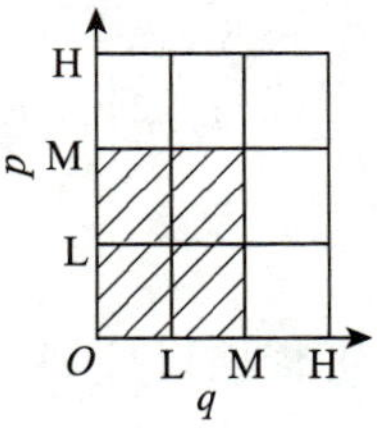 | M |
| H(大) | M(中度损失) | 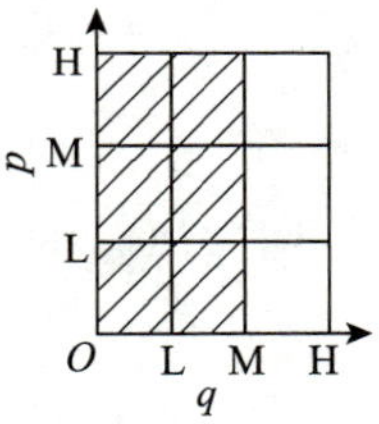 | H |
| L(很小) | H(重大损失) | 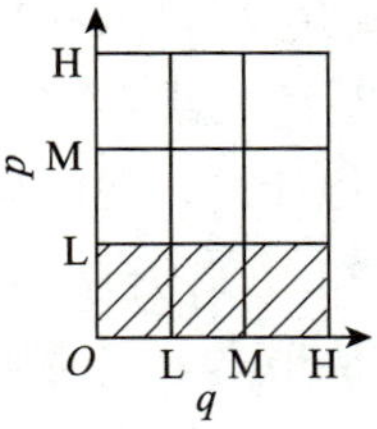 | M |
| M(中等) | H(重大损失) | 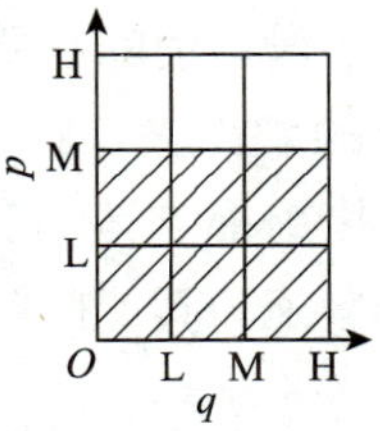 | H |
| H(大) | H(重大损失) | 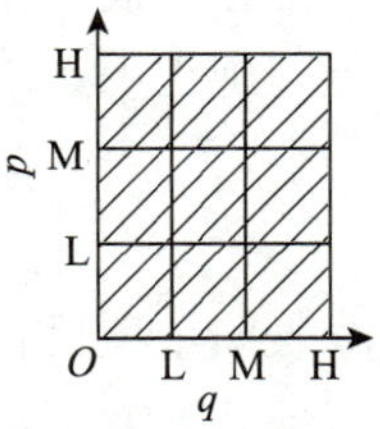 | VL |

## 第四节 国际工程项目风险应对决策

通过工程项目风险的识别、分析及评价，风险管理人员应该对工程项目存在的种种风险和潜在损失等方面有了一定的把握，需要在此基础上，对工程项目风险进行规划和决策，编制合理可行的风险应对计划，选择行之有效的风险应对策略。

项目风险管理的基本对策有风险回避、风险减轻、风险转移、风险自留和风险利用。这几种对策有不同的优点和局限性，在进行对策选择时，选择的常常不只是一种对策，而是几种对策的组合。对于某一工程项目风险，可能有多种应对决策或措施；同一种类的风险问题，不同的工程项目主体采用的风险应对决策或措施可能是不一样的。

### 一、风险回避

风险回避是指通过改变工程项目计划，以消除风险或消除风险产生的条件，或者保护工程项目目标不受风险影响。从风险管理的角度看，风险回避是一种最彻底消除风险影响的方法。

#### (一)风险回避方法

在工程项目风险管理中，回避风险的具体方法有终止法、工程法、程序法和教育法等。

1. 终止法

终止法是通过终止(或放弃)项目或项目计划的实施来避免风险的一种方法。例如，某工程项目经过可行性分析后，发现在实施该项目后会面临较大的经济风险，此时立即停止该项目的实施，放弃项目计划，就可从根本上避免更大的风险损失。或者，当投标人分析了某工程的招标文件和面临的投标竞争对手后，认为其不中标的可能性较大，因而放弃该工程的投标，这也从根本上回避了投标损失风险。

2. 工程法

工程法是以工程技术为手段，消除物质性风险的威胁。用工程法回避风险有多种措施，如消除已经存在的风险触发因素，将风险因素同人、财、物在时间和空间上隔离等。工程法所采用的每一种措施都与具体工程设施相关，因此成本较高；任何工程措施都有其局限性，故应将工程措施和其他措施相结合，达到最佳回避风险的效果。

3. 程序法

程序法要求用标准化、制度化、规范化的方式从事工程项目活动，以避免可能引发的风险或不必要的损失。在工程施工中，应严格按照规定的作业顺序施工，而不能随意安排，以避免风险的发生。

4. 教育法

工程项目风险管理的实践表明，项目管理人员和操作人员的行为不当是引起风险的重要因素之一。对项目人员广泛开展教育，提高其风险意识，也是避免工程项目风险的有效途径之一。

（二）风险回避对策的特点

风险回避对策是一种常用的风险处理方法，但在使用时应考虑其以下特点：

(1)回避也许是不可能的。项目风险定义得越广，回避就越不可能。因为工程项目建设几乎每一个活动都存在大小不一的风险，过多地回避风险就等于不采取行动，而这可能是最大的风险所在。

(2)回避失去了从中获益的可能性。例如，在国际工程中，因为对外汇市场不太了解，为避免承担由此带来的经济风险，决策者可能选择本国货币为结算方式，从而也可能失去从汇率变化中获益的可能。

(3)回避一种项目风险，有可能产生新的项目风险。例如，当发现工期目标不能实现时，调整关键路线作业或增加关键路线作业施工强度，可回避工期拖延的风险；但同时，资源供应风险和成本风险可能就随之而生。

风险回避对策经常作为一种规定出现，如禁止使用对人体有害的建筑材料等。因此，为了实施风险回避政策，风险管理人员在确定产生项目风险的所有活动后，才有可能制定一些禁止性的规章制度。

## 二、风险减轻

风险减轻是指设法把不利的风险事件的概率或后果降低到一个可接受的临界值。提前采取行动降低风险发生的概率或者减少其对项目所造成的影响，比在风险发生后进行补救要有效得多。如果不可能降低风险发生的概率，则应制订预案，事先确定恰当的应对措施，设法减轻风险造成的影响。

风险减轻既不是消除风险，也不是避免风险，而是减轻风险，包括减少风险发生的概率或控制风险的损失。但与风险回避不同，风险减轻是以处理项目风险本身为对象而不是设立某种基金来应对风险；风险回避则偏重于一种消极的放弃和中止，而采用风险减轻对策可能会收到更好的技术经济效果。

风险减轻的措施主要包括降低风险发生的可能性、控制风险损失等。

（一）降低风险发生的可能性

采取各种预防措施以降低风险发生的可能性是风险减轻的重要途径。例如，生产管理人员通过加强安全教育和强化安全措施，以减少事故发生的机会；承包商通过提高质量控制标准和加强质量控制，以防止工程质量不合格以及由质量事故而引起的工程返工或罚款。

（二）控制风险损失

损失的发生是由多种风险因素在一定条件下相互作用而导致的。控制风险损失是指在风险损失不可避免地要发生的情况下，通过各种措施以遏制损失继续扩大或限制其扩展的范围。

控制风险损失的第一步，是对项目的有关内容进行审查，包括项目的总体规划、设计和施工计划、相关的工程技术规格、工程现场内外的布置，以及项目的特点等，以识别潜在的损失点并提出预防或减少损失的措施，从而制订一系列明确的指导性计划，以指导人们如何避免损失的发生，在损失发生后如何控制损失程度，并及时恢复施工或运营。

控制风险损失的内容包括：制订一个完善的安全计划；评估及监控有关系统及安全装置；重复检查工程减少计划；制订灾难计划；制订应急计划；等等。安全计划、灾难计划和应急计划是风险控制计划中的关键组成部分。安全计划的目的在于有针对性地预防损失的发生，灾难计划则为人们提供处理各种紧急事件的程序，而应急计划则说明在事故发生后，如何以最小的代价使施工或运营恢复正常。

因此，控制风险损失就是通过这一系列控制计划的实施，将项目风险发生的可能性及其后果对目标的影响尽可能降低到最小。

## 三、风险转移

风险转移是指设法将风险造成的不利后果转移到第三方身上。风险转移只是将风险管理责任推给其他方，并不能消除风险。

风险转移是工程项目风险管理中非常重要而且广泛应用的一项对策，转移的方式也有多种多样，主要分为非保险转移和工程保险转移两种形式。

### （一）非保险转移

#### 1. 分包转移

承包商在遇到一些特殊的有较大风险的工程时，一般会将其分包出去，从而将风险转移给分包商。通过分包，与分包工程相关的风险就由分包商来承担。但是对于承包商而言，具有风险的施工内容对分包商来说不一定存在风险，可能还存在机会。例如，承包商对某一部分子项目的施工并不擅长，在技术和施工设备上均有一定的问题，那么由自己来完成这部分工程内容，在施工质量和施工成本方面都存在一定风险。因此，在业主同意的情况下，承包商将这部分工程分包给经验丰富的专业分包商，对该承包商而言，避免了可能的质量和成本的风险；对该专业分包商而言，利用自身技术和经验的优势，不但可以保证工程质量，还可以有盈利。

#### 2. 联营承包

联营承包是指两个以上的承包商以联营方式承担国际工程的建设。联营承包在国际工程承包中非常多见。联营承包可以充分利用联营各方的优势，同时可以通过签订联营体协议，将一些项目风险转移给合作伙伴。

#### 3. 工程担保

在工程项目招标或履行合同过程中，为解决承包商的诚实信用问题，减少来自承包商的风险，业主一般会采用担保措施。常见的担保有投标过程中的投标担保、开工前的预付款担保、履行合同中要求的履约担保、缺陷责任期中的维修担保等。

#### 4. 合同转移

合同转移是指通过签订合同的方式，将具体风险的责任转嫁给其他方。其具体做法有采用对自身有利的计价方式、采用对自身有利的合同条款等。

在多数情况下，使用成本加酬金合同可以将费用风险转嫁给买方(即业主)；如果项目的设计较稳定，可以用固定总价合同将风险转嫁给卖方(即承包商)。

同样，还可以通过具体合同条款的约定，将责任明确划分，从而转移风险。例如，业主在施工合同条件中规定，基础单价在施工期间不允许调整。这样，业主就利用合同条件的约定将物价上涨的风险转移给了承包商。

各种非保险转移方式可以归纳为两类，即改变风险量的风险转移方式和风险量不变的风险转移方式。改变风险量的风险转移方式如分包、联营体投标等，对原主体来说是风险的事件由另一主体承担时就不一定是风险事件，或风险量有大幅度的降低。风险量不变的风险转移方式如利用担保、采用适当合同计价形式以及对自身有利合同条款等，风险量并没有发生变化，只是风险承担的主体发生了改变。

总的来说，通过合同转移工程项目风险，业主要比承包商处于更有利的地位。

### (二)工程保险转移

保险是迄今采用最普遍、也是最有效的风险管理手段之一。工程保险是指业主、承包商或其他被保险人通过投保工程保险的方式将风险进行转移。工程保险的目的在于把工程实施过程中可能发生的大部分风险作为保险对象，转移给有能力承担此类风险的保险机构。这种风险转移的方式是有偿的，投保者将向提供这种保险服务的保险机构支付一笔工程保险费。但由于提高了损失控制率，以及损失发生后能得到及时的补偿，因此项目实施能不中断地、稳定地进行，从而最终保证了项目的进度和质量，降低了总的工程费用。

#### 1. 工程保险种类

按照保险的法律性质，与工程建设有关的保险通常可分为强制保险和自愿保险两大类。一般而言，强制保险的保险费最终是由业主来承担，而自愿保险的保险费则应由投保人来承担。下面是国际承包工程中的强制保险分类。

1)建筑工程一切险

建筑工程一切险承保的范围包括施工期间工程本身、施工机械、建筑设备所遭受的损失以及因施工而造成的第三者人身财产伤害。

建筑工程一切险适用于所有的工业和民用工程，承保范围包括各种自然灾害和意外事故，但因被保险人违章建造或故意破坏造成的损失，因设计错误或战争原因造成的损失以及在保险单中规定应由被保险人自行承担的免赔额等均属于除外责任。

建筑工程一切险的被保险人可包括业主或工程所有人、承包商、分包商、业主或工程所有人聘用的监理工程师以及与工程有密切关系的单位或个人，如贷款银行或投资人等。

2)安装工程一切险

安装工程一切险承保的范围包括安装工程的机械、设备以及为安装工程所使用的承包商的机械设备等在安装过程中因自然灾害和意外事故所造成的损失，包括物质损失、费用损失以及第三者损害的赔偿责任。

安装工程一切险的被保险人可包括业主或工程所有人、制造商或供应商、咨询监理公司、安装工程的信贷机构、待安装构件的买主等。

3)雇主责任险

雇主责任险是指被保险人(业主或承包商)所雇用的员工在受雇过程中从事与保险单所载明的与被保险人业务有关的工作而遭受意外或患与业务有关的法律规定的职业性疾病，所致伤、残或死亡，被保险人根据适用法律及劳动合同应承担的医药费用及经济赔偿责任，包括应支出的诉讼费用，由保险人在规定的赔偿限额内负责赔偿的一种保险。

4)职业责任险

职业责任险是承保各种专业技术人员因工作疏忽或过失造成第三者损害的赔偿责任保险。职业责任保险通常分为两大类：一类适用于被保险人的工作直接涉及人体；另一类适用于被保险人的工作与人体没有直接关系。国际工程中，建筑师、各种专业工程师、咨询工程师等专业人士均要购买职业责任险，由于设计错误、工作疏忽、监督失误等原因给业主或承包商造成的损失，保险公司将负责进行赔偿。责任保险只承担相应的经济赔偿责任，至于由此产生的其他法律责任，责任保险则不予承保。

5)机动车辆险

机动车辆险的保险责任包括自然灾害或意外事故造成的投保车辆的损害，除此之外还包括第三者责任。

2. 工程保险类型的选择与其他对策

不是所有的工程项目风险都可以成为保险的对象。工程项目风险仅当其属于可保风险时，才能采用保险来应对。虽属可保风险，工程项目主体也不一定采用保险方式来应对，还可以采用其他方式。所以，工程保险并不单纯只是风险的转移，在实施过程中总是与风险控制和风险保留等对策有着密切的关系。

对于不可保风险，必须采用风险回避或风险减轻的控制措施。对于可保风险，应通过风险控制措施改变风险的性质，达到降低风险量的目的，从而改善工程保险条件，节省保险费。

对于可保风险，保险合同实施后，保险人也会根据在长期经营中掌握的项目风险发生的原因和规律，经常对所保风险进行跟踪分析，并拟订损失控制计划，帮助投保人增添防灾设施，进行安全检查等，提供相关风险控制措施，以减少所保项目风险发生的频率或减少风险发生后对项目造成的损失。

表 8-4 给出了 FIDIC 土木工程施工合同条件中所列风险及保险应用情况。

**表 8-4 FIDIC 土木工程合同条件所列风险及保险应用情况表**

| 风险类型 | 投保主体 | | |
|---|---|---|---|
| | 业主 | 工程师 | 承包商 |
| 1. 工程的重要损失或破坏 | | | |
| (1)战争等；暴乱、骚乱或混乱 | 不保险 | 不保险 | 不保险 |
| (2)核装置和压力波、危险爆炸 | 不保险 | 不保险 | 不保险 |
| (3)不可预见的自然力 | 建筑工程一切险 | | |
| (4)运输中的损失和损坏 | | | 运输险 |
| (5)不合格的工艺材料 | | | |
| (6)工程师的粗心设计 | | 职业责任保险 | 建筑工程一切险 |
| (7)工程师的非疏忽缺陷设计 | 按业主正常保险计划 | | |
| (8)已被业主使用或占用 | 风险自留，不保险 | | |
| (9)其他原因 | | | 建筑工程一切险 |
| 2. 对工程设备的损失或损坏 | | | |
| (1)战争等；暴乱、骚乱或混乱 | 风险自留，不保险 | 不保险 | 不保险 |

续表

| 风险类型 | 投保主体 | | |
|---|---|---|---|
| | 业主 | 工程师 | 承包商 |
| (2)核装置和压力波、危险爆炸 | 风险自留，不保险 | | 不保险 |
| (3)运输中的损失或损坏 | | | 运输保险 |
| (4)其他原因 | | | 建筑工程一切险 |
| 3. 第三方的损失 | | | |
| (1)执行合同中无法避免的结果 | 业主的第三者责任 | | |
| (2)业主的疏忽 | 业主的第三者责任 | | |
| (3)承包商的疏忽 | | | 承包商的第三者责任 |
| (4)工程师的职业疏忽 | | 职业责任保险 | |
| (5)工程师的其他疏忽 | | 工程师的第三者责任 | |
| 4. 承包商/分包商方的人身伤害 | | | |
| (1)承包商的疏忽 | | | 承包商的除外责任 |
| (2)业主的疏忽 | 业主的第三者责任 | | |
| (3)工程师的职业疏忽 | | 职业责任险 | |
| (4)工程师的其他疏忽 | | 工程师的第三者责任 | |

## 四、风险自留

风险自留也称风险接受，是一种由项目主体自行承担风险后果的风险应对策略。采取这种方式来处理风险表明工程项目主体不打算为应对某一风险去改变项目计划，或者项目主体找不到其他适当的风险应对策略。

### (一)风险自留的特点

(1)风险自留是一种风险财务技术，自己承担风险发生带来的损失。

(2)风险自留应该具有较完备的风险信息。由于要自己承担风险，风险自留要求风险管理人员对风险损失有充分的估计，确保损失不超过项目主体的风险承受能力。

(3)项目风险管理人员仍有必要制订一个风险应对计划，作为后备措施以备风险发生之用。

### (二)风险自留的分类

风险自留对策可分为两种，即主动风险自留和被动风险自留。

#### 1. 主动风险自留

主动风险自留也称计划性风险自留，是指风险管理人员对风险经过合理的分析和评价，并权衡其他风险处理对策后，主动将风险自留作为应对风险的措施，并适当安排了一定的财力准备。

采取主动风险自留对策时，应注意其与工程保险对策的比较。其主要比较内容如下：

(1)费用。若对主动自留的这部分风险进行工程保险，所付的工程保险费用包括损失赔偿费以及损失赔偿费上的附加保费。风险自留可以节省全部或部分的附加保费，但同时得不到保险公司提供的诸如损失赔偿、损失控制和风险分析等服务。

(2)期望损失和风险。保险公司计算保险费时所估计的损失和风险，与项目风险管理人员所衡量的结果往往不一致。若风险管理人员确信期望损失和风险低于保险公司的估计，可以采用风险自留对策。

(3)服务质量。如果保险公司提供的某些服务，风险管理人员完全可以在内部完成，并且更加方便、质量更高，那么在这种情况下风险自留就是合理的。

2. 被动风险自留

被动风险自留也称非计划性风险自留，是指风险管理人员在没有充分识别风险及其损失的最坏后果、没有考虑到其他风险处理方式的条件下，不得不由自己承担损失后果的风险处理方式。

对于一个大型复杂的工程项目而言，风险管理人员不可能识别出所有的项目风险。从这个意义上说，被动风险自留是一种非常常用的风险处理策略。同时，即使风险管理人员成功识别和衡量了项目风险，但由于风险管理决策和实施存在时间差，风险一旦发生，就成为事实上的被动风险自留。

在某些条件下，风险自留对策在风险管理中有着积极的作用，但同时也应考虑到，采用风险自留对策也可能存在更大的风险。

## 五、风险利用

一般而言，风险对项目目标可能存在的影响结果体现为相对项目目标的偏离，但在有些情况下，这种偏离的影响可能会是积极的、有利的。也就是说，有些风险是有利用价值的，风险管理人员可利用这类风险，利用其可能提供的机会来为工程项目获取利益。国际工程承包经营活动中存在着各种风险，风险与利润并存。

工程投标报价时，承包商通常都考虑一定比例的不可预见费作为风险准备金；在实施工程时，承包商会预先采取种种风险控制措施，因而实际发生的风险费很可能大大低于这个比例，这样原来预备的不可预见风险费很有可能一部分转变成利润。

根据国际惯例和联合国制定的《发展中国家工业项目缔约指南》，若合同计价货币为当地货币，应在合同中规定其与流通货币的比值，从而保证合同的外汇值。在这种情况下，承包商可在货币支付条件中对外汇比例要求高些。实施合同时，将高出实际需要部分的外汇拨出一部分到自由市场换取当地货币。由于当地货币对流通货币贬值，承包商即可赚取差价。

风险并非千篇一律或永恒不变的，工程项目风险管理人员必须认真辨识面临的诸多风险，从中发现和分析风险利用的可能性及其利用价值，同时计算利用风险的代价；在风险利用代价分析的基础上，客观检查和评估自己的承受能力，决定是否利用风险。当决定利用某一风险后，风险管理人员应制定相应的策略和行动步骤，并逐阶段检查实施结果，严格执行风险监控，做好应变准备措施。

## 六、风险管理应对决策的选择

风险管理人员在进行风险规划和决策时，选择的常常不只是一种对策，而是几种对策的组合。在选择对策或进行对策组合时，要根据工程项目自身的特点，从系统的观点出发，整体上考察风险管理的思路和步骤，从而制定一个与工程项目总体目标相一致的风险管理原则，在此原则下考虑风险管理各基本对策之间的联系，为风险管理人员决策提供参考。

从国际工程承包商角度而言，常见的风险管理对策及相应的措施如表 8-5 所示。

**表 8-5　常见的风险管理策略及相应的措施表**

| 风险目录 | 风险管理对策 | 相应的措施 |
| --- | --- | --- |
| 通货膨胀 | 风险自留 | 执行价格调值；<br>投标中考虑应急费用 |
| 汇率浮动 | 风险转移<br>风险自留<br>风险利用 | 投保汇率险，套汇交易；<br>合同中规定汇率保值；<br>市场调汇 |
| 分包商或供应商违约 | 风险转移<br>风险回避 | 要求分包商提供履约保函；<br>进行资格预审 |
| 业主违约 | 风险自留<br>风险转移 | 索赔；<br>在合同条款中约定由业主承担责任 |
| 项目资金无保证 | 风险回避 | 放弃承包 |
| 标价过低 | 风险转移<br>风险自留 | 分包；<br>加强成本控制和索赔，当地采购 |
| 业主设计图纸不满足施工要求 | 风险自留 | 投标时充分考虑当地设计惯例，客观评估承包商需要开展的设计内容 |
| 不利的现场地下条件 | 风险自留<br>风险减轻 | 在投标现场考察时尽可能探知地下条件；<br>及时利用合同约定提出索赔 |
| 法规变化 | 风险自留 | 索赔 |
| 战争和内乱 | 风险转移 | 保险 |
| 没收工程或货物 | 风险自留 | 援引不可抗力条款索赔 |
| 禁运 | 风险减轻 | 投标报价中考虑；索赔 |
| 污染及安全规则约束 | 风险自留 | 采取合理保护措施，制定环保和安全制度 |
| 恶劣的自然条件 | 风险自留 | 索赔的预防措施 |
| 劳务争端或内部罢工 | 风险自留<br>风险减轻 | 采取预防措施；<br>积极解决冲突，避免发生争端 |
| 现场条件恶劣 | 风险自留<br>风险转移 | 报价中考虑应对恶劣条件的费用；<br>保险 |
| 工作失误 | 风险减轻<br>风险转移 | 严格规章制度；<br>购买职业责任险 |
| 设备毁损 | 风险转移 | 购买保险 |
| 工伤事故 | 风险转移 | 购买保险 |
| 对永久结构的损坏 | 风险转移 | 购买保险 |
| 对材料设备的损坏 | 风险减轻 | 采取保护措施；购买保险 |
| 造成人员伤亡 | 风险转移 | 购买保险 |
| 火灾、洪水、地震等 | 风险转移 | 购买保险 |
| 塌方 | 风险转移<br>风险减轻 | 购买保险；<br>采取安全预防措施 |
| 宗教节日影响施工 | 风险自留 | 合理安排进度；预留损失费 |
| 工作效率低 | 风险自留 | 预留损失费 |
| 社会风气腐败 | 风险自留 | 预留损失费 |

# 第九章

# 国际工程项目货物采购管理

本章内容包括国际工程货物采购的概念、特点、重要性以及采购工作的主要内容；国际工程货物采购的基本程序，涉及采购计划的编制、询价、供应商的选择、国际工程货物采购合同的内容、常用的交货方式以及运输、保险与清关等主要步骤；国际工程货物采购合同的签订与履行，包括国际工程货物采购合同及常用的交货方式；EPC总承包商货物采购过程中承包商与业主之间的界面管理和采购工作与设计施工的协调问题；国际工程项目货物采购中的常见问题以及供应链管理。

## 第一节　国际工程项目货物采购管理概述

国际工程货物采购是指承包商通过招标、询价等形式选择合格的供应商，购买工程项目所需要的材料、设备等货物。这是工程项目承包中的一项重要工作，贯穿于工程项目实施的全过程。在实施国际工程货物采购时，不但应遵守一定的采购程序，还需了解国际市场的货物价格与供求关系、货源、外汇市场、保险和运输以及国际贸易情况等相关信息。

### 一、货物采购在国际工程承包中的重要性

#### (一)货物是实现业主要求的物质基础

根据FIDIC合同关于货物的定义，“货物系指承包商设备、材料、工程设备和临时工程，或视情况指其中任何一种”。货物采购是连接设计与施工之间的桥梁，工程设计方案的结果要通过采购和施工安装来实现。设计、采购、施工三者之间紧密搭接，其关系如图9-1所示。

#### (二)货物采购费用是工程项目成本的重要组成部分

一般工程项目的材料、设备总成本约占工程项目总成本的30%～60%，如表9-1所示。而含有大量设备采购的工程项目，特别是国际工程中的DB和EPC项目，它的采购成本可能更高，甚至达到项目总成本的60%以上。因此，管理好货物采购对整个项目来说具有非常重要的意义。研究表明，对材料、设备的供应采用准时制(just-in-time,

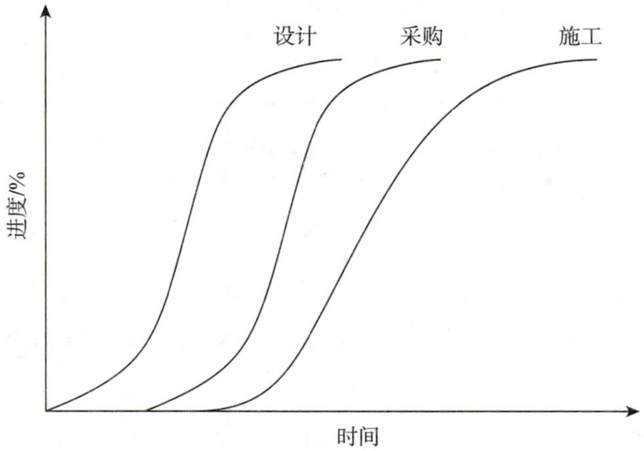


图 9-1　设计、采购、施工之间的进度关系

JIT)生产管理方法的话，可以使工程项目生产力提高约10％左右；如果采用有效的材料、设备交付系统的话，还可以提高供应商的绩效，减少存储空间，缩短材料、设备闲置时间。另外，如果改善货物采购的物流程序，承包商和供应商可以缩减的费用约为材料成本的十分之一。

**表 9-1　工程资源投入估计百分比**(单位:％)

| 项目类型 | 材料 | 设备 | 人工 | 其他 |
|---|---|---|---|---|
| 房屋工程 | 43 | 2 | 30 | 25 |
| 其他建筑 | 42 | 4 | 28 | 26 |
| 土建工程 | 35 | 22 | 15 | 28 |
| 修理和维护工程 | 30 | 2 | 46 | 22 |

资料来源：Hillebrandt. Analysis of the British Construction Industry[M]. London：Macmillan Pub. Ltd.，1984

目前许多工程项目的货物采购管理还存在很多缺陷，如果通过科学的方法进行改善，尚有很大的提升空间。因此，在当前激烈的市场竞争中，如果承包商通过整合供应链来降低工程成本的话，能够以较低的投标报价获得更多的工程承包市场。

(三)货物采购与施工进度密切相关

承包商只有及时获得所需的材料、设备等物资，才能顺利施工；如果这些物资供应不及时，那么施工进度将不可避免地受到影响。因此，在工程实践中，都会在工程采购过程中留有一定的缓冲时间，防止材料、设备延误对施工进度造成实质性的影响，如图9-2所示。缓冲时间的长短，主要取决于决策者对设备或材料采购风险的认识程度和供应商的可靠程度。如果材料或设备从订货到发货之间的时间较短，或采购部门认为供应商的信誉很高，那么所需的缓冲时间也相应较短。

由于有缓冲时间的存在，所以很多货物会提前进场，因此施工现场或制造工厂通常存放有大批建筑材料。如果对货物采购的缓冲时间设置不当，则可能会对工程施工造成

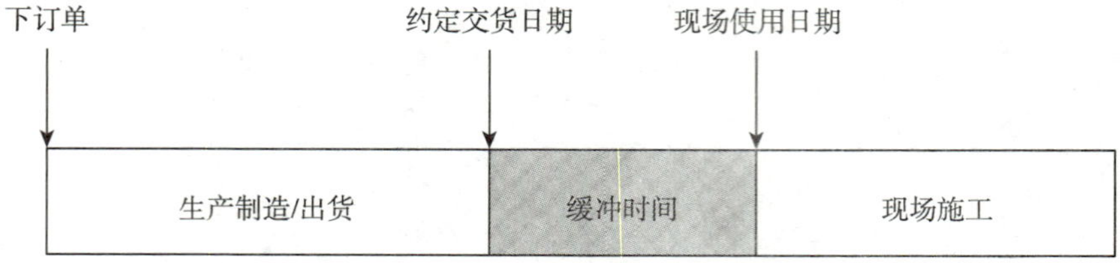


图 9-2 缓冲时间

严重的影响，尤其是缓冲时间过长，造成现场大量材料、设备积压，导致施工现场拥堵，不利于组织施工；而且管理不善也可能会导致材料出现严重的质量问题。

（四）货物质量直接影响工程质量

承包商完成的工作符合合同技术规范，不仅需要恰当的工艺，还需要合格的材料和设备。如果采购的材料、设备高于标准，将造成工程采购费用的增加；如果低于标准，则将面临返工、重新采购的风险。因此，承包商需仔细研究合同中业主对材料和设备的技术要求，并审慎选择供应商。

另外，业主也会制定严格的事前预防、事中检查和事后检验与控制的程序，以保证整个工程质量能够满足业主自身的要求。这些质量保障措施，也会在合同中做出约定，具体包括如下几个方面。

1. 事前预防

承包商在选择供应商时，应经业主同意或选择业主指定的供应商，或从业主提供的供应商名单中选择。

承包商应在工程中或为工程使用材料前，向工程师提交制造商的材料标准样品和合同约定的样品以及相关资料，以取得其同意。

2. 事中检查

业主人员有权在生产、加工和施工期间，对材料和工艺进行检查、检验、测量和试验，并对设备的制造和材料的加工生产进度进行检查。

承包商供应的设备、材料在覆盖、隐蔽或包装前，应通知咨询工程师进行检查、检测、测量或试验。

3. 事后检验与控制

业主人员可以根据合同约定对已完成的设备、材料进行规定的检验。

对于未通过检验的材料、设备，承包商应立即修复缺陷，并按照工程师的指示在合同约定的合理期限内，将不符合合同约定的材料、设备移除现场并更换。

即使设备、材料通过了试验，工程师仍有权要求承包商将不符合合同约定的任何设备或材料移出现场并进行更换。

## 二、国际工程货物采购的特点

国际工程货物采购，除了具有一般工程货物采购的特点外，还具有以下几方面特点。

### （一）技术标准多样化

在国际工程招标文件中，通常对用于工程的材料和设备等都有详细的要求。不同国家和地区的不同项目，其技术要求各不相同，这就造成了工程采用的设备和材料的标准差异也很大。例如，国际常用的标准就分英国标准、美国标准、日本标准和欧洲标准等。这就要求项目人员必须掌握并熟练运用广泛的技术知识，并且要了解合同中规定的不同国家的规范和标准。

### （二）程序复杂

国际工程承包既涉及一般工程承包的全部活动，又涉及不同国家间的货物进出口贸易，因此程序多、手续复杂。其主要程序包括：编制采购计划，选择货源，询价，比价，报送样品，接受检验和认可，还盘、议价和订货，申请进口许可证，申请银行支付信用证或办理其他支付方式，货物运输、港口接货和商检，清关，银行付款或索赔，陆运和仓储，现场物资管理和使用等。对免税进口货物要办理免税保函和使用完毕后的核报与收回保函；对临时进口设备要办理临时进口税收保函和生产设备出境并收回保函等。

整个货物采购过程不仅需要业主和工程师的支持和协助，还涉及许多政府部门、私人商业机构以及其他有关组织和团体，稍有失误，就可能遭受损失。这就要求有熟悉各种程序和手续的专门人员来实施和管理货物采购。

### （三）货源广泛

国际工程承包的货物采购通常是在国际市场上进行，同类产品的生产厂家众多，质量和价格差异也比较大。这种形势虽然提供了利用竞争选择供应商的机会，但同时也增加了采购时的复杂程度。这就要求采购人员熟悉货源渠道，懂得相关商业知识，而且要善于谈判，以有效实现质优价廉的采购目标。

### （四）价格变化大

同类物资从不同的渠道或在不同时间进行采购时，价格变化也比较大。其价格影响因素有订货量、运输距离和方式、税收和保险、汇率变化、国家间的市场价差等。因此，为了降低工程物资成本，除了关注货物本身的价格，还要综合分析一系列与成本有关的其他方面的问题，如周转资金的有效利用、根据汇率和利率选择的付款方式、根据进度计划选择的进货时间和数量等。这要求采购人员能把握国际市场行情的变化，熟悉国际商务，采取灵活的订货方式和策略来降低采购的成本。

### （五）国际风险多

在国际工程货物采购中，货物的制造加工、运输和安装活动常常发生在不同的国家和地区，由此也就产生了大量的跨国性的潜在风险。例如，货物在运往工程所在国时，可能会途经很多国家，而此时某一必须经过的国家正处于战乱中，那么由此就会对整个采购过程产生很大的影响。

另外，在采购过程中，采购人员要和不同国家和地区的具有不同文化背景的厂商打交道。这种文化差异也会对采购活动造成影响。因此，采购人员必须提高各方面素质，并且严格按照采购的原则办事以应对可能出现的风险。

### 三、货物采购管理的工作内容

在国际工程承包中，货物采购管理工作贯穿于工程承包的全过程，以下是各主要阶段的工作内容。

(一)工程投标阶段

承包商在投标报价时，要考虑各类成本和费用因素，其中材料和设备占主要部分，报价要以各类货物的询价结果作为基础和前提。在此阶段，采购人员的主要工作是紧密配合工程部门进行工程投标，包括按照招标文件的要求编制采购计划、了解主要货源、进行市场价格调查、询价以及明确工程货物的质量标准。

(二)工程实施阶段

这一阶段采购管理的主要任务是保证工程的顺利实施。采购人员需要根据工程进度计划，及时供应符合合同要求标准的货物，并确保其价格处在投标价格控制范围内，不会对成本有太大的影响。另外，此阶段还需要对所采购的货物进行适当的仓储保管和监督管理。考虑到各种因素，所需的货物不会一次性采购齐全，往往是根据工程项目的进展来分段分批采购。本阶段的采购工作最多而且很复杂。

(三)工程完工和验收后物资的善后处理

此阶段的任务主要是协助工程部门撤离现场，如清点剩余物资、组织临时进口的设备转移或出境、收回保函或在缴税后在当地出售等。另外，还需要协同相关部门进行设备材料应收、应付款的结算，处理各项与材料、设备相关的索赔工作。

## 第二节　国际工程项目货物采购程序

### 一、国际工程货物采购的基本程序

国际工程物资采购的基本程序及可能出现的主要问题如图 9-3 所示。

承包商货物采购的最重要的几个步骤有：

(一)编制货物采购计划

承包商在面对复杂的货物供应市场时，需要针对项目所需的多种不同数量的货物，制订一个完善的货物采购清单和计划。

首先，采购部门根据合同范围，确定本项目所需的货物的类型、性能、质量和数量等信息；其次，根据本公司拥有和可供本项目使用的货物资源现状，确定采购、租赁或公司内调配的货物资源；最后，据此对工程所在地市场以及国际市场进行调查分析，以掌握市场供应渠道、货源充分度和最新的市场行情，最后制订出可行的货物采购计划。

大量材料和设备的采购不宜一次性完成，要根据工程进度、贷款成本等因素建立分批采购计划。

(二)选择供应商

对于国际工程货物采购，可以通过招标采购、询价采购或直接采购来获得所需货物。

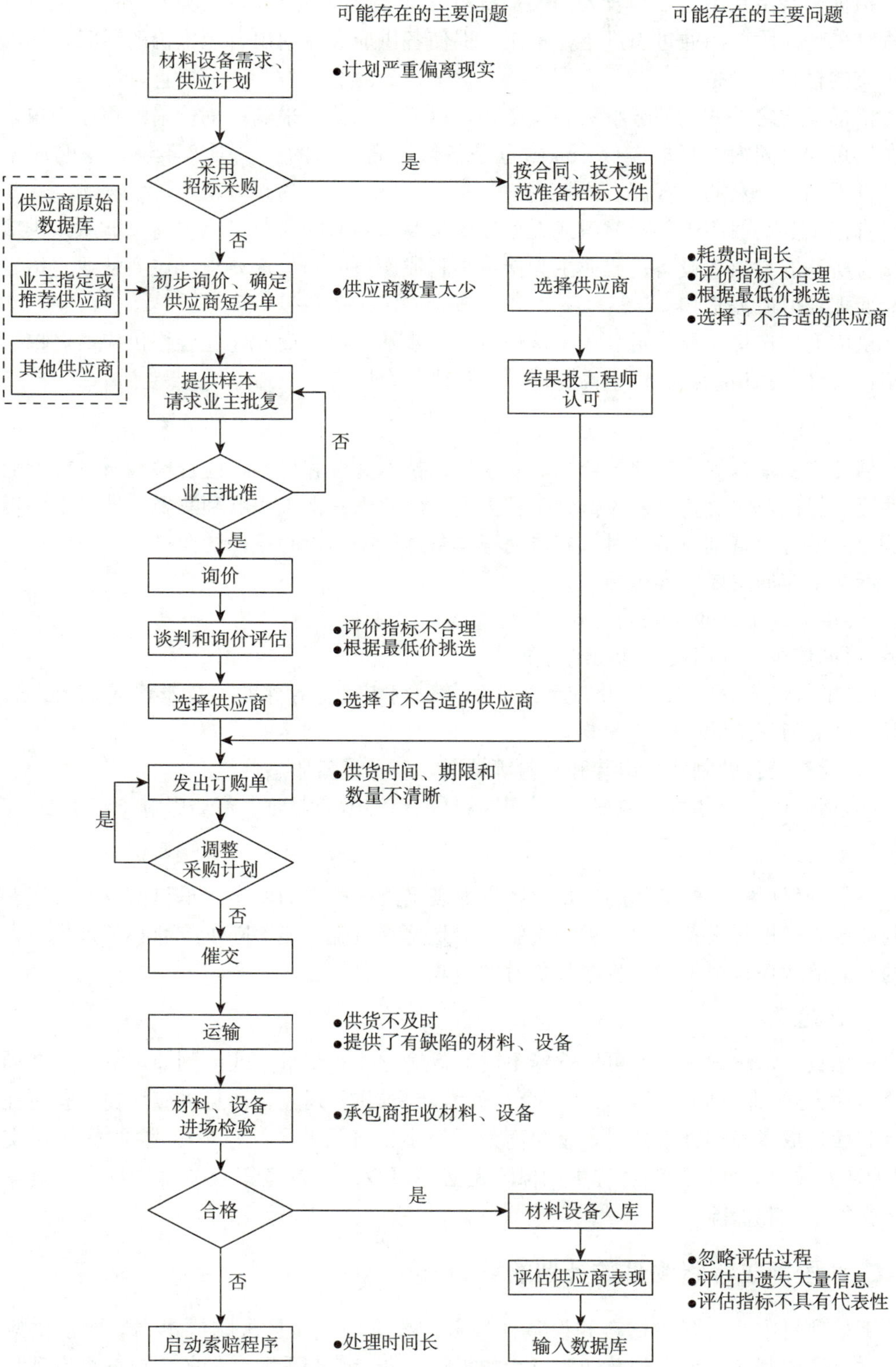


图 9-3　货物采购过程及主要问题

招标采购主要用于金额较大的大宗材料以及重要的生产设备、辅助设备、机具设备等货物采购。承包商通过引进招标机制，促使各供应商在给出合理报价的同时，能够提供优质的材料和设备。

招标采购之外的大部分材料和设备都可以通过询价来采购。询价采购程序简单，可以在较短的时间内选择供应商；但缺点是各供应商之间的竞争强度不够，采购成本较高，且不利于公众的监督。

直接采购一般用于某些材料或设备被供货商垄断时的情况，承包商只能从该供应商处获得所需的材料、设备；或业主为保证材料或设备的质量，要求承包商从业主指定的供应商那获取所需货物。

供应商的选择主要包括公布采购信息、初步筛选供应商、建立合格供应商名单、编制招标文件、邀请投标、供应商评审、签订供货合同等。

(三)催交

催交主要是督促供应商按合同的要求提供技术文件和材料，监督检验所供货物的质量性能，保证及时交货，避免拖延工程工期，以此来确保工程顺利实施。催交工作贯穿于从合同签订后直到设备或材料制造完毕具备进行出厂检验条件的全过程。

催交工作的主要内容包括：

(1)供应商确认收到采购合同。

(2)催促供应商提交设计图纸等文件。

(3)了解供应商的原材料供应情况，如其原材料的库存量是否能够满足需要，若不满足，则需另行采购。

(4)检查设备的制造、组装和检验等情况，确保设备质量性能。

(5)估计供应商的进度情况，确保其满足工程实施的需要，不会影响工程工期。

(四)检验

为了确保所提供的货物的质量等各方面满足工程所需的要求，承包商及其代表有权在制造或生产地对设备和材料进行检验，但是这种检验不能解除供应商必须提供符合要求的产品的责任，也不能排除在收货时的拒收。

(五)运输

根据具体情况，承包商可以选择不同的运输方式和交货方式。例如，货物需要通过联合运输方式(即不同的运输方式组合，如海陆联运等)运输，而且供应商在工程所在国又有其代理或者经销办事处时，承包商为了最小化自己的风险，可以选择“完税后交货(DDP)”方式。另外，运输过程中的保险是必不可少的。本章第三节将详细介绍运输方式、交货方式和保险。

## 二、国际工程货物采购计划的编制

工程项目中所需要的材料和设备种类多、数量大，而且采购成本高、要求供应及时，这就需要制订一个合理并切实可行的采购计划。编制采购计划的主要依据有项目范围说明书、工作分解结构、项目进度计划、市场供应状况、运输距离和方式等。编制采购计划包括如下几个步骤。

### (一)确定工程项目货物的范围和种类

通常所需的货物可分为：

(1)工程用料，是指构成永久工程部分的各种建材，如水泥、钢材、砂石等。

(2)临时工程用料，如现场的临时用房、水电及生产加工设施的用料等。

(3)施工机具设备及维修备件，如各种土方机械、打桩机、起重机及其维修备件等。

(4)施工用料，如模板、安全防护网、炸药、焊条等。

(5)工程所需的机电设备，如施工外用电梯、空调、备用电机等。

(6)构成永久工程部分的机电设备。

(7)其他辅助生活、办公设施和试验设备等。

另外，还要明确这些货物中哪些是业主负责提供，哪些由承包商自己负责。在承包商自己负责的部分中，要初步确定哪些需要购买，哪些需要租赁，以使资源得到最充分的利用，减少成本。

### (二)确定各种货物的需求量和供货时间

#### 1. 计算需求量

计算各类材料需求量的依据主要是图纸、技术规范和工程量清单。在计算时，应考虑工程的正常需求量、正常损耗和非正常损耗，通常的做法是在消耗定额的基础上适当考虑一定的备用量。

一般而言，由于国际市场的货物质量较高，因此定额标准可稍高于国内。对于某些可以多次周转使用的设施，要综合考虑其周转次数和成本来确定其数量。

另外，施工设备是调遣自有设备，还是购买或者租赁，需要综合考虑可行性和经济性，选择最佳的供应方案。

#### 2. 确定供应时间

工程上所需的货物并不是一次采购齐全为好，而是要根据现场施工组织设计和工程进度计划来确定供应时间，这样既可以保证满足工程施工的需要，又可以避免长期占用库存，造成资金积压。确定供应时间的主要步骤是：先将材料设备分配到进度计划中的每道工序上，然后以时间为单位将各道工序所需的材料、设备按种类汇总，即可以得到各种货物随进度的需求数量。

### (三)选择货物供应来源

在确定了国际工程货物的范围、种类、需求量以及供货时间后，需要选择国际工程货物供应来源，通常可以分为工程所在国采购、第三国采购和承包商所在国采购。

在满足合同约定的质量标准的条件下，选择采购工程所在国当地生产的货物会使采购成本降低很多。有些国际工程承包合同还明确规定，必须首选当地生产的设备和材料，除非当地生产的设备和材料不满足项目规定的质量标准。

### (四)编制国际工程货物采购计划

国际工程货物采购计划通常包括：

(1)货物需求计划，是指承包商完成国际工程承包合同所需要的各类货物、规格、型号、数量、技术要求、货物进入现场的时间要求等，包括自有设备和设施的调配、租赁设备和设施、新采购的材料和设备设施等。

(2)货物采购进度计划，是指根据货物需求计划和项目现场对供货时间的要求，制定的货物采购活动的时间安排。

(3)货物采购资金使用计划，是指根据货物需求计划、市场供应价格和进度计划编制的资金使用计划。

国际工程货物采购管理计划中还应包括如下内容：

(1)拟采用的合同类型。

(2)标准化的采购文件，包括各类供应合同格式、询价或招标文件、对供应商的资格审查文件、评价供应商的方法和指标体系等。

(3)多供应商协同管理。

(4)采购与设计和施工安装的协调机制，如恰当确定采购工作所需的缓冲时间。

(5)采购风险管理，如可能影响采购工作的制约因素和假设条件以及其他不确定性因素的管理，供应商需要提交的履约保证，需要对货物进行哪些保险等。

(6)自制或外购货物(需考虑供应渠道以及项目对货物的供应时间要求)。

(7)每个供应合同中规定合同可交付成果的进度日期，以便与进度计划编制和进度控制过程相协调。

在编制采购计划时，还需要考虑如下可能影响采购进度的各种风险因素。

(1)供应商因素。例如，供应商的原材料供应中断，组织管理出现问题，提供的货物出现不符合供应合同约定的质量标准等。

(2)环境因素。例如，运输途中出现的不利自然气候条件，运输途经国家或地区的不可抗力(战争、制裁等)风险等。

(3)承包商因素。例如，清关时间过长，承包商负责的内陆运输不畅，运输道路条件需要改善等。

由于诸因素影响而不能满足施工进度计划的要求时，应及时提出，交由相关部门进行协调，在确保总进度计划的前提下，合理地调整局部计划。

在采购计划执行中，可能出现较大范围的变更或进度改变，执行的实际情况可能明显偏离基准进度计划，需要对进度计划做出调整。如果是非承包商原因造成采购进度拖延，承包商可向业主提出工期索赔，制定新的进度控制基准线，更新采购进度计划。

## 三、询价

### (一)国际市场价格

国际市场价格是指在一定条件下，在世界建筑市场上形成的货物价格，即某种货物在世界市场上实际销售的价格。货物的国际市场价格通常可分为：

(1)自由市场价格，是指国际间不受市场垄断力量或国际垄断力量干预的条件下，独立经营的买方和卖方进行交易的价格。

(2)封闭市场价格，是指国际市场上买卖双方在一定的约束条件下形成的价格。这种价格不受国际市场上供求关系规律的制约，买卖双方中的一方具有市场垄断力量，从而影响了价格规律的作用。

通常情况下，商品的国际市场价格是由国际市场上的供求关系决定的。凡影响供求关系的因素都对价格产生影响。那么，影响国际市场价格变动的主要因素就有货物的生产成本、垄断、经济周期性波动、国家的政治经济贸易政策、规模经济收益、贸易条件及一些偶发性事件。

另外，在采购中，影响价格的因素还有订货数量、支付条件和支付货币种类等。

（二）询价的渠道

询价是投标报价的前提，而且一旦中标后，为确保工程报价的顺利实现，可在投标阶段与供应商签订意向协议，要求供应商在中标后的正式采购中不得随意抬价。

通常，询价的渠道有：

(1)查阅当地的商情杂志和报纸。

(2)向当地的同行了解调查。

(3)向当地的制造厂商直接询价。

(4)向国外的材料设备制造厂商或其当地代理商询价。

（三）询价程序

(1)根据“竞争择优”的原则，选出可能的供应商，列出短名单。为了保证一定的竞争强度，但又避免供应商太多而造成混乱，一般可以选择3～5家有实际供货能力的厂商进行询价。

(2)为了使供应商了解所需货物的情况，应告知其所需货物的品名、规格、数量和技术性能要求等，这是对供应厂商销售货物的交易条件的询问。这种询问可以要求对方作一般报价，也可以要求对方作正式的发盘。

(3)卖方发盘。其通常是应买方的要求而做出的销售货物的交易条件。发盘可以分为虚盘和实盘。发实盘内容完整、语言明确，可视为正式的要约。发盘是有发盘有效期的，超过有效期，卖方的发盘将失效。

(4)还盘、拒绝或接受。还盘是指买方对发盘条件不完全同意而提出变更的表示。而当买方不同意发盘的主要条件时，可以直接拒绝，此时发盘的效力也就终止。如果买方在发盘有效期内完全同意发盘的内容和条件，则构成承诺，双方间的合同即告成立。

（四）询价时应注意的问题及询价的技巧

1. 询价应注意的问题

(1)询价对象不可过多，要尽可能选择几个较为可靠的对象。

(2)询价要详细、准确，对货物的数量、规格和其他的具体要求应表述清晰，以免在正式采购时造成损失。

(3)慎重对待低价。有时过低的价格意味着质量的降低，或其他方面的不利因素(即所谓的“便宜没好货，好货不便宜”)。因此，买方要对供应商的报价进行综合评价，选择质优价廉的货源。

(4)选择恰当的询价方法。由买方发出函电，邀请供应商发盘是一种常用的询价方式，适用于各种材料设备的采购，除此以外还可以采用招标方法，直接访问或约见供应商询价讨论交货条件等方法。承包商需要根据市场和项目情况灵活选择。

2. 询价的技巧

(1)同类大宗货物最好一次将整个工程的货物需用量汇总作为询价中的拟购数量，这样可以避免物价上涨的风险，也可以获得优惠的报价。

(2)向多家供应商询价时，应该相互保密，避免供应商相互串通提高报价。

(3)尽可能采用卖方发盘的方式询价，这样可使自己处于还盘的主动位置。

(4)如果供应商办事处或代理人对当地港口、海关和各类税务程序十分熟悉，那么承包商可以选择“目的港码头交货(DEQ)”或者“完税后交货(DDP)”等方式进行贸易。

(5)由于承包商公司总部关系网络较多，因此某些重要的设备可以由总部统一采购。对于一些现场的材料，如砂石、砖瓦等可以在当地采购，以节省成本。

## 四、供应商的选择

传统的货物采购倾向于选择多个供应商供应相同的设备或材料，以减少风险。但是，现在承包商倾向于减少供应商的数量，甚至只选择一个供应商作为设备或材料的来源，因为承包商发现管理过多的供应商所消耗的成本往往超过其所带来的收益。

承包商与供应商建立长期战略伙伴关系，相互合作、彼此支持、平等互利互惠，是目前国际工程市场的一大趋势。因为只有这样的关系，才能保证供应商按时提供符合质量要求、价格合理的设备、材料以及优质的服务。

选择合适的供应商对承包商来说非常重要，因为供应商的履约能力、信誉水平等直接关系到工程项目的成本、进度、质量等目标能否顺利实现，这也是为什么许多专家认为选择正确的供应商是采购部门最重要的工作的原因。传统选择供应商的方法主要基于供应商的报价，而现在，承包商越来越重视供应商的履约能力，而不再将价格因素放在首位。从整体上来看，材料的质量、及时交货已经成为选择供应商的关键标准，因为这两个因素是影响工程质量和施工进度的非常重要的指标，如表 9-2 所示。

**表 9-2 选择供应商的主要评价指标**

| 排名 | 美国(不限于建筑业) | 中国台湾(建筑业) | 越南(建筑业) |
|---|---|---|---|
| 1 | 及时交货 | 质量承诺 | 质量承诺 |
| 2 | 质量承诺 | 及时交货 | 价格 |
| 3 | 专业技术 | 价格 | 及时交货 |
| 4 | 价格 | 承包商知名度 | 专业技术 |
| 5 | 诚信和密切沟通 | 加工能力 | 行业知识 |

对于供应商的选择，除考虑其技术、生产能力、财务、管理状况等基本要素外，还应考虑其物流能力。在采购工作中存在着较长的设备运输周期和一定的风险，因此供应商物流能力的强弱是决定供货合同采用何种价格方式的依据。如果供应商的物流能力弱，可采用离岸价格甚至出厂价格，承包商自行组织运输，以保证货物及时到达现场。如果供应商的物流能力强，则可采用到岸价格以规避风险。

目前，线性加权方法是应用最广泛的供应商选择方法，即在每个评价指标上赋予一定的权重，然后衡量每个供应商在每一指标上的得分，将权重乘以相应的得分并汇总，得分最高的即被选为供应商。这种方法简单易行，关键是不能遗忘重要的评价指标，且赋予每个指标的权重应适宜。

## 第三节 国际工程项目货物采购合同的签订和履行

### 一、国际工程货物采购合同

国际工程货物采购合同，是指营业地在不同国家境内的当事人之间关于一方提供货物、收取货款，另一方接收货物并支付货款的协议。其通常包括以下内容。

(1)定义。对合同中专用的基本名词进行定义，如“合同”、“合同价格”、“货物”、“服务”、“采购方”、“供应方”等。其目的是在对合同条款中出现的这些名词进行解释时，有统一的解释标准。

(2)原产地。采购方可能会对货物的原产地有特殊要求。另外，对于某些贷款项目，贷款机构有时也会对此提出特殊的要求。例如，世界银行不允许使用其贷款采购受联合国制裁国家以及非世界银行成员国的货物。

(3)技术规格标准。所供货物的技术规格标准应与合同文件中规定的一致，若无相应规定，则应符合其原产国有关部门最新颁布的正式标准。

(4)合同文件和资料的使用。在未经采购方事先同意的情况下，供应方不得向非合同履行人员提供、透露合同文件的内容以及相关资料。供应方不得擅自使用上述任何文件和资料。

(5)专利权。供应方保证采购方在其所在国使用提供的货物、服务及其任何部分而不受到第三方关于侵犯专利权、商标权或工业设计权的指控。若任何第三方提出侵权指控，供应方应与其交涉，并承担可能发生的一切法律责任和费用。

(6)履约担保。供应方应在收到合同授予通知后的规定时间内，按合同约定的金额向采购方提供履约保证金。采购方应在供应方完成合同约定的义务后的规定时间内退还保证金。

(7)检验和测试。为确定供应方所交货物是否与合同相符，采购方有权在不增加额外费用的条件下对货物进行检验。检验种类、方法与地点应在合同中写明。若经检验，货物与合同不符，采购方可拒收，供应方应负责免费更换或修理。

(8)包装。为防止运输途中发生货损货差，供应方应按照合同约定的包装条件对所交货物进行包装，该包装应具有良好的防高温、耐严寒、防野蛮装卸等保护措施。运输包装、标记和随运文件必须符合合同约定。

(9)交货和文件。供应方应按照需求量表和合同约定履行交货义务。

(10)保险。为防止货损货差，在制造、运输、贮存和交货过程中必须按合同的规定对货物办理保险。

(11)运输。该条款包括装运港、目的港、装运通知、运输方式等内容。

(12)附加服务。供应方应按照合同约定，提供诸如货物现场装配、维护设备运转所需工具、操作和维护手册以及人员培训等服务事宜。由此产生的费用如果未计入合同价，双方应事先约定。

(13)零备件。供应方应根据合同中规定的条件提供货物的零备件。

(14)货物保证。供应方应保证所交货物是最新的，且不会因供应方设计、材料、工艺等原因在正常使用条件下产生问题。该保证的有效期在合同中具体规定。若采购方根据该保证提出索赔，供应方应在合同约定的期限内，对有缺陷的货物修整或更换，否则采购方可采取必要的补救措施，由此产生的一切风险和费用由供应方承担。采购方的补救措施不损害其合同约定的其他权利。

(15)支付。合同条件中应规定具体支付方法、条件和支付货币。供应方一旦完成合同约定的义务，即以书面通知采购方付款，并随附证明已完成交货或服务以及合同中要求的票据，采购方应在收到供应方书面付款要求或票据后的规定时间内按合同规定付款。

(16)价格。供应方在完成合同义务后，要求支付的价格款应与其投标书所列数额相同，除非合同中有价格调整条款。

(17)变更令。采购方可在履约期间，根据图纸、装运、交货地点而引起的费用和时间的增减对合同价格或交货时间表作相应调整，并对合同加以修正。

(18)合同修改。除受上款约束外，不得对合同作任何变动，除非双方当事人签字对合同作书面修改。

(19)转让。供应方部分或全部转让其应履行的合同义务，应事先经采购方同意。

(20)分包。如有分包合同，供应方应书面通知采购方，但该通知不解除供应方承担的合同约定的责任或义务。

(21)供应方误期和误期损害赔偿。供应方应严格按照合同中规定的时间完成交货或提供服务。履约期间，如有妨碍其按时交货或提交服务的情况，经双方确认后延长履约时间，同时采购方有权从合同价中扣除一定金额作为损害赔偿。合同中规定了此赔偿金的最高限额。达到最高限额后，采购方可考虑终止合同。

(22)违约终止合同。若供应方未能如期交货或未能履行其他的合同义务，采购方可全部或部分终止合同，并可以用他认为适合的条件和方式购进相同货物。供应方有责任赔偿采购方的差价损失，并继续履行未终止的合同义务。

(23)不可抗力。不可抗力事故是指事故的发生不是由于供应方的过失，而是供应方无法预见的。采购方不应因由此引起的误期或货损货差没收供应方的履约保证金、收取损害赔偿金或终止合同。事故发生后，供应方应立即将事故发生的情况和原因书面通知采购方，除非采购方另有书面指示，供货方应在合理范围内继续履行合同。

(24)破产终止。当供应方破产或无清偿能力时，采购方可随时以书面形式通知供应方终止合同。此类终止合同应以不损害或不影响采购方采取补救措施的任何权利为条件。

(25)采购方终止合同。采购方可随时向供应方发出终止合同的书面通知，并说明终止的工作范围及生效日期。供应方接到上述通知的规定时间内仍应由采购方按合同价格购买已经生产或准备装运的货物，在停止购买条件下，采购方应按双方约定向供应方支付其应付的材料费和零件费。对于余下的货物，采购方可仍按合同条件购买或停止购买。

(26)争议解决。有争议发生时，双方如果通过友好协商不能解决，可按照合同约定的争议解决方式进行解决，如第三方调解、法庭裁决或国际仲裁。

(27)主导语言。合同书及有关合同的全部通信和文件应以合同中规定的语言来写。

(28)适用法律。合同以工程所在国的法律进行解释。

(29)通知。一方根据合同向另一方发出的任何通知应以书面方式进行，或以电报、电传、传真等方式通知后再书面确认。

(30)税费。采购方应承担项目所在国政府根据现行税法向采购方保证的且与履行本合同有关的一切税费。而发生在项目所在国境外的，与履行本合同有关的一切税费，应由供应方承担。

## 二、常用的交货方式

国际工程货物采购时，一般都会使用到国际商会制定的《国际贸易术语解释通则(2000)》中的术语。一些常用的术语介绍如下：

### (一)FOB 船上交货(指定装运港)

FOB(free on board)即船上交货，又称“离岸价格”。采用 FOB 术语成交时，卖方承担的基本义务是在合同约定的装运港和规定的期限内，将货物装入买方指定的船只，并及时通知买方。货物在越过船舷时，风险即由卖方转移到买方，买方要负责租船，支付运费，并将船期、船名及时通知给卖方。

### (二)CIF 成本保险费加运费(指定目的港)

CIF(cost，insurance and freight)即成本加保险费加运费。采用这个贸易术语时，卖方的基本义务是负责按通常的条件租船，办理保险，支付到达目的港的运费，并在规定的装运港和装运期内将货物装上船，及时通知买方。卖方负责办理从装运港到目的港的海运货物保险，支付保险费。卖方承担的风险只限于货物越过船舷之前。这种术语只适用于海洋和内河运输。

### (三)CFR 成本加运费(指定目的港)

CFR(cost and freight)即成本加运费。采用这一贸易术语时，卖方承担的基本义务是在合同约定的装运港和规定的期限内，将货物装上船，并及时通知买方。买方负责办理从装运港至目的港的货物保险并支付保险费。通常这种术语只适用于海洋和内河运输。

### (四)FCA 货交承运人(指定地点)

FCA(free carrier)即货交承运人。采用这一交货条件时，买方要自费订立从指定地点启运的运输契约，并及时通知卖方。卖方在规定的时间和指定的地点把货物交给承运人照顾，并且办理出口清关手续后，就算完成了交货义务。此术语适用于包括联合运输在内的各种运输方式。

（五）CPT 运费付至（指定目的地）

CPT（carriage paid to）即运费付至。采用这一术语时，卖方要自费订立将货物运往指定地点的运输契约，并且负责按合同约定的时间将货物交给承运人，即完成交货义务。

（六）CIP 运费保险费付至（指定目的地）

CIP（carriage insurance paid to）即运费保险费付至。采用这一术语交货时，卖方要负责订立运输契约并支付将货物运达指定目的地的运费，还要办理货物运输保险，支付保险费。卖方在合同约定的装运期内将货物交给承运人，即完成交货义务。

除此以外，还有 EXW（EX works）工厂交货（指定地点）、FAS（free alongside ship）船边交货（指定装运港）、DAF（delivered at frontier）边境交货（指定地点）、DES（delivered eX ship）船上交货（指定目的港）、DEQ（delivered EX quay）码头交货（指定目的港）、DDU（delivered duty unpaid）未完税交货（指定目的地）、DDP（delivered duty paid）完税后交货等。

## 三、运输、保险与清关

货物采购合同的履行涉及诸多方面，下面主要介绍货物的运输、保险和清关。

（一）运输

货物运输是货物供应中的关键环节之一。国际贸易中的运输方式有海洋运输、内河运输、铁路运输、公路运输、航空运输、管道运输及联合运输。

1. 海洋运输

海洋运输是主要的运输方式，它又分为班轮运输和租船运输两类。其中，班轮运输是指按照固定的航线、港口和船期表运营的船舶，船方与货主之间不订立租船合同，双方的权利、义务和责任豁免以船方发的提单为依据。此方式适用于装运小批量货物。租船运输是指通过订立租船合同做出具体安排，运费和租金由双方在合同中约定，适用于大宗货物运输。

2. 铁路运输

铁路运输是仅次于海洋运输的一种主要运输方式。在内陆接壤的国家间的贸易多采用此种运输方式。

3. 航空运输

该运输方式的特点是速度快，货运质量高，受地理条件影响很小，但费用较高。它主要又分为班机运输、包机运输和集中托运三种方式。

4. 联合运输

联合运输是指利用不同的运输方式来完成各项运输任务，如陆海联运、陆空联运和海空联运等。通常国际贸易中，主要是以集装箱为主的多式联运。这有利于简化货运手续，加快货运速度，降低运输成本和节省运杂费。

（二）保险

保险的目的是为了尽量减少或消除承包商在货物运输过程中遭受的意外损失。运输保险又分为海运保险、陆运保险和空运保险。

1. 海运保险

海运保险类型包括平安险、水渍险和一切险。

平安险主要包括因自然灾害和意外事故所导致的货物的损失，以及海损造成的牺牲、救助费用等。

水渍险的责任范围大于平安险。除了平安险的责任范围外，还包括了由于恶劣气候、雷电、海啸、地震、洪水等自然灾害造成的部分损失。

一切险的责任范围最广泛，除了上述两种险的责任范围外，还包括了货物在运输途中由于外来原因所造成的全部或部分损失。

除了以上三种基本险，投保人还可以根据需要酌情加保附加险。

2. 陆运、空运和邮包运输险别

这三种险别都可以分别分为运输险和一切险。此外，在这几种险别之外，还可以加投战争保险。

3. 保险的金额

在通常情况下，合同中的保险条款中都规定一个定值金额作为保险金额。保险金额是当保险标的物发生损失时，被保险人可以向保险人取得赔偿的最高限额，也是保险人收取保险费的依据。国际上习惯按CIF价值的110%办理投保，高出10%的部分一般被称为保险加成率。保险金额及费用的计算公式为

$$\text{保险金额}=\text{发票金额}\times\text{投保加成率} \tag{9-1}$$

$$\text{保险费}=\text{保险金额}\times\text{保险费率} \tag{9-2}$$

（三）清关

在国际工程承包中，由于大批货物是进口到工程所在国，因此清关成为一项很重要的工作。

1. 进口货物清关的主要工作

(1)办理进口许可证。这是办理清关手续的必备文件之一。根据货物是否再出境，进口许可证又可以分为永久进口和临时进口许可证。永久进口的货物是指在工程竣工后无须再运出境的货物，如工程材料等。此类货物要缴纳关税及其他税费。而临时进口货物无需交纳关税，或者进口时向海关提交相应的关税保函，再出口时返还保函。

(2)准备装运单或提单及发票。这些也是办理清关手续的必备文件。

(3)启动清关程序。当货物到港后，应立即进行清关。此环节手续繁多、文件复杂，应认真按程序办理，避免由于疏漏，影响货物到达工程现场，影响工程进度。在某些特殊情况下，清关代理人可以利用人际关系，在未办完清关手续前提前放行，但一定要注意补办，以免对日后的工作造成不便。

2. 清关代理人

由于清关手续烦琐，承包商通常都会请当地清关代理人。在很多国家的相关文件中也会要求外国承包商在办理海关清关业务时，必须聘请当地注册、持有营业执照的清关代理。清关代理人承办客户所承包工程的货物进出口、转关、延期、再评估、报废等一

系列涉及海关及港务等方面的手续。这不仅保证了进口货物的清关效率，而且还节省了清关环节所发生的成本和费用。

## 第四节　EPC 项目货物采购管理

EPC 项目中，设计、采购、施工三个过程的许多工作重叠进行，由于缺乏足够的信息以及反复变更，EPC 项目比一般项目面临的成本超支和进度落后风险更大。设计与采购的高度重叠，增加了采购的不确定性。在初步设计完成后、施工设计和图纸完成前，承包商就开始做出采购决策，由此造成的采购不确定性可能会影响整个工程项目的目标能否顺利实现(图 9-4)。

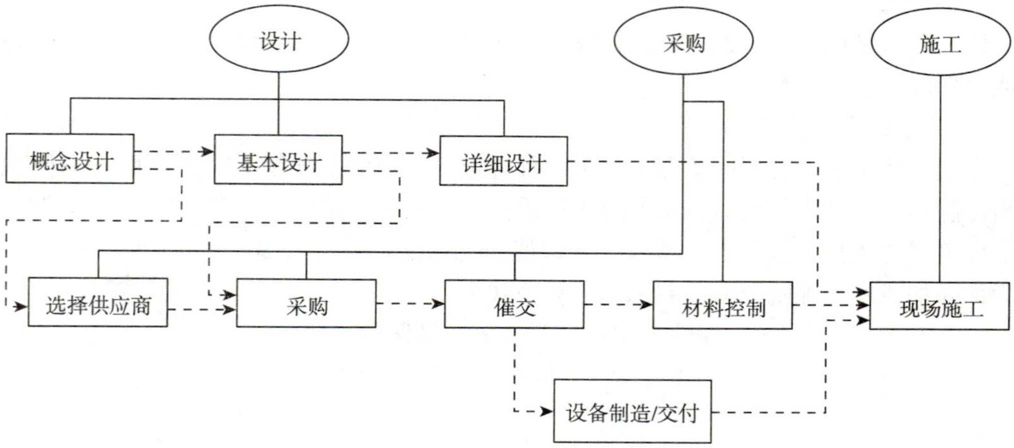


图 9-4　EPC 项目货物采购过程

另外，EPC 项目的设备采购所占的比例较高，而设备采购的特征和要求明显不同于大批材料的采购。一般而言，设备采购的订货至交货的周期更长，单位采购成本更高，并且通常伴随着复杂的或详细的技术要求。而且，主要的设备一般在运至现场时即使用，不像材料那样可以在现场存储待以后使用。这些特点决定了主要设备采购是 EPC 项目中非常关键的活动。

因此，EPC 项目货物采购比一般项目的货物采购更复杂，且对项目成本、费用、工期的影响更大。所以，对于 EPC 项目采购的管理还应该注意以下两个方面的管理工作。

### 一、EPC 总承包采购管理中承包商与业主之间的界面管理

图 9-5 显示了采购各主要阶段中承包商与业主之间界面管理的主要工作。

#### (一)编制采购计划并报业主审批

采购货物的类别、原产地、质量标准、技术指标等是否符合合同约定，采购进度计划是否与整体进度计划有冲突等，这些都是业主审批时重点关注的信息。

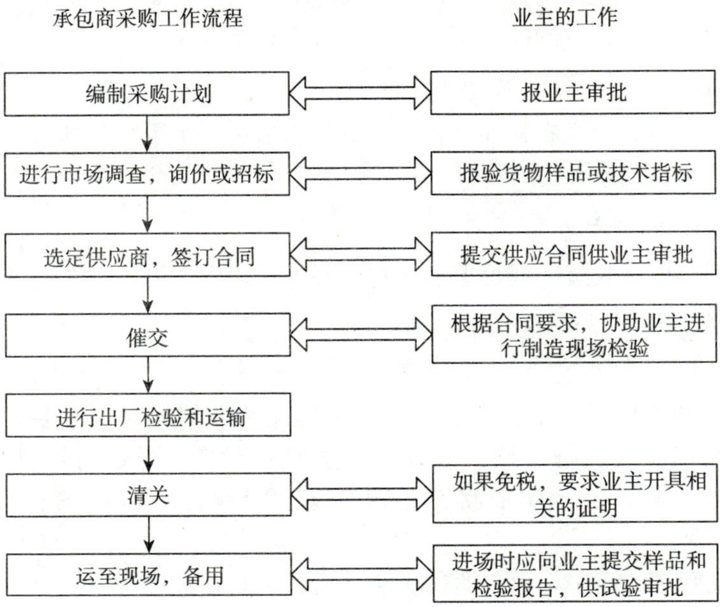


图 9-5 货物采购各阶段承包商与业主之间的界面管理

(二)提交材料样品或设备技术指标

对于材料的采购，在签订供应合同前，承包商应按合同约定将拟采购材料的样品提交给业主检验，并附上相关资料，标明产地及其在工程中预期的用处。

一旦样品通过检验，双方应将样品封装，以备今后材料进场检验时对比使用。对于设备的采购，承包商应将设备的工艺和技术指标报业主审批。

(三)提交供应合同(分包合同)

承包商在授标并签订供应合同(分包合同)前，应将供应合同、拟中标供应商(分包商)的相关资料等文件提交业主，供其审核。业主审核批准后，承包商方可授标，并正式签订供应合同。在供应合同审批过程中，承包商应了解业主关注的关键问题：

1. 设备供应周期问题

对于 EPC 总承包合同，业主往往比较关心能否按时供货，而此类合同经常存在大型设备的安装工程，大型设备的采购进度就成了决定整体进度的重要因素。

2. 货源问题

业主有时会对一些重要设备的原产地做出规定。例如，中东一些国家的业主，有时会提出关键设备要从欧美供应商处采购，但在订购设备时，发现业主指明的供应商无法满足供货的时间要求，会影响工程的总体进度。这时承包商应及时向业主建议并商谈，以解决此类矛盾，绝不可独自改变货物的原产地。

3. 权益转让问题

当承包商的合同义务全部得到履行并终止合同时，供应商的义务还存在，那么承包商应该将从该义务中获得的权益转让给业主，如设备的保修期问题。在机电安装项目中常出现这种情况，当承包商履行完全部合同义务的时候，设备供应商的质量保修义务还未完成。这时承包商要按合同的规定将此类权益转让给业主。

(四)协助业主进行制造现场检验

如果合同中规定，业主有权在材料或设备的制造过程中进行现场试验或检验，在业主提出要求时，承包商应该给予协助。

(五)申请某些清关所需文件

例如，对于一些免税货物或可退税货物，要通知业主向海关发相关证明或函件，以便办理免税或退税事宜。

(六)提交即将进场的货物样品或相关检验报告

在材料和设备进场时，承包商也要向业主提交相关的样品和报告供检验和审批。另外，业主也可以派人进行抽检。这时如果发现有不符合规定的材料或者设备，业主仍然可以拒收，并指示承包商将其运出现场，尽快使用合格的材料或设备进行替代。

在这些界面管理过程中，承包商还应注意到以下问题：

(1)对于某些重要材料和设备的采购，业主有时会提供一份供应商名单(vendor list)，总承包商只能从中选择供应商。在这种情况下，承包商可以提出增补，但必须提供足够的支持文件，如厂商样本、资信文件、设施、人力、财务、生产状况、供货业绩等供业主审查。业主综合各方面意见做出增补与否的决定。承包商在项目采购活动中，拟用的供应商不能超出上述名单及增补名单的范围。

(2)承包商对于重要货物的采购计划应提前送审，以避免不能按时取得许可而延误了进度。此时承包商应注意，业主若没有合理的理由且未能在合同约定的时间内发出相关的批准或者许可，导致承包商的工期延误和费用增加，承包商可以通过索赔来维护自己的权益。

(3)承包商对整个采购工作负责，但是对于有些关键设备，业主可能会参加诸如技术交流等工作，并提出自己的意见。在这种情况下，承包商应该协助业主，为其提供便利，并听取业主的意见。

(4)在业主授权人员提出合同约定以外的附加试验或指示承包商提供附加的样品时，承包商要按指示去做，但要注意这构成了变更。当实验的结果表明材料设备是符合要求的，那么承包商由此样品或试验所产生的费用可以得到补偿。否则，承包商将承担产生的额外费用。

(5)大型设备及重要材料抵达现场前应提前通知业主，得到其书面许可后才可以被运到现场。

(6)当工程暂停时，承包商要注意，如果货物的运送因此而暂停超过一定天数，并且这些货物已经按要求标记为业主的财产，那么承包商可以要求业主按货物的价值进行付款。

(7)在清关时，承包商通常要聘请清关代理，但如果能争取到业主的协助，则清关会更加方便顺利。

## 二、EPC总承包采购工作与设计和施工工作的协调

### (一)采购工作与设计工作的协调

将采购纳入设计程序的管理思想是将设计工作与采购工作合理衔接和科学管理。将两项工作紧密结合的优点有：

(1)设计与采购并行，及时预订货物，缩短项目建设周期。

(2)动态管理，提高工程质量。

(3)减少浪费以及由于供货影响的进度拖延，降低工程造价。

在设计与采购的协调工作中，承包商应注意：

(1)在设计的时候就要对材料设备的技术指标进行分析。并不是所有的关键材料设备一定要到国际一流的厂商处采购，只要满足工程需要和合同要求，承包商应尽可能在施工所在国采购。这样不仅仅降低运输、税费等各种成本，也避免了长距离长时间运输中的风险。

(2)采购部门应向设计部门及时提供设备与材料的市场行情，使得设计人员能够在符合合同要求的前提下，在设计中尽量使用节省费用的设备和材料。

(3)对市场供应的材料的规格、性能等进行分析，使设计工作尽可能合理规划，以减少材料的数量和种类等方面的要求，降低成本。

(4)认真审核来自设计部门的请购文件，及时发现其中的问题。对EPC承包商设计的工艺和设备，为避免设备制造商对其技术设计产生理解差异，导致返工和延误，应组织技术人员与制造商进行技术交底。在制造过程中，催交人员要及时发现和解决双方在技术方面的协调问题。

(5)在设备与材料的催交过程中，要保证供货厂商手中的设计文件总是当前的最新版本，这将对后面能否按时交货和顺利安装产生非常大的影响。

### (二)采购工作与施工工作的协调

设备、材料能否及时运抵现场，能否跟上施工进度，对工程进度的保障至关重要。实际上，采购工作更多地受到外界因素的制约，特别是长周期关键设备，其到货日期常常因为制造中突发的质量和技术问题而延误。解决这个问题最好的方法就是采购部门及时与施工部门沟通，特别需要注意的是：

(1)在采购计划被批准且知道货物运抵现场的时间和数量等信息后，应及时提前通知施工部门，以便其能按照货物到场顺序来调整施工计划，防止采购进度与施工进度冲突。

(2)对于大型设备的到场，应提前通知相关的现场管理人员设备到场的准确时间和状态，以便能及时清理道路和存放场地、准备合适的起吊设备以及安排相应的技术人员等。

(3)施工部门也应及时将施工进度通知采购部门，以防止设备材料到场后得不到及时安装，占用场地和大量的资金或者由于材料设备未及时到场而产生窝工。

# 第五节 国际工程项目供应链管理

## 一、国际工程货物采购中存在的主要问题

建筑业一直是个效率很低的行业，面临各种各样的问题，如利润率低、费用超支、进度落后以及索赔和反索赔等。研究表明英国建筑业的平均利润率只有1%～2%，而且有超过一半的项目以索赔告终。另外，美国建筑业委员会的调查研究表明，约有三分之一的项目超出费用和进度目标。其中，在国际工程货物采购中，经常出现的问题包括如下几方面。

### (一)缓冲时间过长

为了防止材料、设备供应的不确定性对施工进度造成干扰，在材料、设备采购时设置缓冲时间是个非常普遍的现象。不仅承包商设置缓冲时间，供应商、供应商的供应商等参与者都会设置一定的缓冲时间，以保证自己的进度不受影响，如图9-6所示。

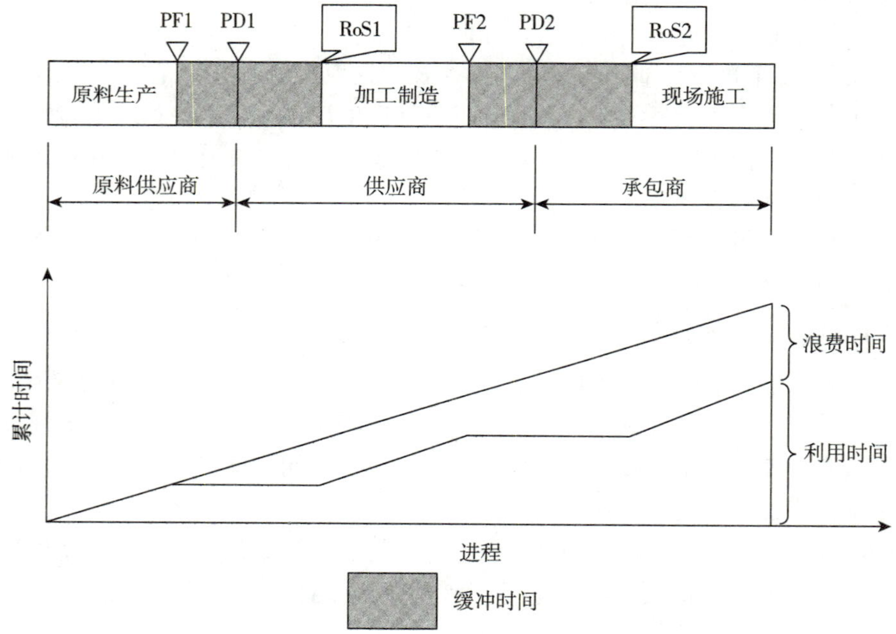


图9-6 缓冲时间在货物采购中的应用

注：PF为计划完成日期(planned finish date)；PD为约定交货日期(promised delivering date by supplier)；RoS为现场使用日期(required on site date)

从供应链的角度来看，大量缓冲时间的存在，造成了时间的浪费。如果将缓冲时间控制在适度的范围之内，可以提高施工和工人的效率，从而缩短工程项目工期。

### (二)材料、设备供应延误

目前，在学术界和实业界存在一个普遍的观点：在发展中国家，工程材料和设备短缺(将短缺看做是延误的一个特例)是个现实存在的问题。该问题非常突出，已经严重影响了工程项目的实施。在实践中，几乎碰不到哪个项目没有出现过材料或设备供应延误的情况。

造成材料、设备供应延误的主要原因有：

(1)承包商管理不力。其主要包括：采购人员流动性较大，导致跟踪采购的延续性差；采购人员不能胜任工作；对合同条款和文件理解肤浅；等等。承包商的管理缺陷是造成材料、设备采购延误的首要原因。

(2)供应商违约。其包括供应商获取原材料时出现困难，承包商的要求不断变化导致供应商采取观望的态度等。供应商违约是造成材料、设备供应延误的第二大原因。

(3)运输延误。此类延误主要由自然因素造成，如连续降雨导致某些材料、设备不得不停运。

(4)政府管理部门延误。其主要包括清关延误、官僚程序延误等。

由于材料、设备供应的延误对工程造成的影响因工程项目的复杂程度不同而不同。对于施工过程简单的项目，延误造成的损失相对较少。例如，尼泊尔的一个高速公路项目，延误造成的损失相当于工程项目总成本的 0.5%。而对于工业项目或商业建筑项目等较为复杂的项目，延误造成的损失可能会更高。因为工业项目包含了机械、电气、测试设备、管道系统等一系列复杂的活动，它们之间密切联系、相互影响，并且需要各种不同类型的材料。这不仅意味着许多活动将直接受材料、设备供应延误的影响，而且下游的许多工作也因此无法顺利开展。另外，工业项目中对工作人员的技能要求较高，因此支付给他们的工资较高，延误造成的窝工成本也较高。商业建筑项目也存在同样的问题。

### (三)供应商与承包商之间缺乏沟通

在国际工程货物采购中，承包商与供应商之间的一个重要缺陷是缺乏足够的沟通，从而导致了各种各样的问题。如图 9-7 所示，承包商与供应商之间大多数只有单向的信息沟通，缺乏足够的信息共享。例如，承包商货物采购中经常包括预制混凝土构件的采购，但不少项目经理对所供应的预制混凝土构件很失望。因为预制混凝土构件经常出现各种各样的问题，如供应延误，或供应了错误的构件，或供应的构件已被损坏，并导致工程成本增加和工期延误。其主要原因是，承包商与供应商只是在预制混凝土构件供应的前几天通过电话或传真的方式交流，没有进行足够的沟通与协作。

如果将施工进度的实时信息反馈给供应商，则可以解决缓冲时间过长或过短的问题，而且可以促进项目提前完工。并且，通过及时有效的沟通，可以减少需求的不确定性，减少库存量及库存成本。

## 二、建筑供应链管理

上述建筑业中存在的各种各样的问题，以及激烈的市场竞争，迫使建筑业去寻找更

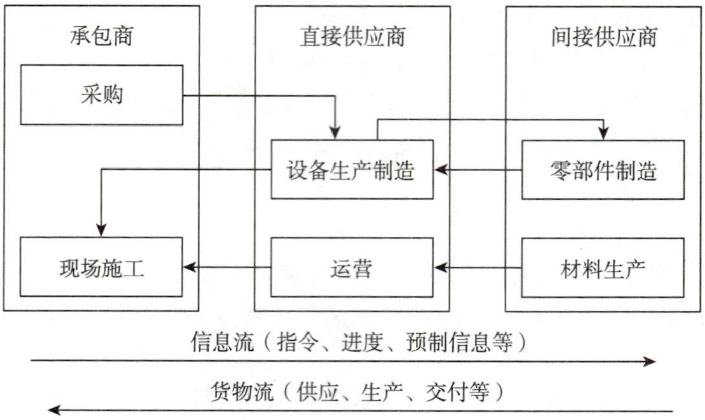


图 9-7 传统的货物采购模式

好的项目管理方法来提高项目绩效。目前在建筑业中普遍流行的一种新型管理方式是建筑供应链管理模式，而且已经证明通过采用建筑供应链管理可以有效地改善各方关系，提高项目绩效，保证项目顺利实施。

### (一)供应链管理概述

供应链管理(supply chain management，SCM)是指围绕核心公司，通过对信息流、物流、资金流的控制，将产品生产和流通中涉及的材料供应商、生产商、分销商、零售商以及最终消费者连成一体的功能网链结构模式(图 9-8)。供应链管理始于制造业，第一个供应链管理系统是丰田生产系统中的 JIT(just in time)配送系统，它能够以恰当的规模、并在恰当的时间内向丰田汽车厂供应所需货物，主要目的是减少库存并有效管理供应商与生产线之间的关系。实施供应链管理的另一个动机来自质量控制领域：早在 20 世纪 50 年代，戴明就认为与供应商建立长期的伙伴关系可以提高产品质量，缩减成本。

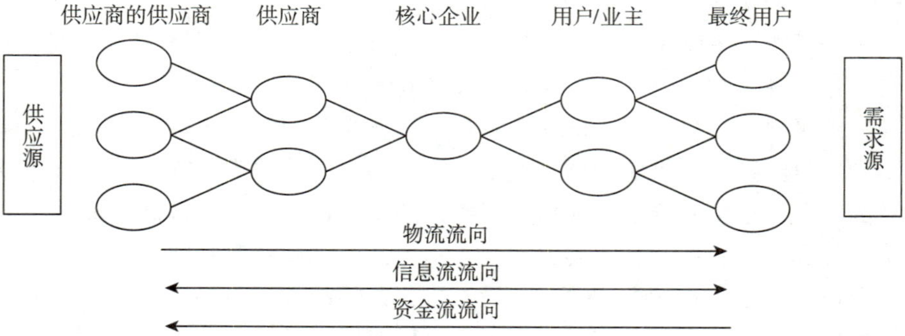


图 9-8 供应链网络结构简图

资料来源：何伯森．国际工程承包(第二版)[M]．北京：中国建筑工业出版社，2007

目前，供应链管理并没有一个精确的概念，它主要是将整个业务流程整合在一起，系统性、以顾客为导向、双赢以及合作管理等是供应链管理的核心理念(表 9-3)。它的主要目的有：增进供应链成员之间的信任；重新设计公司流程，建设一个基于网络的公司运行模式；利用信息技术或信息系统等系统促进信息在公司内部和公司间流动。

**表 9-3 传统管理与供应链管理模式的区别**

| 因素 | 传统管理 | 供应链管理 |
|---|---|---|
| 库存管理方法 | 内部管理 | 共同管理，减少库存 |
| 成本管理方法 | 减少自身总成本 | 整个供应链的成本效益 |
| 合作视角 | 短期 | 长期 |
| 共享和监督的信息量 | 仅限于目前交易的需要 | 视计划和监督过程而定 |
| 共同计划 | 基于交易的 | 不间断的 |
| 供应商的规模 | 很大以创造竞争局面并分担风险 | 很小以促进合作 |
| 渠道管理 | 不需要 | 需要 |
| 利益与风险分担 | 独自 | 长期共享 |
| 作业速度、信息和库存水平 | “库存”导向，库存较多；<br>信息流动受阻 | “配送中心”方向，相互沟通；<br>JIT 管理，及时响应 |

### (二)建筑供应链管理

通过供应链管理，公司可以明显减少库存和物流成本，能够对顾客的需求做出快速反应，从而提升整个公司的竞争力。因此，其他行业也逐渐开始采用供应链管理方法。从 20 世纪 80 年代末期，建筑业就已经引入了供应链管理方法。由于建筑业施工环境的不确定性和施工过程的复杂性，在工程中应用供应链管理方法相对来说较为复杂，然而由于材料、设备成本非常高，所以在建筑业进行供应链管理是成功项目管理的关键。

#### 1. 建筑供应链管理的特征

建筑供应链不同于制造业供应链，这主要是由建筑业的特殊性决定的。建筑供应链的主要特征有：

(1)制造业是基于同一条供应链重复生产多件相同的产品，并将其分配给多个顾客；而“建筑工厂”只生产一件产品，并将其移交给一个顾客——业主。

(2)由于项目具有临时性，即有明确的起点和终点，所以在大多数情况下建筑供应链亦是一个临时供应链，因此它具有典型的不稳定性和分裂性，尤其是设计和施工相分离的项目。而供应链追求的是长期合作，因此建筑公司一般都会将公司层的供应链与项目层的供应链协调一致，努力做到项目的合作伙伴来自公司供应链伙伴，尤其是工程项目的材料、设备供应商。

(3)复杂性。建筑供应链中对材料、设备的需求并不像制造业那样均匀有序，由于不同阶段的需求不同，因此对材料、设备的需求出现大起大落的现象。这就要求材料、设备必须在恰当的时间、地点并以恰当的规模入场。

(4)以承包商为核心。建筑供应链是从业主的需求出发，以承包商为核心公司，从中标开始至施工、竣工验收，将材料供应商、永久设备供应商、分包商、业主等项目参与者连成一体的功能性网络结构。承包商在整个价值网中扮演组织结构调整中心、信息交换中心以及物流集散调度中心的作用。

在国际工程中，承包商实施供应链管理的难度较大。因为承包商在选择材料、设备供应商时考虑的因素会更多，如国外采购的运输成本、东道国采购的优惠政策等。待项目完工之后，另一个项目有可能在另一个不同的国家，外部环境发生了很大变化，当初组建的供应链有可能完全不适用。因此，承包商与很多参与者首次合作，缺乏对这些参与者的详细了解，而且这些参与者也可能抱有“临时性”的态度，所以实施供应链管理的难度较大。

2. 供应链管理理论与方法

虽然供应链管理的概念和界限不清晰，但是有一些理论可以支持它的性质、框架和存在的理由。交易成本理论(transaction cost theory)认为资产专用性创造了公司伙伴之间的相互依存关系，从而可以避免为寻求新的合作伙伴而发生额外成本。资源基础理论(resource-based theory)认为公司之间相互共享资源可以提升公司的竞争力。知识基础理论(knowledge-based theory)认为信息共享也可以提升公司的竞争力。其他的支持理论还有权变理论、社会交换理论等。

建筑业中，组织间的管理主要有八大关键业务流程管理支持供应链管理，如图 9-9 所示。

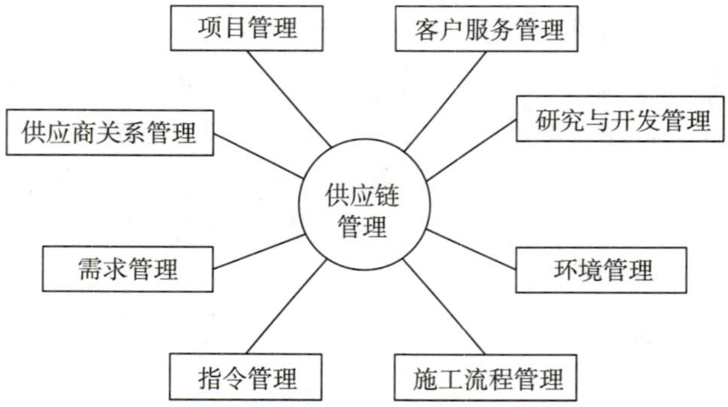


图 9-9 建筑供应链管理

3. 建筑供应链管理的内容

目前，建筑业的主要问题或争议点大部分来自于供应链中各参与者之间的工作界面，如图 9-10 所示。因此，供应链管理应着重强调界面管理，任何一个链受到约束或管理混乱，都将影响整个供应链的绩效。

建筑供应链管理应主要侧重于以下三个方面：

(1)供应链与施工现场的搭接管理。其主要目的是减少现场活动的成本和持续时间；确保现场的材料、设备和劳动力连续，从而保证现场工作不中断；通过改善承包商与供应商之间的关系，保证货物保质保量、及时送达。

(2)材料、设备供应管理。在货物交付的两端经常出现问题，例如，订货的时候产品定义不完整或反复变更，待交货的时候货物交付日期反复改变，而且现场安装条件混

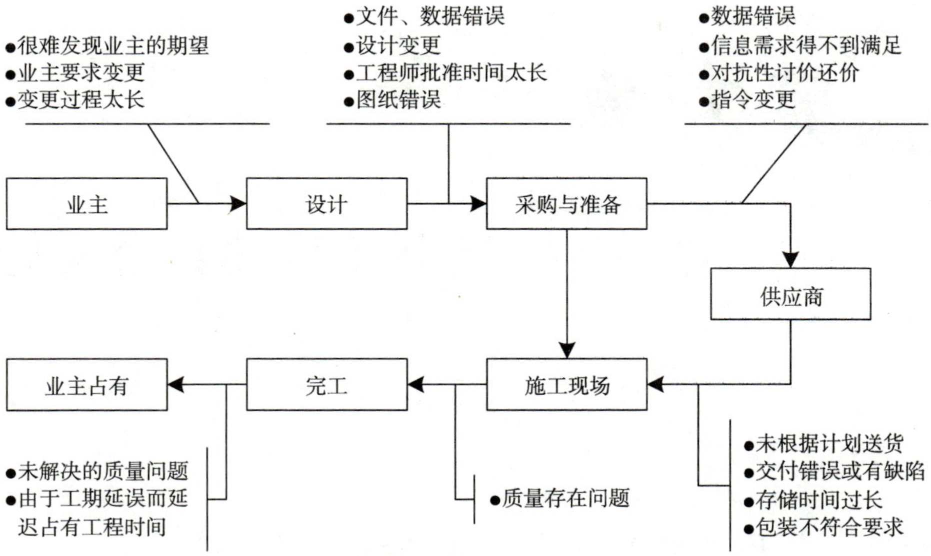


图 9-10　工程项目中界面问题

乱。建筑供应链管理应尽可能地屏蔽这些问题。这部分管理的主要目的是减少物流和存储成本，以及降低由于订货计划不当而带来的损失。

(3)供应链集成管理。基于网络、电子商务等模式改善建筑供应链，管理各利益相关者的信息，并传送至与此信息密切相关的其他方，促进其余各方及时根据外部信息做出相应的策略。通过这种集成管理可以有效影响整个供应链的效率和成本，并能够及时高效地响应最终用户的各种产品与服务需求。

4. 基于建筑供应链管理理念，国际工程项目货物采购应遵循的原则

(1)将货物采购看做是项目价值链中的一个战略连接点，并通过对货物采购的管理来实现项目利益相关者利益的最大化。

(2)为了保证项目按期完工，承包商应制定相应的保证材料和设备及时运送至现场的战略和战术计划。

(3)开发信息网络系统，确保可以及时提供有关施工进度、现场要求等信息，并通过跟踪材料和设备运输获得可以运送至现场的最新日期。

(4)进行公司流程再造，简化或取消不必要的手续和非增值过程，从而减少行政延误。

(5)重新设计流程，减少采购线路的长度。

(6)通过减少货物供应和需求的不确定性，不断解决过程中的瓶颈或约束，并增加项目的生产能力。

(7)尽可能晚地采购非关键材料和设备，尽可能早地采购关键材料和设备。

(8)对材料、设备的交付最好采用 JIT 物流方法，以减少现场仓储。

(9)改善供应链关系管理，选择可靠的、有能力的供应商，并保护供应商的利益。

# 第十章

# 国际工程项目合同管理

## 第一节　国际工程项目合同管理概述

### 一、合同管理的概念

#### (一)国际工程合同与项目

国际工程合同是指工程项目实施过程中参与到各项建设活动中的主体之间，为实现国际工程项目的特定目的而签订的确立相互之间权利义务关系的协议。

FIDIC 施工合同条件(1999 年第 1 版，“新红皮书”)中关于合同的定义：合同系指合同协议书、中标函、投标函、本合同条件、规范、图纸、明细表以及合同协议书或中标函中列出的其他文件(如果有)。可见，合同是由一系列文件所组成。

工程合同具有项目的一切特征，对于承包商而言，其所承揽的每一个合同，都可以被视作一个建设项目的子项目。承包商的项目管理就是合同管理，而且工程承包合同是其项目管理的核心。承包商的全部项目管理活动都必须遵守合同约定。

一个建设项目中，通常存在多个不同类型的合同，形成一个合同网络。

#### (二)国际工程合同管理的定义

国际工程合同管理是指在国际工程项目建设过程中，参与项目建设各方本着协作和互惠的精神，对国际工程合同的签订、履行和终止过程进行监督检查，认真行使各自的权力，履行各自的义务和维护各自的权利，努力完成项目目标的全部活动。

广义上讲，承包工程项目的实施和管理等活动都可以纳入合同管理的范畴，贯穿工程实施的全过程和各个方面。

由上述定义可知，合同管理有十分广泛而复杂的内涵：

(1)合同管理是一种有目的的活动，应与项目主体的目标一致。

(2)合同管理是监督合同当事双方履行合同约定。

(3)合同管理的核心是协调，协调的对象是组织内外各种资源之间的关系。

(4)合同管理是一个动态过程。

## 二、国际工程合同管理的特点

国际工程合同管理具有以下特点：

(1)全过程性。项目建设是一个渐进的过程，从项目立项到建成，需要经历较长的建设周期，这使得相关承包合同的有效存续时间长。在项目建设过程的不同时期，项目业主与承包商之间存在着不同类型的合同形式，因此，合同管理必须在整个建设生命周期内连续地、不间断地进行，从招标投标开始直到合同履行完成并结束。

(2)目标一致性。合同中包含了项目的总体目标，所以合同管理对项目的进度管理、质量管理、费用管理以及 HSE 管理分目标有总控制和总协调作用，使这些目标达到一致。它是综合性的、全面的、更高层次的管理工作，是项目管理的核心。

(3)系统性。工程项目是一个复杂的系统，涉及多个专业学科，需要众多不同的参与方共同完成。这一特点决定了国际工程合同类型多、条款数量多、合同条件复杂、合同文件和往来函件多，所以需要协调的关系多且复杂，这使得合同管理工作繁杂和琐碎。而合同管理的系统性要求众多的参与方在实现自身利益目标的同时，必须实现项目的总体目标。因此，必须通过准确和精细的合同管理，以合同约束作为纽带，统筹考虑项目的各个方面，优化资源配置，并最终实现项目目标。

(4)严格履行性。工程项目一般价值量大、合同价格高，因此合同管理的经济效益显著。实践已经证明，合同管理对工程经济效益影响很大，合同管理得好，可以为项目业主节约投资，亦可为承包商赢得利润。合同管理中稍有失误即可能导致项目失败，因此，合同管理必须以双方签订的合同为依据，严格履行合同中规定的职责和义务。

## 三、国际工程施工合同生命周期的阶段划分

每一类型的合同都有自己的合同生命周期，合同生命周期是指从该合同的酝酿开始至合同有效期结束为止的一段时间，合同管理贯穿于合同的整个生命周期。下面以国际工程施工合同的生命周期为例做出进一步解释。国际工程施工合同从起草、签订到完全结束，需要经历许多过程和很长时间。合同管理必须贯穿于合同整个生命周期中，而且应针对不同的阶段，确定合同管理的目标、任务和工作重点。国际工程施工合同通常需经历以下主要阶段，如图 10-1 所示。

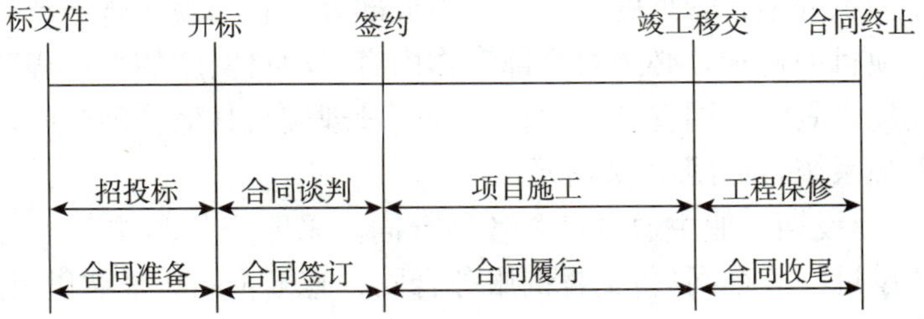


图 10-1　国际工程项目施工合同生命周期

### （一）国际工程合同准备阶段

从国际工程项目业主编制招标文件，到投标人取得招标文件并提交投标书止，是合同形成的初始阶段。在此阶段，由于招标文件95%以上的内容将作为项目业主与中标的投标人所签订合同的内容，业主必须考虑采用恰当的合同类别和确定合同的具体内容。

作为投标人，在获得招标文件后，应对其进行仔细的研究分析，并最终向业主提交一份完整的投标书。从法律意义上，通常认为业主的招标文件是一种要约，而投标人的投标书为再要约。

### （二）国际工程合同签订阶段

从开标始至签订合同止，此阶段的结果是合同的诞生。虽然在一些项目中，该阶段可能很短，但很重要，不能被忽视。业主和承包商在这一阶段将对双方间的合同内容，包括报价，进行谈判并达成一致，从而最终签订合同，使之具有法律效力。

此阶段中，业主的中标函被视为一种承诺，在正式签订合同前，投标人的投标书和业主的中标函将共同构成对双方具有约束力的合同。

对EPC承包模式，由于业主主要采用议标方式选择承包商，可能没有中标函，双方合同的成立是以签订协议书为标志的。

### （三）国际工程合同履行阶段

这一阶段从合同签订始到竣工验收和移交止，主要是指当事双方完成合同规定的主要职责和义务，业主接收了工程，工程照管责任从接收日移交给业主。在此阶段，合同双方都应严格按照合同规定完成各自承担的职责和义务，直到项目被业主完全接收。其标志性事件是业主向承包商发出工程接收证书(taking-over certificate)。

### （四）国际工程合同收尾阶段

从业主竣工验收并接收工程始到合同有效期结束，即工程质量保修期(FIDIC合同称其为“缺陷通知期”，即 defects notification period)。此阶段双方主要就一些扫尾工作、遗留问题(如争端)、质量保修、最终结算款、履约保证和保留金的退还以及合同义务终止等进行协商处理，并且双方都将就合同的履行情况进行评估，从中总结经验和吸取教训。

## 四、合同管理在项目管理中的地位

合同管理作为工程项目管理的一个重要组成部分，它必须融合于整个工程项目管理中。要实现工程项目的目标，必须对全部工作内容、项目实施的全过程和各个环节、项目的所有事件实施有效的合同管理。而且，合同管理应与其他管理职能密切结合，共同构成工程项目管理系统，如图10-2所示。

(1)在项目的建设期，业主通过订立各种合同，采购产品和相关的各类服务，并最终完成项目的建设过程。合同(包括咨询服务合同、施工合同、采购供货合同等)在业主的项目管理中占有举足轻重的地位。

(2)对承包商而言，其工程项目管理以合同管理为核心。承包合同确定了工程项目

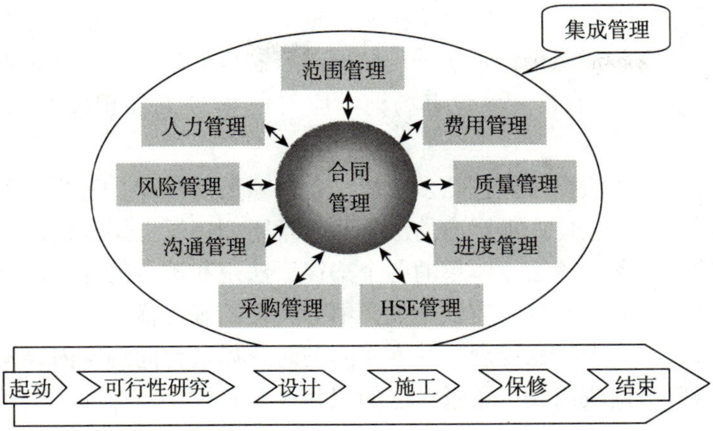


图 10-2 合同管理的地位

的质量、工期、费用三个目标值，这三大目标正是承包商项目经理部控制质量、进度、投资的主要依据，合同目标即是项目实施的目标。

(3)合同管理与项目其他管理职能之间存在密切关系，其他管理职能是以满足合同管理的要求为自己的管理目标。所有管理职能通过集成管理实现各职能间的协调一致。

## 第二节 国际工程项目合同管理体系

### 一、国际工程项目合同管理体系概述

国际工程项目合同管理体系是指以工程所在国的相关法律体系为基础，以工程项目合同为管理对象，以合同管理组织为管理主体，依据双方签订的合同，建立严格履行合同职责和义务的评审、实施、履约评价和持续改进的体系。工程项目合同管理体系的构成如图 10-3 所示。

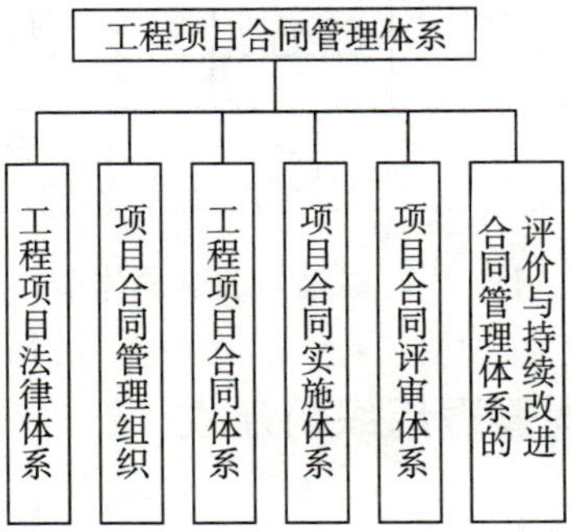


图 10-3 工程项目合同管理体系

### 二、国际工程项目合同法律体系

国际工程项目合同法律体系主要是指国际工程项目所在国的法律体系，但对一些法

律不健全的国家，特别是以前曾经是某国殖民地的国家，他们的法律体系往往具有殖民国家法律体系的特点，甚至仍然直接采用殖民国家制订的法律，而不是本国的法律。因此，在进入一个新的国际工程承包市场前，应对与承包工程相关的法律有较详细的了解。

与承包工程相关的法律可能包括多个层次：国家层次法律、法规、条例等；地方层次的法规和规章等。一般地，下层次的法规和规章不能违反上层次的法律和法规。在不矛盾、不抵触的情况下，该法律体系的各个法律、法规和规章的优先性原则为：对一个具体的合同和具体的问题而言，应以更加详细和具体的规定优先。

国际工程承包活动中，在处理一些索赔问题时，如果合同约定内容模糊、遗漏或显失公平，可能需要依据法律规定主张自己的权利。

## 三、国际工程项目合同体系

工程项目的建设过程是一个极为复杂的社会生产过程，需经历可行性研究、勘察设计、施工和运行等阶段，涉及建筑、结构、给排水、电力、机械、暖通设备、通信等专业设计和施工活动；需要各种材料、设备、资金和劳动力的供应。由于现代的社会化大生产，专业化分工越来越细，一个稍大一点工程的参建单位就有几十个，甚至成百上千个。工程项目参与各方之间形成各式各样的经济关系，而维系这种经济关系的纽带就是各种各样的经济合同。

在一个工程项目中，需要订立很多合同，并因此形成一个复杂的合同网络。这样不同层次、不同种类的合同就共同构成工程项目的合同体系，从业主角度看，在一个项目中可能产生的合同类别如图 10-4 所示。每一类合同下，会有多个相对独立的合同。对大型工程项目来说，合同总数可达几十个、甚至几百个。

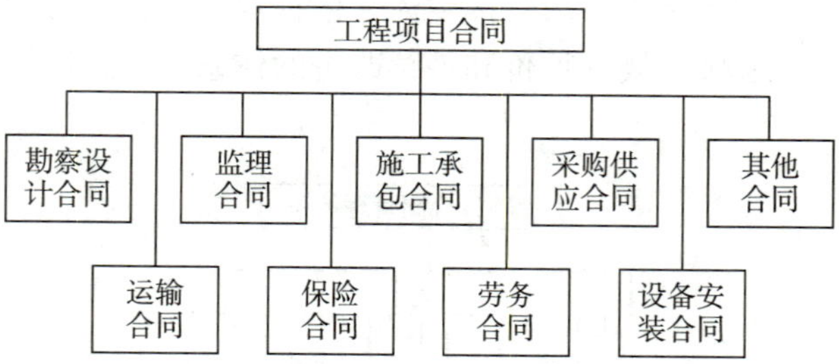


图 10-4 工程项目合同体系

## 四、国际工程项目合同管理组织的建立

### (一)合同管理的组织结构

合同管理的任务必须由一个组织完成，该组织根据合同管理的需要形成一定的组织结构并配备相应的人员。本部分从承包商角度论述合同管理的组织结构。

为了搞好合同管理，保证项目的成功实施，承包商最好在公司组织和项目组织中设立专门的合同管理部门和合同管理人员。上级组织的合同管理部门可对项目组织提供指导服务，如提供公司内部标准化的各类合同范本并给予指导。大型项目合同管理部门的组织结构形式主要是合同管理员制。

合同管理员制属于一种直线式组织结构，是最早使用也是最为简单的一种结构，是一种集权式的组织结构形式。合同管理员制的特点是组织结构设置简单、权责分明、信息沟通方便，便于统一指挥，集中管理。这种组织方式对每一位合同管理人员本身素质的要求很高，要求他具备很宽的知识面和各方面的经验，并具有很强的组织协调能力与独立工作能力。合同管理员需要在解决问题时与项目经理部各职能部门的人员进行协同工作和积极配合。

图 10-5 所示为某大型国际工程项目承包商一方的合同部直线式组织结构的一个示例。

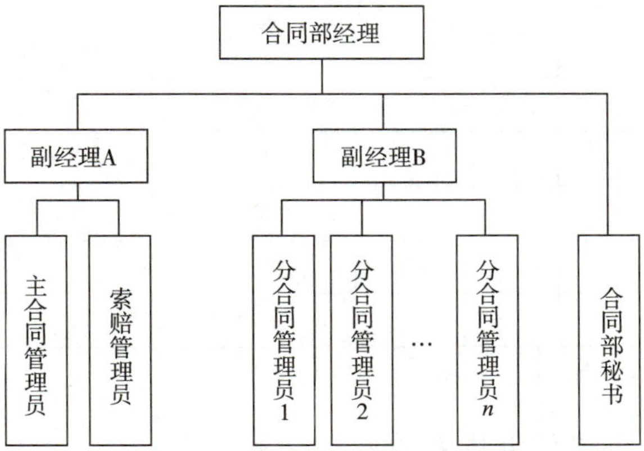


图 10-5　直线式组织结构图示例

### (二)合同管理人员的角色、任务和职责

合同组织结构确定后，合同经理就要对项目中合同管理的总任务进行分解，需要将每一项任务落实到组织中具体的成员身上，同时每一任务包括不同的职责范围。

表 10-1 是一张合同管理职能分工矩阵示例，它将项目的合同管理任务分为三个阶段，即项目准备阶段、招投标阶段、项目实施阶段，并将每一任务和职能分派到各成员身上，能较好地反映各成员的职责情况，并且便于检查和协调。

**表 10-1　合同管理职能矩阵**

| 任务 \ 职能 \ 人员 | 项目负责人 | 合同经理 | 合同管理工程师 | 合同管理员 |
|---|---|---|---|---|
| 项目准备阶段 | | | | |
| 确定项目总目标 | E | C | P，D | D |
| 目标分解 | E | C | P | D |
| 合同管理任务分工 | | E，C | P，D | D |
| 合同结构分析 | | E，C | P，D | D |
| 合同条款和形势分析 | E，C | P，D | D | |
| 合同规划编制 | E，C | P，D | D | |

续表

| 任务 \ 职能 \ 人员 | 项目负责人 | 合同经理 | 合同管理工程师 | 合同管理员 |
|---|---|---|---|---|
| 招投标阶段 | | | | |
| 招标方式的确定，招标文件的编制 | E，C | P，D | | |
| 组织标前会议 | E | P，C | D | |
| 工程量清单 | E | C | P，D | D |
| 合同谈判 | E，C | P，D | | |
| 项目实施阶段 | | | | |
| 合同分析 | | E，C | P，D | D |
| 合同交底 | | E，C | P，D | |
| 合同跟踪控制 | | E，C | P | D |
| 合同变更管理 | | E，C | P，D | D |
| 索赔管理 | | E，C | P，D | D |
| 风险管理 | | E，C | P，D | D |

注：P 表示计划，E 表示决策，C 表示检查，D 表示执行

### （三）工程项目合同评审体系的构建

合同评审体系是合同管理体系的质量保证部分，合同评审主要是对各阶段的合同管理工作进行审查，不仅是对合同管理工作的事前控制，更是为合同管理体系的评价和持续改进做好基础工作。构建合同评审体系主要是对合同评审工作的任务进行定义和制定实施程序。构建合同评审体系的主要工作包括：

(1)确定实施合同评审的原则，建立评审制度。

(2)确立合同生命周期各阶段合同评审的任务。

(3)建立专门的合同评审小组。

(4)制定合同评审工作程序。

## 五、工程项目合同管理实施体系的建立

### （一）合同管理制度

1. 合同管理原则

在国际工程项目实施过程中，合同管理应遵循下述原则：

(1)法律第一性原则，即合同的签订、履行以及管理都应该符合工程项目所在国的相关法律法规的要求。为避免产生法律问题，最好由律师对拟签订的合同进行审核。

(2)合同管理工作应遵循合同生命周期理论的原则，即合同管理贯穿合同的形成、履行和终止的整个过程。

(3)合同履约的全面、适度原则，即双方都必须履行合同约定的全部职责和义务，并达到合同约定的程度，一方因未履行某种义务而给对方造成损失时，应承担相应责任。

(4)合同管理的经济性原则，即合同存在不完全性，无论是签约前还是签约后的合同管理都应以产生的交易成本最低为原则。

(5)标准规范原则，即合同管理应建立一套完整的制度，并最终形成可以遵守的通用标准，包括合同的标准范本、合同管理的标准流程等。

2. 合同管理的制度建设

国际工程项目的合同管理涉及承包商项目经理部的各个部门和参与项目的分包单位，建立明晰的责任制度是保证协调一致的前提。

1)建立合同管理的协作责任制度

(1)合同管理岗位责任制度。

(2)合同的内部会签制度。

(3)合同的协作履行制度。

(4)合同管理绩效的奖罚制度。

2)建立合同的监督检查制度

(1)合同相关方资信调查制度。

(2)合同的汇报登记制度。

(3)全面审批监督检查制度。

(4)合同的签证公证制度。

3)建立合同的统计考核制度

(1)合同的跟踪制度。

(2)定期上报合同统计报表制度。

(3)合同履约评价制度。

(4)合同资料文件归档制度。

### (二)合同管理的程序

合同管理工作的程序化是现代化项目管理和大型项目管理的要求，是合同管理工作标准化的基础。程序是人们在长期的实践中总结而形成的共同遵守的准则，程序可以保证人们从事某项活动的高度统一和协调，从而大大提高工作的效率。程序是为完成某项活动而规定的方法，即某项活动的目的范围、应该做些什么、由谁来做、在何时何地去做、如何去做、如何控制活动的过程、如何把所做的事情记录下来等，从而使每一个过程、每一次活动都尽可能得到恰当而连续的控制，做到“凡事有人负责，凡事有章可循，凡事有据可查，凡事有人监督”。

建立合同管理组织、职能分工后，就应根据合同管理的原则制定相应的合同管理流程，一方面可以明确各项任务在时间上的先后顺序，另一方面程序规定了各部门间的工作关系，有利于合同管理工作的安排和顺利实施。图 10-6 是招标项目的合同管理流程图。

根据合同的生命周期，可将合同管理全过程设定为三个阶段。

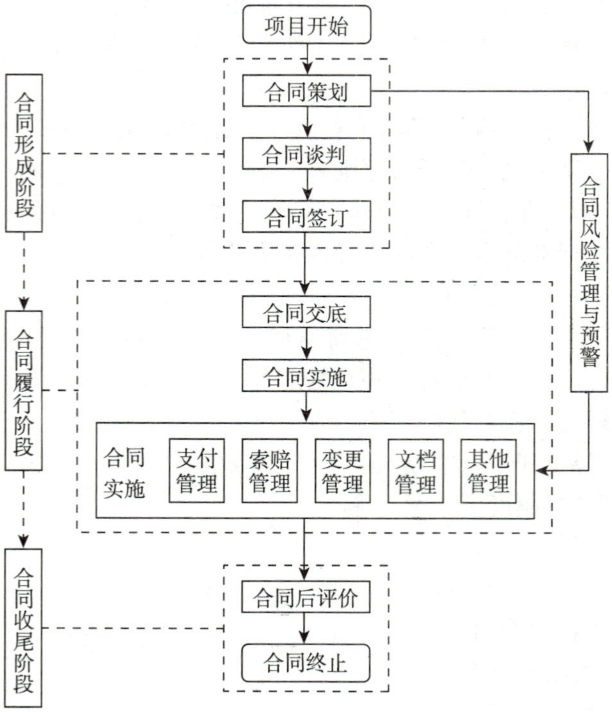


图 10-6　项目合同管理流程图

1. 合同形成阶段

合同形成阶段主要包括合同策划、合同谈判和合同签订。其具体过程可以细分为项目整体策划→资格预审→发售招标文件→接收投标书→评标→定标→草拟合同→法律审查→法人或其授权代表审查签字→加盖合同专用章→合同签证或公证。

2. 合同履行阶段

合同履行的具体过程包括合同交底→合同实际履行→填写履约记录→工作结果验收→违约责任追究→合同款支付→合同资料整理→合同台账登记→合同资料存档。

在此阶段出现的合同变更、合同索赔及争端解决的工作程序如下：

(1)合同变更：业主或工程师发出书面变更指令(或由承包商提出变更申请)→进行价格和工期调整谈判→批准变更→执行变更。

(2)合同索赔：发出索赔意向通知→报送索赔资料→进行索赔谈判→完成索赔。

(3)合同争端解决：与签约对方就合同权利义务发生争端→填写合同争端内部审查处理表→进行合同与法律性审查并提出处理意见→向对方提出并协商解决→由第三方介入进行调节解决→通过仲裁或诉讼解决。

3. 合同收尾阶段

该阶段主要包括合同后评价和合同终止。

合同非正常终止工作程序：显失公平或有重大欺诈等合法理由出现→填写变更解除合同内部审查表→综合审查并提出处理意见→项目经理或原合同有权签约人或事项审批人批准→通知对方解除合同。

合同正常终止程序：对合同履行情况做出后评价→吸取经验教训→提出改进建议→解除合同关系。

(三)合同管理手册的编制

合同管理手册有广义和狭义之分。

广义的合同管理手册可以视为项目管理手册，包括范围、进度、质量、费用、采购、沟通、HSE、人力资源和风险等管理内容，即承包商的项目管理活动必须遵守双方间签订的合同约定。所谓的承包商对一个项目采用项目管理的方法，其准确的表达应该是承包商对一份合同采用项目管理方法进行管理。通常一份合同具备了项目的全部属性，因此工程实践中并不刻意区分这两个概念。

狭义的合同管理则是指项目部中合同管理部门对合同实施的具体管理活动，如合同的审核、批准、签订、履行等。

1. 合同管理手册的编制原则

(1)标准规范原则。

(2)全面全过程原则。

(3)协调性原则。

(4)可操作性原则。

(5)适用有效原则。

2. 合同管理手册的内容

合同管理手册规定合同管理体系的范围、程序文件和作业文件，是合同管理工作的指南。合同管理手册必须对合同管理体系作充分详细的阐述，它是合同管理工作的执行性文件，其内容包括：

(1)合同管理体系的范围，包括任何的细节与合理性，即在合同生命周期的整个过程中可能出现的所有问题及领域。

(2)合同管理的组织结构及人员职责。

(3)编制组成合同管理体系的各类文件及其管理程序。

(4)对合同管理体系所包括的作业过程的相互作用、相互影响的表述。

## 第三节　国际工程项目合同管理体系的实施

### 一、合同形成阶段的管理

此阶段的合同管理内容包括合同总体策划、合同谈判和合同签订。

(一)合同总体策划

对业主而言，合同总体策划是指在项目开始实施前，其对拟采购的工程、设备或服务的方式、方法、时间安排等所进行的总体策划。对投标人而言，合同的总体策划则是指对拟投标的一个或多个合同，就投标方式(如是否组建联营体投标)、拟分包出去的工作内容、拟采购的各类物资等进行的总体策划。

1. 合同策划的依据

无论是项目业主还是承包商，合同策划的主要依据基本相同，这些依据包括：

(1)项目要求：项目目标，工程类型、规模、特点、技术复杂程度，工程质量要求和范围，招投标的时间和工期限制，项目的盈利性以及风险程度等。

(2)资源情况：人力资源，工程资源(如资金、材料、设备等供应及使用条件)，环境资源(如法律环境、自然环境、经济环境以及政治环境等)，获得额外资源的可能性。

(3)市场情况：采购策划过程必须考虑在多大范围的市场内采购、市场的价格变化、采购合同的条款和条件、市场竞争程度等市场因素。

2. 合同策划的内容

(1)将项目分成多个相对独立的合同，并确定每个合同的范围。

(2)选择合适的委托方式或承包方式。

(3)恰当地选择合同的计价方式、类别及条件。

(4)确定合同中一些重要的条款。

(5)对合同签订和实施过程中的一些重大问题制定决策程序。

(6)协调各个合同在内容、财务、时间、组织和技术上的相互关系。

3. 合同总体策划的步骤

(1)依据企业战略方针和项目的具体要求，确定合同管理的总体原则和目标。

(2)确定企业和项目对合同管理的要求。

(3)分层次、分对象对合同的一些重大问题进行研究，列出可能的全部解决方案，并综合分析各种方案的利弊得失，选择最优方案。

(4)对合同的各项重大问题做出安排和决策，提出具体的合同措施。

(5)编制合同管理规划。

### (二)合同谈判

合同谈判是一个项目执行的关键阶段。对业主而言，如果让承包商承担过多的风险，则承包商一定会加大报价中的风险费，抬高报价。对承包商而言，谈判成功可以得到合同，可以为合同的实施创造有利条件，给企业带来可观的经济效益；谈判失败或失误会失去合同或给合同的实施埋下隐患，导致严重亏损或失败。合同双方都希望签订一个有利于己方的、风险较少的合同，但在项目中许多风险是客观存在的，分担风险的多少与合同价格密切相关。如何找到风险与合同价格的平衡点是谈判能否成功的关键。

1. 合同谈判的内容

合同谈判的内容因项目和合同性质、招标文件规定、业主要求等的不同而有所不同。但一般来讲会涉及合同的技术和商务的主要条款，主要有：

(1)工作范围的确认。

(2)业主要求，包括技术规范、标准以及业主的其他要求。

(3)支付条款，包括支付方式、支付条件、支付货币及金额、汇率(固定还是浮动)等。

(4)工程交付条件，包括实体工程交付、竣工资料交付及验收等。

(5)保证、索赔及罚款等。

(6)税费，主要与双方的法律规定有关，议题的核心是买方还是卖方付税。

(7)限制性条款(如合格的国家、合格的材料、设备和服务等)和免责性条款。

(8)工期和缺陷通知期。

(9)争端的解决方式和不可抗力。

(10)其他有关改善合同条款的问题。

2. 合同谈判的注意事项

(1)做好准备工作，如组织精干的谈判班子，准备完整的资料，提前安排谈判的议程及谈判策略等。

(2)要善于抓住谈判的实质性问题，在谈判过程中不断变换谈判技巧的同时，应注意始终以全局为重。

(3)言而有信，留有余地。

(4)做好记录，谈判时双方一定要作记录，一般在谈判结束前双方对达成一致意见的条款或结论进行重述确认。

(5)坚持“统一表态”和“内外有别”，任何时候不应该把内部意见分歧在谈判会上暴露出来，可以建议休会，会下先协商一致。

### (三)合同签订

合同签订时应注意以下问题。

1. 严格遵守合同适用的法律

按照合同的订立方式，可以将合同分为口头合同和书面合同，但由于国际工程合同一般具有合同标的大、内容复杂、履行期限较长以及涉及参与方众多等特点，为慎重起见，应当采用书面形式。而对实施过程中发生的合同变更，更应注意采用书面形式。口头指令在国际工程合同管理的惯例中，被视为对双方无任何约束效力的指令。

2. 认真审查合同双方主体资格及履约信用

国际工程合同双方当事人的主体资格具有特殊性。作为合同当事人的招标方(业主)，必须注意投标人(承包商)是否具有承包该工程项目的相应资质和能力。国际工程承包商应当具有满足业主招标文件规定的资质和能力，并已经按当地法律规定取得投标资格。如果承包商不具有合法资格，必将导致所订合同无效。

同样的，作为合同另一当事人的承包商，必须注意两个问题：一是要注意业主是否具有开发项目的合法主体资格，即业主作为合格的发包人，其对被开发项目应持有当地法律规定的各类批准文件，如立项批文、土地使用证、建设用地规划许可证、建设工程规划许可证及施工许可证等。二是要注意业主开发工程项目所需资金是否已落实，看其是否具备足够的、及时支付进度款的履约能力。

3. 严格审查合同条款

为确保合同的有效性，必须严格审查合同条款。对合同法所规定的必备条款，诸如工程竣工结算、工程款支付等重要条款，必须包括在合同中，且用语要准确、严密，最终达到维护当事人合法权益以及避免和减少纠纷的目的。还应注意合同生效方式，实践中应注意合同加盖的公章应与合同名称相一致，并有法定代表人或授权代表签名，法定代表人证书或授权代表委托书应作为合同附件。

4. 明确规定不可抗力条款的内容

如果采用国际上影响力比较大的合同条件范本，其“通用条件”会对不可抗力发生后当事人应承担的责任、义务、费用等做出详细规定，但对确定不可抗力的标准往往只做出原则上说明。

在实践中，业主和承包商常常认为“通用条件”的不可抗力内容已经足够，于是在“专用条件”上打“√”或填上“无约定”的比比皆是。大部分国家在合同工期内发生战争、动乱、空中飞行物体坠落等现象的可能性很小，较常见的是风、雨、雪、洪、震等自然灾害。那么，达到什么程度的自然灾害才能被认定为不可抗力呢？这就是需要在合同“专用条件”中进一步明确规定的内容。双方当事人应在合同中对可能发生的风、雨、雪、洪、震等自然灾害的程度予以量化，如几级以上的大风、几级以上的地震、持续多少天达到多少毫米的降水等，才可能认定为不可抗力，以免引起不必要的纠纷。

## 二、合同履行阶段的管理

(一)合同交底

合同交底是指合同管理人员向全体项目管理人员讲解本合同的要点和易产生歧义的合同内容，意在提醒项目管理人员必须严格履行合同职责和义务，同时关注项目风险，监督对方履行合同义务。

对业主而言，合同的起草者必须向业主的管理人员讲解合同要点和业主承担的合同责任、义务以及违约责任。

对承包商而言，投标(包括签约谈判和最终签订合同)时负责合同管理的人员应向参与项目实施的承包商人员讲解合同的主要规定、应注意的问题、承担的合同责任和义务以及违约责任。

合同交底解决了项目管理人员“如何做”的问题。通过交底将合同总目标和分目标落实到合同实施过程中的具体事件上，使工程严格按合同约定实施。

在进行合同交底前，首先要对签订的合同内容作进一步的分析。对承包商而言，合同分析是其项目管理的起点。

1. 合同分析的基本要求

1)准确性和客观性

合同分析应准确、全面和客观。如果分析出现误差，将必然影响执行过程，导致合同实施中更大的失误。

合同分析的准确性是指准确理解合同中的术语和措辞的含义。当合同中对某些术语或措辞做出定义时，应严格按这些定义对合同条款做出解释。

合同分析的全面性，应从两个角度来理解：一是对合同的每一条款、每句话，甚至每个词都应认真推敲，细心琢磨，全面落实。二是要全面地、整体地理解，而不能断章取义，特别是当不同文件、不同合同条款之间不一致而出现矛盾时，应按照合同文件的优先次序做出解释。

合同分析的客观性是指合同分析不能“自以为如何”和“想当然”，而应依据合同解释的一般原则和国际惯例做出解释。例如，当某条款出现两种以上的解释时，通常的解释规则是以“不利于起草方”的原则解释。

2)合同双方对合同条款理解的一致性

在工程实践中，合同分析往往是一方在单方面对合同做出解释。但在分析过程中可能会发现合同中存在的缺陷，这些缺陷可能对己方有利，也可能不利，但从合作伙伴关系的角度考虑，均应主动向对方提出，以澄清并使问题得到解决。所以合同分析的结果应能为双方认可，如果有不一致，应在合同实施前解决，以避免合同执行中的争执和损失。

3)合同分析的结果应具有可操作性

合同分析结果用于指导合同实施，其详细程度应达到具有可执行性和可操作性。

2. 合同分析方法

1)合同总体分析

合同总体分析的目的在于确定合同规定的主要目标，划定各方的职责、义务和权限，分析各种活动的法律后果，确定双方权利与义务是否对等。

合同总体分析产生的文件是工程施工总的指导性文件，此时分析的重点是：承包商的主要职责和义务；业主的主要职责和义务；合同工作范围、合同价格、计价方法和价格补偿条件；工期要求和补偿条件；风险类别；合同双方的违约责任；合同变更方式和程序；工程验收方法；争执的解决；等等。合同总体分析应对合同中的风险和执行中应注意的问题做出特别的说明和提示。

2)合同详细分析

合同详细分析必须将合同目标、要求和合同双方的责任和权利关系分解到具体的工程活动上，以使工程有计划、有秩序、按合同实施。合同详细分析的主要结果是合同事件表，实质上是项目管理计划，它包括整体管理与协调计划、工作分解结构、施工方案和施工组织设计、成本计划、质量计划、进度计划、沟通管理计划、人力资源计划、风险管理计划、采购计划和 HSE 管理计划等。

通过上述分析，发现合同履行过程中的关键控制点(包括关键索赔点)，据此编写项目管理手册，并控制其执行。

3)特殊问题的合同扩展分析

在合同的签订和实施过程中常常会有一些特殊问题发生，会出现一些特殊情况。它们可能属于在合同总体分析和详细分析中发现的问题，也可能是在合同实施过程中出现的新情况。这些问题和情况在合同签订时可能未预计到，合同中未明确规定或它们已超出合同的范围。由于这一类问题在合同中未明确规定，因此其分析的依据通常有两个：一是合同意义的拓展，通过整体理解合同，再做推理，以得到问题的解答；二是工程管理的国际惯例，即考虑在通常情况下，国际上对这一类问题的处理或解决方法。

承包商根据以往完成合同的履行情况，建立和完善风险检核表，是开展该项目工作的重要性基础工作，可有效识别特殊问题并进行恰当分析。

### (二)合同控制

1. 合同控制概述

要完成合同目标就必须对合同履行过程进行有效控制，合同控制是指业主和承包商为保证合同所约定的职责和义务的全面履行及各项权利的实现，以合同分析的成果为基准，对合同实施的整个过程进行全面监督、检查、对比和纠正的管理活动。项目合同控制流程如图 10-7 所示。

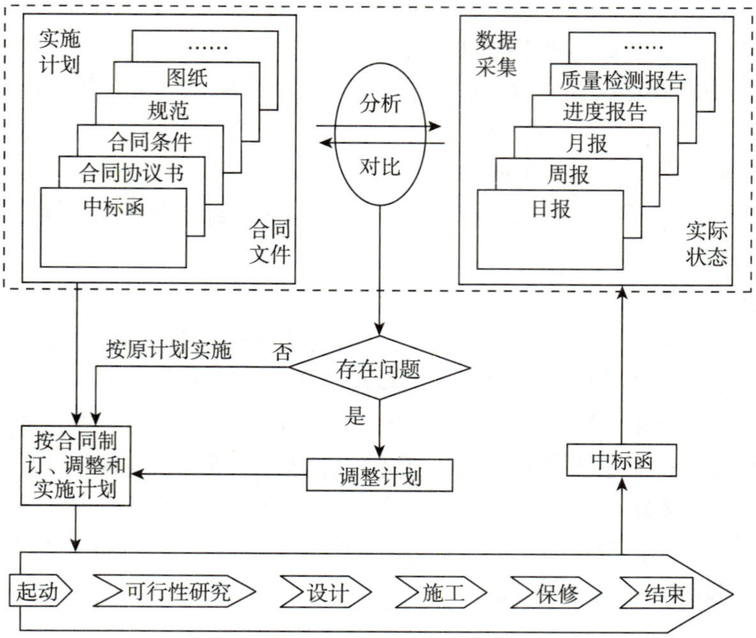


图 10-7　项目合同控制流程图

2. 合同控制的日常工作

(1)参与落实计划。合同管理人员与项目的其他职能人员一起制订和落实合同实施计划，为具体实施人员的工作提供必要的合同保障。

(2)协调各方关系。在合同范围内协调业主、工程师、承包商之间，以及项目管理各职能人员、所属的各工程小组、分包商之间的工作关系，解决相互之间出现的问题。

(3)指导合同工作。合同管理人员对各工程小组和分包商进行工作指导，作经常性的合同解释，使各工程小组都有全局观念，对工程中发现的问题及时提出意见、建议和警告。

合同管理人员在工程实施中主要起“服务”作用，是服务于项目和各参与方，切记不可为项目的实施设置障碍。要努力营造和谐的伙伴关系氛围，各方应在合同和客观原则下，建立相互信任和坦诚的关系，积极防止质量问题和争端的发生，成功地完成工程。

(4)实施合同监控。项目管理各职能人员应每天检查、监督各工程小组和分包商的合同实施情况，对照合同要求的数量、质量、技术标准和工程进度，进行偏差分析，及时发现问题并采取相应的纠偏措施。

(5)负责工程变更与索赔管理。变更和索赔事宜首先要通过合同得到论证，因此合同管理人员应领导和负责变更与索赔的管理工作，与各专业人员密切合作、相互配合。只有这样，才能恰当维护己方的利益。

(6)负责工程文档管理。文档管理是合同管理的一项重要基础性工作。文档管理可为项目的顺利实施和成功索赔提供大量的证据资料。

3. 合同跟踪

在工程实施过程中，实际情况的千变万化，导致合同实际情况与预定目标的偏离，如果不及时采取措施，日积月累，会产生无法弥补的损失。合同跟踪就是对合同实施情况及时进行检查，客观地和科学地采集原始数据，及时发现偏差，不断调整合同实施计划，使之与总目标一致。

1)合同跟踪的依据

合同跟踪时，判断实际情况与计划情况是否存在差异的依据主要有：

(1)原计划资料：如双方签订的合同，据合同制订的各种计划、方案等，特别是编制计划时确定的进度基准、质量基准和费用基准。

(2)实际状态资料：如随工程进展采集的实际数据(原始记录、各类报表、报告等)、统计分析结果、工程管理人员对现场情况的直观了解结果等。

2)合同跟踪的对象

合同实施情况跟踪的对象主要有：

(1)具体的合同事件。对照合同事件表的具体内容，分析该事件的实际完成情况。

(2)各单位工程、分部和分项工程的进展情况。

(3)已完工程和采购的材料设备的质量情况等。

(4)工程资金使用情况，与总的付款计划进行对照。

(5)合同各相关方的工作。

(6)工程总的实施情况。

通过合同跟踪，收集、整理能反映工程实施状况的各种资料和实际数据，如各种质量报告、各种实际进度报表、各种成本和费用收支报表及其分析报告。将这些信息与工程目标进行对比分析，可以发现差异。根据差异情况，确定纠偏措施，制订下一阶段的工作计划。

4. 合同实施情况偏差分析与偏差处理

1)合同实施情况偏差分析

合同实施情况偏差分析是指在合同实施过程中，评价合同实施状态及其与计划相比产生的偏差，预测偏差的影响及发展的趋势，并分析偏差产生的原因，以便对该偏差采取调整措施。合同实施情况偏差分析的主要内容包括：

(1)合同执行差异的原因分析。通过对监督对象计划值和实际值的对比分析，不仅可以得到合同执行时的差异，而且可以探索分析引起差异的原因。

(2)合同差异责任分析。即这些原因由谁引起？该由谁承担责任？这常常是索赔的理由。一般只要原因分析有根有据，则责任分担自然清楚。责任分析必须以合同为依据，按合同约定落实双方责任，同时要收集索赔事件过程中的证据，以支持自己的权利主张。

(3)合同实施趋向预测。对合同未来的实施情况进行预测，尤其应对总工期的延误、总成本的超支、可能的质量问题进行预测，并在此基础上预测合同各方应承担的责任和结果。

2)合同偏差处理

根据合同实施情况和偏差分析的结果，管理人员应采取相应的调整措施。调整措施可分为：组织措施，如增加人员投入，调整计划或重新制订计划，派遣得力的管理人员等；技术措施，如变更技术方案，采取更高效率的施工方案等；合同措施，如进行合同变更，签订新的附加协议、备忘录等，通过索赔解决费用超支问题等；经济措施，如增加投入、对工作人员进行经济激励等。

### (三)合同变更管理

在建筑工程中，工程变更不可避免。工程变更往往是导致项目投资失控和工期延误的主要原因，许多工程项目未能实现预期的目标都是由变更造成的。工程变更常伴随着合同价格和工期的调整，是合同双方利益争执的焦点。因此，合理确定并及时处理好工程变更，既可以减少不必要的纠纷，保证合同的顺利实施，又有利于双方对工程造价的控制。

1. 合同变更的原因

常由于下列原因产生工程变更：工程量增减；某些工程内容被取消；工程质量、性质或类型的改变；工程任何部分的标高、基点、位置、尺寸的改变；任何种类的附加工作；工程任何部分规定的施工顺序或时间安排的改变；因合同实施中出现问题，必须调整合同目标或修改合同条款。

2. 合同变更管理注意事项

1)严格遵守合同变更程序和条款约定

合同变更的一般程序如图 10-8 所示。合同中通常会将关于变更的约定作为一个重要的条款独立列出(如 FIDIC 合同条件、ICE 合同条件等)，在工程实施过程中，双方均应严格遵守合同变更程序和相应的约定，做好变更工作记录。

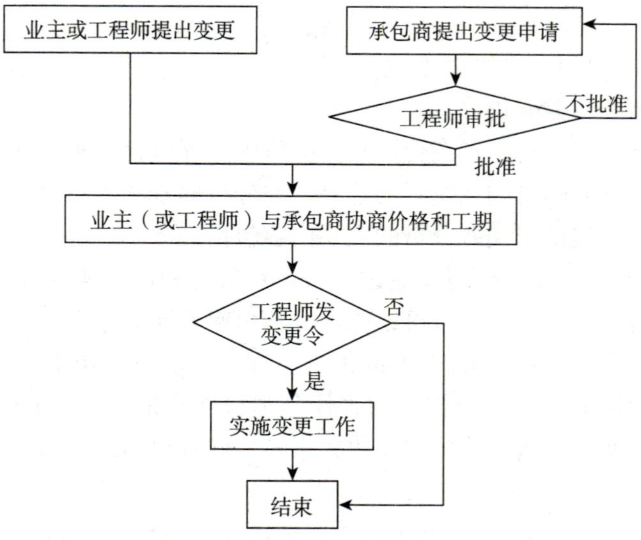


图 10-8 理想的工程变更程序

工程变更不能超过合同约定的工作范围，否则合同双方应另行签订协议，先商定价格再进行变更，工程师对变更的审批权限也必须限制在业主对其授权的范围之内。此外，业主与承包商之间的任何书面函件、报告、指令等应由合同管理人员组织进行技术和法律方面的审查，以及时识别变更，这样才能保证任何变更都在控制中，不会出现合同争端。

2)工程师应及时做出工程变更决定

在实际工作中，变更决策时间过长可能会造成工期拖延、甚至停工待图，以至于造成很大的损失，所以应尽可能促使工程师提前做出工程变更。作为承包商，在得知业主的变更意向后，应及时要求工程师发出变更指令，并在信函中说明延误发出变更指令可能导致的后果。

3)承包商应核实工程师发出的变更指令

在国际工程中，承包商有责任对收到的变更指令，特别是对重大的变更指令或在图纸上做出的修改意见予以核实。对超出工程师权限范围的变更，应要求工程师出具业主的书面批准文件。对于自己无能力完成的变更工作，在收到变更指令后应及时向工程师反馈自己的想法。

4)迅速、全面地落实变更指令

变更指令应该在工程实施中贯彻并体现出来，具体表现在：合同管理人员应将其并入整个项目的合同中，并将变更工作的实施情况纳入整个项目的实施控制体系，统一对资源做出优化调整。

5)分析合同变更的影响

对业主而言，合同变更会对项目投资产生重大影响，所以业主应分析合同变更对整个项目是否有利。对承包商而言，合同变更是索赔机会，应在合同规定的索赔有效期内完成对它的索赔处理。

此外，合同双方应做好变更工作的实施记录，收集和整理所涉及的各种文件，以作为进一步分析变更影响和最终处理变更的依据。

### (四)合同索赔管理

索赔(claim)的含义非常广。在国际工程承包活动中，索赔是指签订合同的一方，依据合同的有关规定，向另一方提出调整合同价格、调整合同工期或其他方面的合理要求，以弥补自己的损失、维护自身合法权益的行为。在国际工程承包实践中，经常使用索赔和反索赔(counter claim)的概念。前者是承包商向业主提出索赔，后者则是业主向承包商提出索赔。索赔包含了四层意思：

(1)一方认为是他应获得的。

(2)向对方申请或要求。

(3)双方尚未达成协议。

(4)所索要的是一种权力或付款。

合同索赔管理的核心是收集足够支持己方索赔要求的证据，因此，做好同期记录是关键，而详细的项目管理程序文件是做好文件记录的保障。

索赔是合同管理的重要环节，索赔的主要依据就是合同。整个索赔处理过程就是严格执行合同的过程。项目开工后，合同人员必须将每日实际实施情况与合同进行分析对比，出现不一致时，要注意识别是否构成索赔事件。一旦构成索赔事件，即应按合同约定程序和时间限制提出索赔，同时按合同规定保持好索赔事件的同期记录。

1. 常见的索赔种类和原因

1)工程变更引起的索赔

(1)工程量的减少或增加。

(2)设计变更、施工程序的变化。

(3)业主要求加快施工进度而引起的赶工费。

(4)业主或监理工程师的指令。

(5)额外的实验或检查、工程验收报告和各项技术鉴定报告。

2)工程支付方面的索赔

(1)价格的调整，如材料价格上涨或下调。

(2)业主拖延支付工程款，使承包商无法组织正常的施工，停工待料引起的索赔。

(3)货币贬值、经济失调导致的索赔。

3)工期延误引起的索赔

(1)工程停电、停水、道路开通等干扰事件的影响。

(2)气温、风力、雪等自然气候因素的影响。

(3)材料、设备供应不及时。

4)合同文件引起的索赔

(1)勘测设计文件与实际工程地质不一致。

(2)合同条款措词不严密，产生歧义。

(3)图纸或工程量的错误或遗漏。

5)不可抗力因素引起的索赔

(1)自然条件的变化，如地震、风暴、洪水灾害的发生，使承包商承担了额外的损失。

(2)社会条件的变化，如发生战争、军事政变，使承包商承担了额外的损失。

2. 索赔处理程序

图 10-9 为 FIDIC 编写的《施工合同条件》(“新红皮书”)中的索赔处理程序。

### (五)合同争端管理

1. 合同争端管理概述

合同争端是指在合同生命周期中，合同当事人因对合同的条款理解产生歧义或因当事人违反合同的约定，不履行合同中应承担的义务等原因而产生的纠纷。在工程项目合同履行过程中，由于各种原因，在当事人之间产生争端是不可避免的。争端产生后如不及时解决，当事人订立合同的目标就无法实现。因此，如何选择适当的解决方式及时解决争端，对维护正常的建设市场秩序和当事人的合法权益、避免损失的扩大，具有重要意义。

工程项目中产生合同争端的原因十分复杂，但常见的争端有以下几个方面：

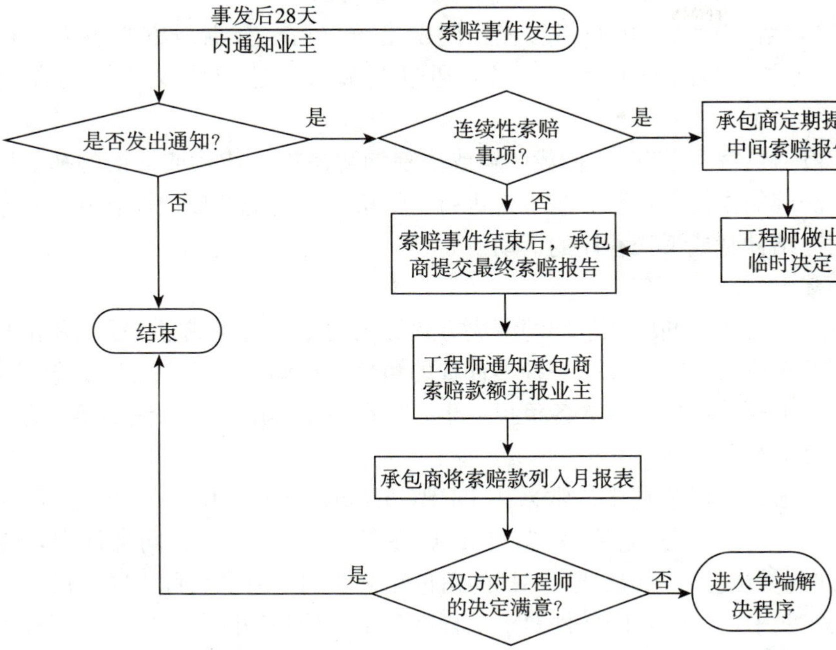


图 10-9　索赔处理程序

(1)工程进度款支付、竣工结算及最终决算争议。

(2)工程工期拖延争议。

(3)安全损害赔偿争议。

(4)工程质量及保修争议。

(5)变更与索赔争议。

(6)合同终止争议。

(7)其他争议。

2. 国际工程合同争端的解决方式

国际工程合同争端的解决方式主要有协商、第三方调解、准仲裁、仲裁、诉讼五种。

1)协商

协商是指合同纠纷当事人在自愿平等的基础上，互相谅解和沟通，依照合同适用的法律、法规的规定和合同的约定，自行协商解决合同争端的一种方式。自愿、平等、合法、互谅互让是协商解决争端的基本原则。协商的特点在于简便易行，能够在没有第三方参与的情况下及时解决当事人的纠纷，有利于双方当事人的进一步合作。但这种解决方式也有一定的局限性，当当事人之间的纠纷分歧较大或者当事人故意违约，根本没有解决问题的诚意时，这种方法将不能解决问题。

2)第三方调解

调解是指在合同发生争端后，在由双方均认可的第三方的主持下，通过查明事实，分清是非，说服劝导，促使双方在互谅互让的基础上自愿达成协议而解决争端的方式。

在实际工作中，因调解人的不同，调解可分为以下几种：

(1)行政调解。行政调解是指工程合同发生争议后，根据双方当事人的申请，在当地有关行政主管部门的主持下，双方通过调节自愿达成协议的解决合同争议的方式。

(2)仲裁调解或法院调解。仲裁调解或法院调解是指在仲裁或诉讼的初始阶段，在仲裁机构或法院的主持下，双方当事人进行平等协商，自愿达成协议，并经仲裁机构或法院认可而终结仲裁或诉讼程序的活动。

3)准仲裁

合同双方事先在合同中就争端的解决方式做出约定，请有威望、受信赖的独立第三方作为争端的裁决人。第三方是一种准仲裁的角色，在调节过程中发生的全部费用以及给予第三方的报酬，由争端双方各负担一半。这在一定程度上，保证了第三方在做出决定过程中的公平与公正性。

目前，在国际工程争端中，常采用 DRB(dispute review board，争端审议委员会，这是世界银行的用法)方式解决争端，FIDIC 在其 1999 年版的合同条件中，使用术语 DAB(争议评判委员会)。DRB 与 DAB 的角色完全相同，只是名称不同而已。

在工程实践中，尽管合同条件要求工程师公正处理各种问题，但由于工程师是受雇于业主并由业主支付咨询服务费，因此工程师很难做到公正无偏。采用 DAB 或 DRB 既可弥补公平性的不足，也可以避免进行仲裁或诉讼，节约费用。图 10-10 和图 10-11 为合同争端的解决程序。

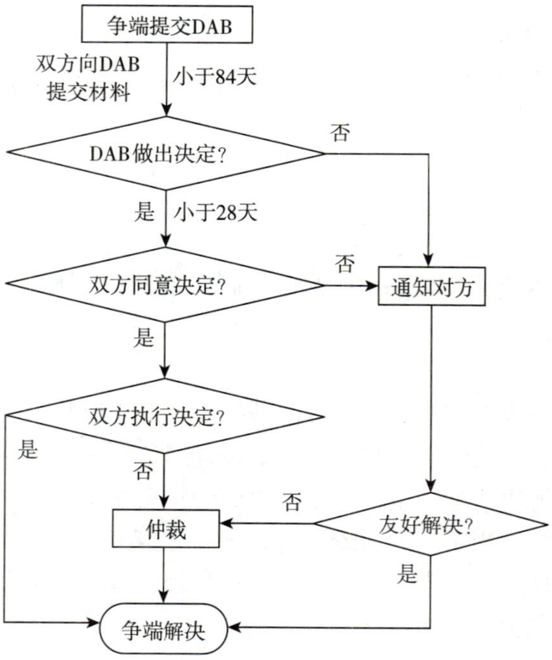


图 10-10　FIDIC 合同条件下的 DAB 争端解决程序

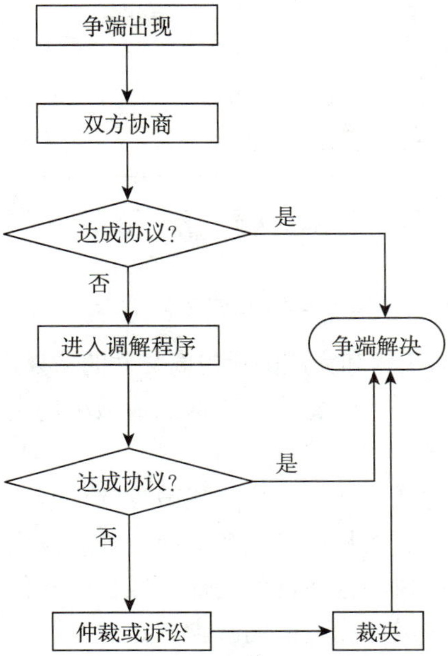


图 10-11　争端解决的一般程序

4)仲裁

仲裁是指当事人双方在争端发生前或争端发生后，其中一方按合同约定将争端提交仲裁委员会做出裁决的一种解决争端方式。仲裁具有自治性、专业性、保密性、终局性的特点，依据独立、自愿、公平合理、一裁终局的仲裁原则。仲裁的一般程序为：仲裁协议签订→仲裁申请和受理→组成仲裁庭→开庭和裁决→执行仲裁裁决等几个环节。

5)诉讼

诉讼是指合同当事人依法请求工程所在国的当地法院行使审判权，审理双方之间发生的合同争端，做出国家强制保证实现其合法权益，从而解决纠纷的审判活动。合同当事人如果没有约定仲裁协议，则只能以诉讼作为解决争端的最终方式。诉讼审理人员一般不是专业工程技术人员，所以需要审理的时间比较长，且费用很高。

### (六)合同价款的支付管理

本部分根据 FIDIC 施工合同条件(1999 年第一版)中的规定，说明如何进行工程款支付管理。支付管理包括每个月末支付工程进度款、竣工移交时办理竣工结算和缺陷通知期满后进行最终决算三大类。支付管理中涉及的费用又可以分为两大类：一是工程量清单中列明的费用；另一类是属于工程量清单中虽未注明，但条款有明确规定的费用，如变更工程款等。

1. 工程进度款支付管理

工程进度款的支付程序如图 10-12 所示。

1)承包商提交月报表

每个月的月末，承包商应按合同条件中规定的格式提交一式六份本月支付报表作为每月付款的申请，内容包括：

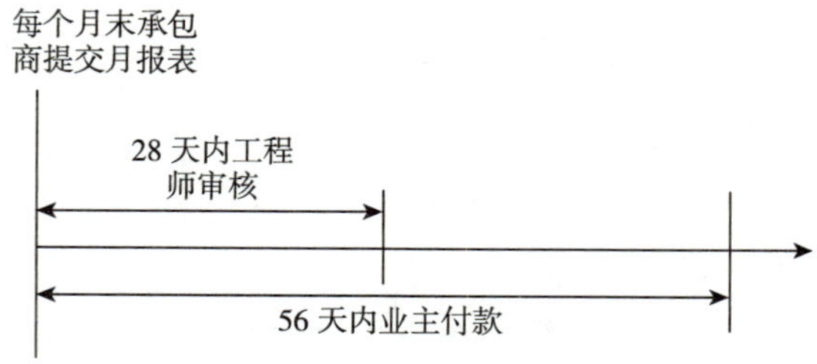


图 10-12 进度款支付程序

(1)本月已经实施的永久工程和完成的承包商文件的估算金额(包括各项变更的金额)。

(2)因法律法规改变或市场物价变化，应增加或减少的金额。

(3)应扣留的保留金数额。

(4)因工程预付款的支付或扣回，应增加或减少的金额。

(5)按合同约定的方法计算的材料和设备款应增加或减少的金额。

(6)按合同有关约定，应付的其他任何增加或减少的金额(如承包商索赔款)。

(7)所有以前支付证书中确认的金额的减少额。

2)工程师审核并确认

工程师接到承包商提交的月报表后，要审查款项内容的合理性和计算的正确性。在核实承包商本月应得款的基础上，再扣除保留金、预付款、已经安装到工程上的材料和设备款，以及所有因承包商责任而应扣减的款项后，据此签发期中支付证书。

3)业主支付

承包商的月报表经过工程师认可并签发工程进度款的支付证书后，业主应在接到证书的28天内向承包商付款。如果逾期支付，将按投标书附录约定的利率计算延期付款利息。

2. 竣工结算

FIDIC土木工程施工合同条件的竣工结算程序如图10-13所示。

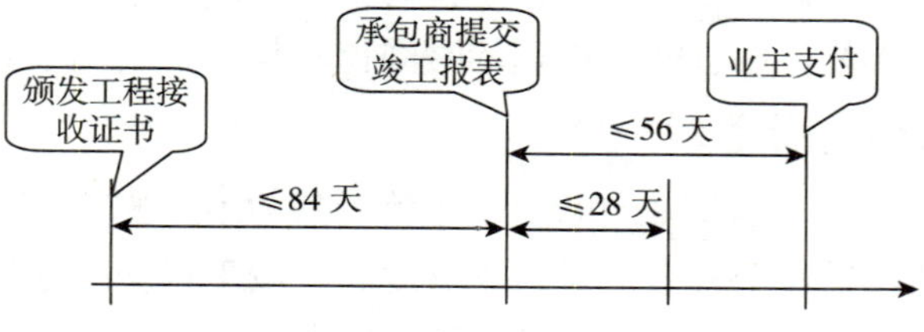


图 10-13 竣工结算程序

1)竣工报表

在工程项目已经移交给业主，并收到业主的工程接收证书后，承包商应在规定的时间内向业主提交竣工报表，申请竣工结算。竣工报表的内容包括：

(1)至工程接收证书中指明的竣工日期，根据合同完成的全部工作的价值。

(2)承包商认为应该支付给他的其他款项，如要求的索赔款等。

(3)承包商认为根据合同应支付给他的估算总额。

2)竣工结算总金额的调整

一般地，承包商在整个施工期内完成的工程量乘以工程量清单中的相应单价后，再加上其他有权获得的费用总和，即为工程竣工结算总额。但由于工程量清单中的单价为综合单价，其中的某些分摊费用与完成的工程量无关，如果完成的工程量超出清单中的估算量，承包商会从这些固定杂费中获益，反之，承包商会因实际完成的工程量过少而无法收回已经支付的这些固定杂费。因此，1999 年版 FIDIC 施工合同条件，对工程量清单中的单价调整给出了具体的判别条件。

3. 最终决算

最终决算是指颁发履约证书后，对承包商完成的全部工作价值的详细结算，以及根据合同条件对业主应付给承包商或承包商应付给业主的其他费用进行核实，确定合同的最终价格。最终决算程序如图 10-14 所示。

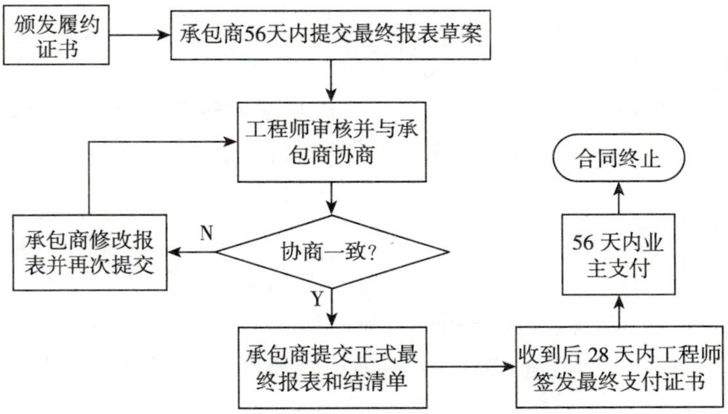


图 10-14　最终决算程序

## (七)合同文档管理

国际工程项目建设过程复杂，涉及众多相关方。一个项目需要签订少则几十个合同，多则成百上千个合同。每个合同在履行过程中易受社会和自然环境的影响，合同变更频繁，且在履约中往来函件和资料均非常多。为避免争议，有效进行合同管理工作，必须加强合同文档管理，争取实施文档管理的档案化和信息化。

1. 合同文档的收集

合同文档管理是合同管理的基础，合同管理工作质量的好坏在很大程度上取决于文档资料的全面性和可靠性，因此应建立一套完善的文件收集制度。

合同文档主要包括招投标阶段文件、正式合同文本、往来函件、会议纪要、合同管理报表、合同管理工作程序文件，还有各类支付证书、施工记录、财务报表等。

要完善合同文档的收集，应建立严格的收发文登记制度和文件借阅制度，避免将任何文件私自带走和存放顺序混乱；也要注意文件存放的安全性，尤其是防盗、防火、防蛀和防潮问题。此外，还要注意文件的保密。

2. 合同文档的处理和保存

合同文档处理主要是对合同文件进行科学的分类整理和归档，建立文档编码制度。

每一份合同、往来函件、会议纪要和变更文件等书面文件均应进入计算机系统，并确立特定的文档编码，根据计算机设置的检索系统进行保存和调阅。

编码是指设计代码，而代码指的是代表事件的名称、属性和状态的符号与数字。代码有两个作用：一是可以为事物提供一个精炼而不含糊的记号；二是可以提高数据处理的效率。由于代码比数据全称要短得多，可大大节省存储空间和处理时间，查找、运算、排序等也十分方便。

3. 合同文档的使用

合同文档管理系统建立后，还需要有相应的合同文件审核制度，有一套简洁高效的内部文件流转程序。此外，还有一个关键问题是，在以后的合同执行过程中，合同部的所有成员应严格按照程序对合同文档进行使用。

## 三、合同收尾阶段的管理

### (一)合同后评价

按照合同生命周期管理的要求，在合同实施后必须进行合同后评价，将合同签订和执行过程中的得失、经验教训总结出来，编写成分析报告，以便在其他项目的合同管理中借鉴。

1. 合同签订情况评价

(1)前期合同策划的适宜性，预定目标是否顺利实现。

(2)招标文件分析和合同风险分析的准确程度。

(3)该项目环境调查、实施方案、工程预算以及报价方面的问题及经验教训。

(4)合同谈判中的问题，以后签订同类合同的注意事项。

(5)各个相关合同之间的协调问题。

2. 合同执行情况评价

(1)合同执行中出现的特殊情况，采取了什么措施减少损失。

(2)合同风险控制利弊得失。

3. 合同管理工作评价

(1)合同分析的准确程度。

(2)合同管理子系统与其他职能子系统的协调中需要改进的地方。

(3)索赔处理和纠纷处理的经验。

4. 合同条款分析

(1)对具体的合同条款如何表达更为有利。

(2)对工程有重大影响的条款的约定和执行中出现的问题。

### (二)合同终止

合同终止通常包括四种类型：

(1)合同当事双方按照合同规定，履行完全部职责和义务后，合同即终止。

(2)因一方或双方受到不可抗力的影响而中途终止合同关系。

(3)一方自主决定终止合同。

(4)因一方违反合同约定，另一方提出终止合同。

根据一般的法律和有关司法实践，合同的法律关系可由于以下原因而终止。

1. 合同履行完毕终止

合同的履行，即意味着合同约定的义务已经完成，权利已经实现，因而合同的法律关系自行消灭。履行完合同约定的职责和义务是终止合同的法律关系的最基本方法，也是工程项目合同终止的最常见原因。

按 FIDIC 施工合同条件(“新红皮书”)，在最终结算费用支付后，结清单自动生效，双方合同义务关系终止，但双方在合同中做出特殊约定的情况除外，如保密义务等。

2. 合同因行政关系终止

工程项目合同的双方当事人根据工程所在国的计划或行政指令而建立的合同关系，可因工程所在国计划的变更或行政指令的取消而终止。

3. 合同因不可抗力的原因而终止

工程项目实施是一个复杂长期的过程，在此期间会发生很多不可预见的事件，如战争、暴乱等不可抗力，这些因素不是合同当事人的责任，但合同已经无法继续履行，应当终止合同。

4. 当事人双方混同一人而终止

法律上对权利人和义务人合为同一人的现象，称为混同。既然发生了项目合同当事人合并为一人的情况，那么合同义务的履行已经不需要依靠这种契约关系而维系项目的实施，因而项目合同自行终止。

5. 合同因双方当事人协商同意而终止

项目合同的当事人双方可以通过协商来变更和终止合同，所以通过双方当事人协商而解除合同关系或者免除义务人的义务，也是终止工程项目合同的一种方法。

6. 仲裁机构或者法院判决终止合同

当工程项目合同的一方当事人不履行，或不恰当履行合同，或者发生其他争端，另一方当事人提交仲裁机构或法院，可以裁决终止合同。

## 第四节　工程项目合同评审体系

### 一、工程项目合同评审体系概述

合同评审是指合同当事方对拟签订合同的各个方面在招标投标、签订合同、履行合同、合同终止的不同阶段进行的评审，是一种内部合同管理方法。其主要目的是保证合同的正确履行，通过对项目招标文件的严格分析和审查，确保签订一份公平、合理的合同。同时，这个过程也是识别和处理合同风险的重要步骤。进行严格的合同评审不仅是企业严格履行合同的要求，也是实现内部控制机制的重要方面。

工程项目合同评审体系是工程项目合同管理体系的子系统。其内容构成如图 10-15 所示。

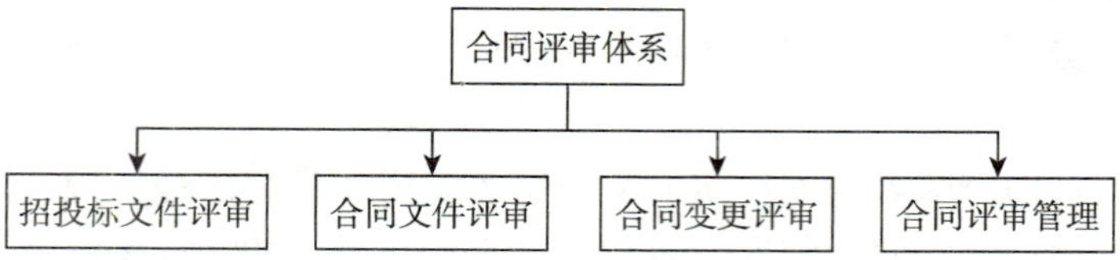


图 10-15　合同评审体系

## 二、招投标文件评审

### （一）信息评审

信息评审是指合同当事一方对另一方在履约能力方面的信息审查。工程项目信息评审包括项目业主对投标人资格信息评审和投标人对业主的信息评审。由于业主和承包商之间存在信息不对称，业主总是在担心承包商是否能够按时保质保量完成工程，而承包商也总是在担心自己履约后是否能及时得到业主的付款，因此，履约能力评审对双方而言都显得尤其重要。

1. 业主对投标人资格信息的评审

业主对投标人资格信息进行评审，主要是通过资格预审过程来实现。资格预审是为了保证所收到的投标书均来自业主确信有足够能力圆满完成拟建工程的投标人。

资格预审的目的主要是为了确定有资格的公司名单，同时还确保招标具有一定的竞争性。通过资格预审，业主可以了解投标人的财务能力、技术状况及相关经验，淘汰不合格的投标人，只选择在财务、技术、经验、人员等方面合格的投标人参加投标，并且可以减少评标阶段的工作时间、减少评审费用。

业主在选择投标人时的最大风险就是选择了不恰当的中标人。因信息不对称，业主主要是通过让投标人填写资格预审资料表，并从这些信息中对投标人的履约能力做出判断。一旦信息不充分，业主将会做出错误选择。因此，资格预审资料表的设计非常关键。

2. 承包商对业主信息的评审

承包商对业主信息的评审主要是确定业主的项目概况、资金来源、支付信誉、履约能力等，目的是确保及时获得工程进度款；同时对招标文件进行仔细分析，重点抓住以下几点：

(1)核准投标截止的准确日期和时间、投标有效期、工期和保修期等。

(2)保函方面的要求。其包括投标保函、履约保函、保证金保函等的额度要求，关于保函开出行的限制，保函有效期等。同时注意开出各类保函所需要的时间，避免由此产生延误。

(3)保险要求。业主要求的保险险种、保险范围、最低保险金额和保期等。

(4)支付的程序、时间、要求等。

(5)关于税收，搞清关税、营业税、所得税等需缴纳的各种税费的税率，以及税收方面的优惠条件等。

(6)违约赔偿的金额、条件，以及是否有提前竣工奖励等。

(7)关于不可抗力条款，及争端、仲裁、索赔条款等约定的公平性。

(8)招标方面的其他要求。

除对业主的信息进行评审外，承包商还应对自身情况做出客观评定，包括本公司的优势和劣势、技术水平、资金状况、同类工程的经验、正在承建的工程数量等。必须分析自己是否具有满足业主对工程质量要求的能力，能否满足在招标文件中对项目技术和商务方面提出的要求，切记不要企图承包超过自身水平和能力的工程。

承包商同时要研究建设市场情况、竞争激烈程度和参与此工程竞争的承包商数量和竞争对手的实力，确定自己的投标竞争力和中标可能性。

### (二)招标文件和投标书评审

#### 1. 招标文件和投标书评审概述

承包商在提交投标书前必须对业主的招标文件做出仔细的审查和客观地评估，一旦提交了投标书，在法律上即意味着提出要约，就产生了法律效力，它是对业主的招标文件(要约邀请)的响应。

承包商必须全面分析和正确理解招标文件，做好投标报价阶段的评审。招标文件一般都规定承包商对招标文件的理解和解释自行承担责任，所以招标文件对承包商的报价起决定作用。而且，通常情况下，招标文件的大部分内容将构成合同文件，是合同签订后实施工程的核心依据。

对业主而言，投标书评审的主要目的在于选择能力强、信誉好、经验丰富并且报价具有竞争力的承包商。业主通过评标专家委员会按照事先确定的评标方法和评标标准确定最终的中标人。

#### 2. 承包商对招标文件和投标书的评审

承包商投标书往往被视作对业主招标文件的再要约，而且在中标后签订的合同文本中，承包商的投标书构成合同的一部分，因此应十分慎重。

1)评审小组

承包商应成立招标文件和投标书评审小组，对招标文件和投标书进行评审；在对外提交报价文件前，还应由主管负责人主持投标书评审会，对投标报价进行最终审查。参加评审小组的人员必须具备：

(1)对国内和国际工程环境有全面的了解，具有本专业的技术知识和实践经验。

(2)有国际工程概预算的实践经验。

(3)有国际工程合同管理的实践经验。

(4)有国际工程成本和资金管理方面的实践经验。

(5)熟悉相关的法律法规，精通合同条款。

2)招标文件评审的主要内容

承包商应在信息评审的基础上，逐条逐句地研究招标文件的含义并理解业主的要求，透彻理解招标文件中有关商务、技术要求的所有条款，不放过任何细节，因为投标价格是在对招标文件彻底理解的基础上报出的。评审的主要内容包括：

(1)工作范围的明确性。

(2)工程质量标准和进度要求的准确性。

(3)招标文件中模糊和歧义的内容，确定需要向业主提出质询的内容。

(4)工程项目风险类别和风险程度评价。

(5)针对项目的自我能力评价，即做出是否投标的决策。

3)投标书评审的主要内容

投标书评审是指承包商对已编完的投标书进行的综合审核，是在承包商将已经编制完的投标书向业主提交之前，评审小组对投标书的最后审核。审核的主要内容包括：

(1)是否完全对招标文件的要求做出了实质性响应。

(2)偏差的幅度量化值是多少。

(3)我方的技术水平是否能满足招标文件提出的技术要求。

(4)商务报价是否充分考虑了竞争对手、公司报价策略、盈利水平等因素。

(5)投标书的完整性(是否提交了招标文件要求的全部文件)。

(6)商务部分估算的准确性。

3. 业主对投标书的评审

业主对投标书的评审是在递交投标书的截止时间之后，为选择中标人而对全部投标书进行的综合评审。

1)评审内容

(1)初步评审。在正式评标前，招标人要对所有的投标书进行初步评审，也就是初步筛选。初步评审的目的在于确定每一份投标书是否完整、有效，在主要方面是否符合要求，以便从所有的投标书中筛选出符合最低要求标准的投标人，淘汰那些基本不合格的投标书，以免在详评时浪费时间和精力。

初步评审的主要内容：投标人的资格是否符合招标文件要求；投标书的完整性；主要方面是否符合要求；价格计算是否有差错等。

(2)详细评审。经初步评审合格的投标书，评标委员会应当依据招标文件中的评标标准和方法，对其技术部分和商务部分作进一步的评审和比较。

商务评审的目的在于从成本、财务和经济分析等方面评定投标报价的合理性和可靠性，并估量授标给各投标人后的不同经济效果。

技术评审的目的在于确认备选的中标人完成招标项目的技术能力及其所提方案的可靠性。与资格预审不同的是，这种评审的重点在于评审投标人将怎样实施本招标项目。

2)评标标准与方法

常见的工程项目招标评标标准和方法所包含的内容如表 10-2 所示。

**表 10-2 工程项目评标标准和方法**

| 招标范围 | 评标标准 | 常用的评标方法 |
|---|---|---|
| 勘察设计招标 | 1. 投标人的业绩和资信<br>2. 勘察、设计项目负责人的经历、资格和能力<br>3. 人员配备情况<br>4. 技术方案和技术创新能力<br>5. 质量管理体系<br>6. 技术支持和保障<br>7. 商务报价<br>8. 财务状况<br>9. 勘察设计周期、组织实施方案及进度安排 | 综合评标法<br>两阶段评标法<br>综合评议法 |

续表

| 招标范围 | 评标标准 | 常用的评标方法 |
|---|---|---|
| 咨询服务招标 | 1. 投标人的业绩和资信<br>2. 关键咨询工程师的经历和主要人员情况<br>3. 咨询服务工作规划(大纲)<br>4. 商务报价<br>5. 财务状况 | 综合评标法<br>两阶段评标法 |
| 施工招标 | 1. 施工组织设计(为国际工程中的质量计划)<br>2. 商务报价<br>3. 施工项目经理及技术负责人的经历<br>4. 组织结构和主要管理人员<br>5. 主要施工设备<br>6. QHSE 管理体系<br>7. 业绩、类似工程经历和资信<br>8. 财务状况 | 最低价中标法<br>综合评标法<br>接近标底价法 |
| 设备材料招标 | 1. 商务报价<br>2. 质量管理体系<br>3. 组织供应计划<br>4. 售后服务<br>5. 业绩和资信<br>6. 财务状况 | 最低价中标法<br>综合评标法 |

## 三、合同文件评审

在建设工程承发包中，合同是影响利润最主要的因素。签订一个公平合理的合同，是承发包双方都十分重视的问题。在合同签订前，合同当事人可以利用法律赋予的平等权利，进行对等谈判，充分协商。通过谈判、进一步的讨价还价，业主有望得到更优惠的服务和价格、一个更完美的工程；承包商有望得到一个合理的价格和公平的利润回报。

在合同签订前，合同当事人双方应进行下列工作：

(1)审查合同文件是否符合法律规定，包括所有的合同条款是否符合工程所在国的有关法律法规、相关标准规范等。

(2)审查合同的完备性，包括合同条款和合同文件是否完善、齐全、具体、可操作等要求。

(3)审查合同双方的责、权、利及其关系的对等性。关于合同当事人双方的责任和权益的条款尽可能具体、详细，公平合理地分配合同风险，公平地分担职责和义务，并公平地享有权利。

(4)审查合同文字表达是否准确，外文译稿是否准确反映了原稿的含义等。

(5)审查合同文本的规范性，如合同文本的内容是否齐全，定义是否清楚、准确，双方责任界限是否明确，合同格式是否符合规范要求等。

## 四、合同变更评审

合同变更往往是因为项目的需要而对原合同进行的修改和补充，而且双方在合同中已经就工程变更的程序和权利达成了一致意见；在合同实施中，业主(或工程师)直接行使合同赋予的权力发出工程变更指令，根据合同约定程序，承包商执行变更指令。同时，双方对变更价款和工期进行协商。

有的合同约定，先实施变更工作再确定变更工作的价格，这种变更工作实施在前、价款变更在后的特点容易使合同处于不确定状态。

### (一)业主(工程师)对合同变更的评审

1. 评审原则

(1)变更工作必须对该工程发挥整体效益。

(2)变更工作对工程成本的影响在预算控制范围内。

(3)工程变更应兼顾业主、承包商或项目之外的第三方的利益，不能因工程变更而损害任何一方的正当权益。

(4)保证变更工作符合本工程项目的技术标准。

(5)其他方面的要求。

2. 评审的内容

(1)变更的必要性。

(2)工程师签发书面变更指示的时间、内容及其合理性。

(3)承包商是否在规定的时间内收到变更指示。

(4)承包商实施变更工作的内容是否和变更指示的要求一致。

(5)承包商实施合同变更的质量是否符合原合同的规定。

(6)变更价款的合理性评审。

3. 变更工作价格的确定方法

(1)合同中已有适用于变更工作的单价或价格，则按合同已有的单价或价格确定变更价款。

(2)合同中只有类似变更工作的单价或价格，可以参照类似的单价或价格确定变更价款。

(3)合同中没有适用或类似于变更工作的单价或价格，由承包商提出适当的变更价格，经工程师确认后执行。

(4)如果项目业主和承包商未能就工程变更的费用等内容达成一致意见，则由工程师提出一个暂定的价格，作为临时支付工程款的依据。

### (二)承包商对合同变更的评审

合同签订后，承包商的根本任务是严格遵守合同，圆满地完成施工。但工程项目易受社会和自然条件影响的特点，导致合同内容变更频繁。对一个较为复杂的工程项目，在合同实施中变更可能达到几百项。有的变更对合同实施影响很大，而且经常会引起争执，所以在合同实施中，承包商对合同变更应进行评审。

承包商在实施合同变更评审的过程中，应明确以下几个方面。

1. 业主和工程师的认可权必须得到合理限制

认可权也可以理解为审核批准的权力。在国际工程中，业主经常运用工程师对材料和工艺的认可权提高材料认可的质量标准、提高设计质量要求和提高施工质量标准。如果合同规定比较含糊，或标准处于某个区间，则业主会选择较高的标准，而承包商会选择较低的标准，这很容易引起争执。如果这种认可权超过合同明确规定的范围和标准，则构成变更，应争取获得工程师的书面变更指令或书面确认，进而提出工期和费用索赔。

对合同规定比较模糊或不清的内容，应适用国际惯例、当地法律法规以及行业标准，并应按合同条款解释的通用规则做出合理、公正、可执行的解释。

2. 合同变更的处理原则

当业主(或工程师)指令变更时，承包商要审核是否有能力满足业主的变更要求(包括变更内容和时间安排)，如果超出自己的能力范围，应及时向业主提出无法实施变更工作的合理理由。

如果变更内容超过合同规定的工程范围，承包商有权不执行变更或坚持先商定价格再实施变更。这种情形的变更往往是增加了额外工程。

3. 承包商不能擅做主张进行工程变更

承包商应明确对任何工程问题，都不能擅做主张，进行工程变更。在国际工程中，特别要注意这一点。施工中发现图纸错误或其他问题，需进行变更时，首先应通知工程师，取得工程师同意并严格按变更程序进行变更。否则，可能无法获得应有的补偿。

4. 必须坚持审查制度

在合同实施中，合同内容的任何变更都必须经过合同管理人员的仔细审核，承包商与业主、分包商之间的书面函件、报告、指示等应抄送合同管理人员，由其进行合同方面的审查。这样才能保证任何变更都在控制之中，不会出现合同问题。

5. 注意收集资料

合同变更赋予承包商合理的索赔机会，应严格按变更程序和索赔程序在合同规定的索赔有效期内完成对变更工作的处理。在合同变更过程中应记录、收集、整理所涉及的各种文件，如施工日志、图纸、各种计划、技术说明、规范和业主的变更指示，以此作为进一步分析的依据和索赔的证据。

在合同变更中，应特别注意因变更而造成返工、停工、窝工、修改计划等引起的费用增加和工期延长问题，注意这方面资料的收集。

### 五、合同评审管理

#### (一)合同的定期评审

由于一个工程项目从招投标、谈判、签约、实施到移交业主使用，要持续较长时间，在项目实施过程中，合同要经过多次修订，而且管理人员也会变动。因此，对合同进行定期评审有助于更好地理解合同、实施合同和更有效地进行合同管理，保证项目的顺利实施。

#### (二)合同评审文件的管理

在合同招投标和合同实施过程中，合同当事人双方都要保存好记录，做好文档收集、处理、保存工作。其一，可以保存证据，为以后在索赔和争端中争取有利地位；其二，可以通过记录，分析合同管理情况，为合同管理体系的评价和持续改进奠定基础。

## 第五节 工程项目合同管理体系的评价和持续改进

工程项目合同管理体系评价是指在合同履行过程的主要阶段结束时或当一份合同终

止后，合同管理人员对该合同某一阶段或合同的整个履约过程进行的综合评定，以总结成功经验和失败教训。工程项目合同管理体系持续改进则是在对合同管理体系进行评价的基础上，不断提出对现有合同管理体系的持续改进建议，旨在进一步完善合同管理体系，促进项目的成功实施。持续改进是合同管理的一个动态控制过程。

## 一、工程项目合同管理体系评价

### （一）工程项目合同管理体系评价内容

1. 合同管理体系的可操作性评价

合同管理体系的可操作性是合同管理体系实施的基础，脱离了操作性，合同管理必然流于形式，达不到建立合同管理体系的目的。可操作性评价主要包括以下几个方面：

(1)合同管理制度。合同管理制度主要评价合同管理制度是否健全，每一项制度的内容是否完善，合同管理制度考核方法的适宜性等，从而评价合同管理制度是否严谨细密，而不是大而空的论调。

(2)合同管理程序。合同管理程序是指合同管理过程中的工作流程，它是指导合同管理工作的最直观方法。对合同管理程序的可操作性评价主要包括流程中是否包括了全部主要工作，工作流向是否合理，合同管理各工作界面划分是否明确，合同管理各项工作的实施是否顺利，实施过程中是否经常受阻，受阻的频率有多大，以及合同管理程序文件报告是否完整详细等。

(3)合同管理文件。其主要是指合同管理手册，是合同管理的指导性文件。评价内容包括合同管理手册内容的可用性，手册内容是否全面，是否经常发生找不到管理依据的合同事件，手册的编写是否易于理解，手册中的管理方法是否易于操作，在实际操作中有无不依据手册执行的情况，手册中的表格是否被使用，其使用效果如何等。

2. 合同管理体系的适用性评价

合同管理体系的适用性是合同管理体系实施的前提，如果建立的合同管理体系不适用，那么不仅不能得到相应的管理绩效，而且往往会导致工程项目成本增加、目标无法实现。适用性要求在实施合同管理体系的时候，要针对具体的项目，通过对公司通用合同管理体系的补充和改进而满足项目的具体要求。适用性评价主要评价合同管理体系的适用范围和适用程度。

3. 合同管理体系的经济性评价

合同管理体系的经济性评价是实施合同管理体系的意义所在，离开经济性，再好、再规范的体系对项目而言都是失败的。经济性评价一般采用成本/收益法，考察实施合同管理体系的成本，如合同管理人员的费用、合同管理对项目目标的影响；测算实施合同管理体系的收益，如合同成功索赔带来的收益，合同管理在质量、进度、费用等方面带来的效益，通过成本/收益的对比分析，从而确定合同管理体系的经济性。不但要对同一项目在实施合同管理体系前后的变化进行分析，而且要研究实施合同管理体系给公司带来的长久收益。

4. 合同管理体系的可靠性评价

合同管理体系的可靠性是实施合同管理体系的保证，没有可靠性，实施合同管理体系就失去了支撑，不仅使管理人员的决策失去依据，而且使执行人员很难服从管理人员的指令。

合同管理体系可靠性评价主要借鉴系统的可靠性评价理论，针对合同生命周期，考察分析合同管理各过程在管理实践中的可靠性，从而最终确定整个管理体系的可靠性。与系统各部分略有不同的是合同管理体系各管理过程不像系统各部分那样具有很强的相关性，所以，在评价合同管理体系可靠性的时候，应先确定各管理过程在合同生命周期中的位置和在合同管理体系中的地位以及相互间的关联度。

### （二）工程项目合同管理体系的评价指标

在进行合同管理体系评价时，应依据合同统计资料，选取一定评价指标，建立指标体系，且指标应随着合同的实施进行必要的更新，图 10-16 是以土木施工合同为例建立的评价指标体系。

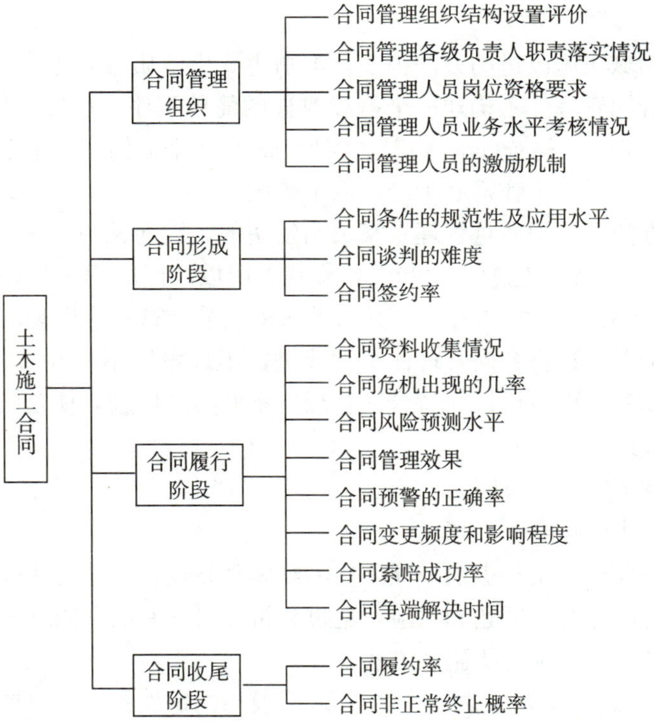


图 10-16　土木施工合同管理体系评价指标

### （三）合同管理体系评价的切入点和评价方法

合同管理体系评价的切入点，应是合同管理过程中发生在组织内部和外部的取得成功的具体事件，或工作失误、疏漏和冲突等。

一般可使用综合评价法对合同管理体系进行评价。首先确定评价指标，通过对评价指标综合加权，对合同管理体系进行评价，确定合同管理的综合效果。同时应对合同管理中存在的具体缺陷给予剖析，尽可能提出改进的具体方向和办法，为合同管理体系的持续改进奠定基础。

## 二、工程项目合同管理体系的持续改进

### (一)持续改进概述

合同管理体系持续改进是合同管理组织永恒的目标，是企业持续增长的保证。合同管理体系持续改进应贯穿于合同生命周期的每一阶段，前一阶段的经验与教训对下一阶段具有指导和借鉴作用。

合同管理体系持续改进包括组织目标的调整、策略的更改、组织结构的变动、管理过程的重组、管理程序的改进等，可以说涉及合同管理的方方面面。这种持续改进可以提高合同管理的效益，改善组织的人际关系，提升组织的竞争力，降低合同实施对资源的消耗，从而提高组织的投资收益和实现最终的增长目标。

### (二)持续改进的方法

目前，管理领域实施改进的方法很多，本书主要借鉴质量管理中的 PDCA 循环法，以此为手段，为合同管理体系构建一个持续改进的简单程序。PDCA 代表英文的“计划(plan)”、“执行(do)”、“检查(check)”、“纠偏(act)”四个词的第一个字母。PDCA 循环的含意是管理改进的任何工作都必须经过四个阶段。

PDCA 循环方法是美国质量管理专家戴明发明的，因而又被称为“戴明循环”。PDCA 循环体现了管理的基本思想方法和工作步骤，所以广泛应用于管理的各个领域。不仅如此，PDCA 循环的关键之处在于其持续改进的实质，这正是管理的目的所在。按照 PDCA 循环的四个阶段进行合同管理体系的改进，不仅可以不断改善管理活动的手段，提高合同管理的绩效，而且可以保持合同管理体系的与时俱进，使合同管理体系针对具体情况不断更新改进。

1. PDCA 循环的四个阶段

1)P 阶段——计划阶段

这个阶段的主要内容是根据前一项工作的经验和教训，对将要实施的合同管理工作进行计划，预测可能存在的问题和风险，通过分析，对现有的合同管理体系制定改进的目标，并确定达到这些目标的措施和方法。

分析现状切忌“好像没有问题”、“差不多”等模糊的定性概念，要针对具体的合同事件、过程和管理中的问题，尽可能用数据进行定量说明。而且，要抓住导致合同管理失误的主要原因，从主要矛盾入手解决问题。

计划和措施的拟定过程通常采用“5W1H”法：why(说明为什么制订计划)；where(说明计划实施的地点)；what(说明计划的内容)；who(计划由谁实施)；when(计划实施的时间)；how(怎样实施计划)。

2)D 阶段——实施阶段

此阶段的工作是实施计划，即按照制订的计划和措施严格地去执行。

3)C 阶段——检查阶段

这个阶段主要是检查计划执行的效果。根据制订的计划，检查计划和实际执行效果之间的偏差、实际结果是否达到预期的目的。

检查效果的前提是要客观地采集实际执行状况的原始数据，并按统计方法进行科学整理，对照计划中规定的目标进行分析，确定与预期目标的偏差程度。

4)A 阶段——处理阶段

根据 C 阶段检查得到的偏差程度，采取相应的纠偏措施。把成功的经验和失败的教训纳入有关的标准、制度和规定，防止偏差事件再次发生。

至此，一个 PDCA 循环已经完成，随着工作的进展将转入下一个 PDCA 循环中。本循环中的经验和教训，将作为下一个循环计划制订的资料和依据。

2. PDCA 持续改进的步骤

(1)分析和评价现状，以识别改进区域。

(2)确定改进目标。

(3)寻找可能的解决办法，以实现这些目标。

(4)评价这些解决办法并做出选择。

(5)实施这些解决办法。

(6)测量、验证、分析和评价实施的结果，以确定这些目标已经实现。

(7)正式采纳使用。

(8)对结果进行评审，以确定进一步改进的机会。

### (三)持续改进的主要对象

1. 合同管理体系持续改进的主要对象

首先，合同管理是一个全面的、全方位和全员参与的过程，所以对合同管理体系的改进首先是对合同管理组织的改进，不仅要加强合同管理人员的培训，而且要在对人力资源持续改进的过程中逐步提高合同管理人员对合同管理体系持续改进的认识，使合同管理人员能够自觉地融入持续改进、逐步提升的过程，能够在合同管理体系的实施中主动寻找改进的机会，依据合同管理目标，对合同管理体系进行改进。

其次，改进的主要对象是合同管理各过程，通过 PDCA 循环，不断改善合同管理程序，提高合同管理程序的管理效率，不断完善合同管理文件，使合同管理文件真正起到指导作用，实现改进合同管理体系的目的，最终实现工程项目的目标。

2. 合同管理体系持续改进的主体

持续改进的主要对象是管理组织，这就决定了持续改进的主体是组织的领导和管理人员。各级管理者应通过以身作则、持之以恒和优化配置资源，创造持续改进的环境，履行必要的领导职责并承担义务。其中一项重要工作，就是“持续地改进自己的工作过程”。

3. 合同管理体系持续改进的机会

合同管理组织和人员应不断寻求改进机会，而不是等待问题出现再去抓住机会，要用“改进”的眼光看问题，依据合同管理体系评价的结果，寻找改进的机会。同时，要加强合同的跟踪和监测，从合同实施的危机中寻求合同管理改进的机会。

此外，应善于进行比较分析，对同一个管理程序，不仅要进行横向比较，比较不同管理程序的管理效果，而且应进行纵向比较，比较同一管理程序在不同时间、不同问题上的管理效果，从中寻求改进的机会。

# 第十一章

# 国际工程项目 HSE 管理

本章内容包括国际工程 HSE 管理的定义、目标、任务、必要性、意义和体系；国际工程职业健康与安全管理的内容、事故预防和处理措施；国际工程项目实施过程中的资源和生态环境保护。

## 第一节 国际工程项目 HSE 管理概述

### 一、国际工程项目 HSE 管理的定义

HSE 管理，又称健康、安全与环境管理，是指 health（健康）、safety（安全）和 environment（环境）的一体化管理。健康是指职业卫生；安全是指项目实施过程中无危险状态；环境一方面是指项目施工过程中的劳动环境，另一方面是指项目施工对人类生存环境的作用。HSE 管理模式是一种通过健康、安全与环境风险分析，确定人（公司）的活动可能发生的危害后果，从而采取有效防范手段和控制措施，以减少人员损害、财产损失和环境污染的管理方式。

### 二、国际工程项目 HSE 管理的目标和任务

#### （一）国际工程项目 HSE 管理的目标

HSE 管理包括以下目标：

（1）减少由项目建设引起的人员伤害，保障人员的职业健康和生命安全。控制影响工作场所内所有员工、临时工作人员、合同各方人员、访问者和其他有关部门人员健康和安全的条件和因素，避免和消除员工可能面临的健康和安全的危害，如职业伤害事故、职业病、流行性疾病等。

（2）保护生态环境，减少污染。在项目建设过程中有效地管理废弃物和污染物，实施污染控制和废弃物监督，以减少对环境的污染，保证项目完工时没有垃圾或污染物遗留现场，控制或减少由于工程项目施工对工程所在地的生态环境造成的不利干扰和

影响。

(3)促进项目可持续发展。提高项目的可持续性是进行 HSE 管理的重要目标之一，要提高项目的可持续性，必须考虑项目整个生命周期内的投入和产出状况，追求达到最佳的全生命周期经济效益。在进行 HSE 管理时，必须有效利用资源，减少自然资源和不可再生资源的消耗。

### (二)国际工程项目 HSE 管理的任务

在工程建设项目中，HSE 管理的任务具体包括：

(1)根据国际工程承包合同的要求，建立完善的 HSE 管理体系，并保持其持续有效性。例如，在某输油管线项目的 HSE 管理中，合同要求承包商必须编制《健康安全手册》、《健康安全常识手册》、《环境影响评估报告》和《环境质量管理方案》等程序文件和管理文件。

(2)按照 HSE 管理体系要求对项目进行持续的 HSE 管理，包括对项目 HSE 管理的符合性、有效性进行客观的评定，制定审核程序进行定期审核，发现问题限期整改等。

(3)建立 HSE 管理组织机构，确定 HSE 管理人员的职责和权力。

(4)对承包商全部人员进行 HSE 培训取证和外派劳务人员培训。

(5)对分包商的 HSE 进行管理。

## 三、国际工程项目 HSE 管理的必要性和意义

### (一)国际工程项目 HSE 管理的必要性

国际工程项目 HSE 管理以公司组织为核心、以工程建设项目为载体，对项目的可行性研究、立项、设计、采购、施工到生产全过程进行全方位的控制管理。工程建设项目具有复杂性、唯一性、长期性以及易受社会和自然环境干扰等特点，因此工程项目建设现场存在大量不安全因素，属于事故多发的作业现场。工程建设项目特点决定了建设现场同时存在多单位、多工种共同作业的情况，且建设现场人员、作业位置流动性大，因此加强对项目全过程的 HSE 管理是保证建设活动处于安全状态和环境友好状态的基础。

对于国际工程公司而言，在开展对外承包活动，赢取利润的同时，还必须承担社会责任，而做好 HSE 管理是履行公司社会责任、增强公司国际竞争力的重要方面之一。

### (二)国际工程项目 HSE 管理的意义

随着我国“走出去”战略的深入实施，越来越多的中国工程公司走出国门，参与国际竞争。尽管我国工程公司近年来逐渐加强 HSE 管理，但与发达国家工程公司的管理水平相比，我国公司 HSE 管理无论从理念上还是具体措施上，仍属于项目管理中相对薄弱的环节。国际承包工程的环境与国内工程完全不同，因此要求更高水平的 HSE 管理。HSE 管理的意义主要体现在以下三个方面。

1. 高水平的 HSE 管理是公司高效项目管理的需要

高水平的 HSE 管理通过强化管理者责任意识，可以有效调动全员积极性：卫生良

好的工作环境，带给员工愉悦的工作心情；有序的现场安排，可以有效保护员工和他人的生命和财产安全；积极的环境保护，可以赢得当地民众的尊重。这些举措，可以最大限度地提升现场的工作次序。

有效的 HSE 管理的直接作用是可以大幅度减少事故的发生和事故处理的额外费用，保持公司的良好形象，增加公司的社会影响力，提高公司的经济、社会和环境效益，从而提高工程项目管理的整体运行效率和管理的规范性。

2. 高水平的 HSE 管理反映社会文明程度

高绩效的 HSE 管理一方面可以提高项目的执行效率，另一方面可以与项目所在地政府和居民建立良好关系，获得更大的支持。使所有劳动者在工作过程中保证人身安全和健康，最大限度地减少建设过程对当地居民和环境的影响，是社会安全、文明、健康发展的基本标志，也是保持社会安定团结和经济可持续发展的重要条件。随着近年来社会对环境保护和“人”的保护要求愈加迫切，公司不论出于自身需要还是外部需求，都必须提高 HSE 管理水平。

3. 高水平的 HSE 管理有利于公司参与国际竞争

随着我国加入世界贸易组织，国际间的竞争日趋激烈。为与国际先进工程公司接轨，我国公司的 HSE 管理水平亟须进一步加强。自 20 世纪 90 年代国际知名的大石油公司制定 HSE 管理标准和体系开始，国际工程项目对承包商的 HSE 管理水平要求逐渐提高，通用合同条件也在原有版本的基础上对健康、安全和环境提出了更加具体、更高标准的要求。可以说，高水平的 HSE 管理是我国工程公司在国际上塑造良好形象的前提，是进入国际工程承包市场的准入证。

## 四、国际工程项目 HSE 管理体系

HSE 管理体系是 20 世纪 80 年代后期在国际上兴起的现代安全生产管理模式。英国标准化协会(BSI)、爱尔兰国家标准局、南非标准局、挪威船级社(DNV)等 13 个组织联合在 1999 年和 2000 年分别发布了 OHSAS 18001：1999《职业健康安全管理体系——规范》和 OHSAS 18002：1999《职业健康安全管理体系——指南》。我国也于 2001 年发布了 GB/T28001—2001《职业健康安全管理体系——规范》，该体系覆盖了 OHSAS 18001：1999《职业健康安全管理体系——规范》的所有技术内容，并考虑了国际上有关 HSE 管理体系现有文件的技术内容。

HSE 管理体系是集健康、安全和环境管理的组织机构、职责、程序、过程和资源于一体的管理体系，侧重于事前风险分析，通过预测人及组织的活动可能发生的损失和危害来采取一系列相应的防范措施和控制手段，以减少工程项目全过程的人员伤害、物质损失和环境污染。

HSE 管理体系由八个要素构成，分别是领导和承诺、方针和战略目标、组织机构、资源和文件、评价和风险管理、规划(策划)、实施和监测、审核和评审。每一个关键要素都是 HSE 管理要达到的一个标准，每一标准又是由一个战略目标和一个具体指标来支持。“领导和承诺”是核心，是建立和实施 HSE 的关键，其他要素围绕着这个核心，各要素的具体指标通过各种具体活动来实现，由此保证项目成功地实现其战略目标和达

到各个要素要求的标准。HSE 管理体系的运作遵循 Deming 提出的 PDCA(plan-do-check-act)结构化运行方式。

工程项目 HSE 管理体系中各要素相互作用、相互管理，通过 PDCA 过程循环运转，预防危害和损失的发生，实现不断改进。这种 HSE 管理体系的运行模式如图 11-1 所示。

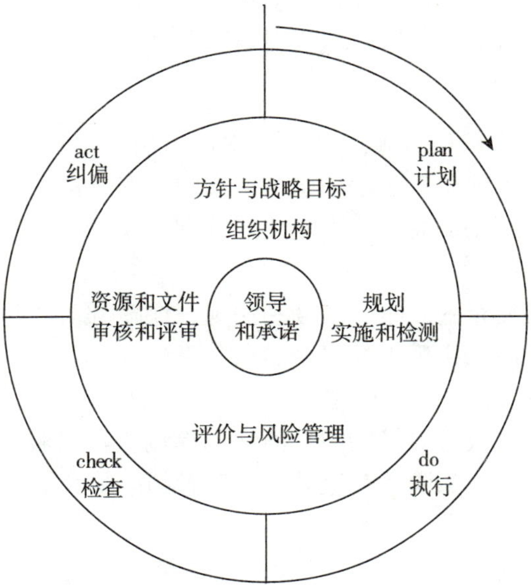


图 11-1 HSE 管理体系

## 第二节 国际工程项目职业健康与安全管理

根据国际劳工组织(International Labor Organization，ILO)近年的统计数字，全球每年发生的各类伤亡事故大约为 2.5 亿起，全世界每年死于工伤事故和职业病危害的人数约为 110 万。在这些工伤事故和职业病危害中，发展中国家所占比例甚高，如中国、印度等国家工伤事故死亡率比发达国家高出一倍。另外，在工业化国家，发生在建筑工地上的死亡人数占到与工作相关的死亡人数的 25%～40%，而该行业雇用的劳动力在全部劳动力中所占比例仅为 6%～10%。

### 一、国际工程职业健康和安全管理的内容

职业健康和安全管理是对生产中的人、事、物因素状态的管理，其目的在于有效地控制人的不安全行为和物的不安全状态，消除或避免事故，达到保护劳动者的职业健康和安全的目标。职业健康和安全管理包括职业健康管理和安全生产管理。

#### (一)职业健康管理

职业健康管理是为了有效控制工作场所内的工作人员，因受到劳动条件及职业活动中存在的各种有害化学、物理、生物因素和在职业工作中产生的其他职业有害因素的影

响，而引发的职业健康问题，对职业健康工作实施管理。职业健康管理工作包括以下内容：

(1)配备和完善与职业健康有关的防护设施和用品，使劳动者的生理、心理健康得到保护。

(2)建立健全重要岗位的健康卫生管理制度和操作规程，制订职业伤害事故、职业病和流行性疾病防治措施计划，定期对职业健康危害因素进行评价。

(3)定期组织对特定岗位作业人员进行体检等。

### (二)安全生产管理

安全生产管理是指工程项目施工全过程中，运用科学管理的理论、方法，通过法规、技术、组织等手段消除生产过程中出现的人的不安全行为和物的不安全状态，实现项目安全目标等一系列活动的总称。安全生产管理工作包括以下内容：

#### 1. 对劳动者的管理

通过依法制定有关安全的政策、制度和法规，保障劳动者的劳动安全，约束劳动者的不安全行为，消除或减少主观上的安全隐患。

#### 2. 对劳动手段和劳动对象的管理

通过改善施工工艺，改进设备性能，消除和控制生产过程中可能出现的危险因素，并通过安全技术保证措施，消除和减轻其对劳动者的威胁和财产损失。

#### 3. 对劳动条件(施工环境)的管理

防止和控制施工中高温、严寒、粉尘、噪声、震动、毒物等对劳动者的安全与健康的影响，并制定医疗、保健、防护等一系列措施，改善和创造良好的劳动条件，保护劳动者身体健康和生命安全。

## 二、国际工程职业健康安全事故预防

建设工程中的职业健康安全事故主要包括职业伤害事故、职业病、流行性疾病和社会安全问题等。

职业伤害事故是指因生产过程及工作原因或与其相关的其他原因造成的伤亡事故。职业病是指经诊断，因从事接触有害有毒物质或不良环境的工作而造成的急慢性疾病。流行性疾病是指工程所在国(地区)在一定范围内大规模流行的可传播的疾病，项目人员在项目实施的过程中，有可能感染到此类疾病，从而对身体造成伤害。

由于不同的国家和地区采用不同的职业健康安全管理法规，其在职业健康安全管理体系的建立、职业健康安全控制措施以及职业健康安全事故处理程序等方面存在较大差别。首先，熟悉工程所在国(地区)适用的职业健康安全管理法规和管理要求是实施职业健康安全管理的第一步，也是遵守这些法律规定进行职业健康安全管理的基础。其次，在进行国际工程项目承包以前，了解工程所在国(地区)的社会治安、传染病等现状，也是承包商制定职业健康安全管理措施的依据。

### (一)职业伤害事故

#### 1. 建设行业常见的职业伤害事故

建设行业常见的职业伤害事故的类别为：①物体打击；②车辆伤害；③机械伤害；

④起重伤害；⑤触电；⑥淹溺；⑦灼烫；⑧火灾；⑨高处坠落；⑩坍塌；⑪冒顶片帮；⑫透水；⑬放炮；⑭瓦斯爆炸；⑮火药爆炸；⑯锅炉爆炸；⑰容器爆炸；⑱其他爆炸；⑲中毒窒息；⑳其他。其中最常见的形式包括高处坠落、物体打击、机械伤害、触电、坍塌事故等，这些类型事故占到死亡总数的90％。

2. 职业伤害事故的预防措施

1)施工安全技术措施

施工安全技术措施包括以下内容：

(1)为管理和施工人员配备符合安全生产要求的劳动保护服装和防护用品，配备符合安全生产要求的施工机具和设备，并经校验合格，使设备机具处于完好状态。

(2)充分研究人、物、作业环境的不安全因素和管理缺陷，针对这些不安全因素和缺陷进行控制。

(3)在进行施工平面图设计时，应充分考虑防火、防爆、防污染等因素，做到分区明确、定位合理。

(4)对结构复杂、施工难度大、专业性强的项目还必须制定有针对性的安全生产措施。

(5)对高空作业、深基础开挖、脚手架上作业、有毒有害作业、特种机械作业等专业性强的施工作业及电气、压力容器、起重、金属焊接、机动车等特殊工种的作业，应指定单项安全技术方案和措施，并对管理人员和持证人员的安全作业资格和身体状况进行审查。

(6)安全技术措施还应包括防火、防爆、防毒、防尘、防雷击、防触电、防坍塌、防物体打击、防机械损伤、防高空坠落、防交通事故、防暑、防疫、防环境污染等方面的措施。

2)安全保护装置

为了保证施工现场的安全，应该在现场设立必要的安全保护装置来避免常见的伤害事故的发生。以下是一些常见的安全保护装置。

(1)坠落保护装置。当施工人员在较高的没有边沿的地方工作时要设置坠落保护装置，例如，在没有墙壁的楼板、墙上开口、屋顶、起重机、有洞口的工作面、开挖的边缘以及模板这些地方施工时，应该设立护栏、安全网、人员防坠落限制装置等。

(2)个人防护装置。所有的施工现场都要求配备某种类型的个人防护装置，如安全帽和护目镜等。施工人员在较高的地方施工时，应配备个人防坠落装置；在进行桥梁修建等水面作业时，应配备救生衣。

(3)防火。为避免可燃物和易燃物造成伤害，这些物品的保存和使用都应该严格遵守操作规范，除此之外还应配备灭火器材。

(4)符号、标志和路障。当危险条件无法排除时，应该设置相应的符号、标志和路障，以提示进入现场的施工人员和管理人员可能存在的危险。符号和标志的设置应清晰醒目，必要的时候还应进行交通管制。

3)安全检查

现场安全管理人员应定期或不定期对施工现场的安全状况、施工人员的施工环境和现场的环境条件进行检查，检查中应尤其重视重大危险源，应力图将不安全的状况消灭在萌芽之中。现场安全检查可分为联合检查、日常巡检、专项安全检查以及施工机具和设施的例行检查。

(1)联合检查是由承包商的项目经理、现场安全管理人员会同业主和工程师定期进行的检查。

(2)日常巡检是现场安全管理人员在日常施工中对现场安全状态的动态控制，在日常安全巡检中发现问题应及时解决，以免使安全隐患扩大并发展为安全事故。

(3)专项检查是对现场某一特定的操作和设施进行的检查，如对起重作业、脚手架搭设、临时用电、消防设施等分别进行的检查。

(4)在以上的现场检查之外，还应定期进行施工设备、机具的例行检查。对施工设备、机具的检查采用合格证制度，即将检查合格的机具、设备贴上合格证后使用，检查不合格须等修理好再经检查合格后才允许使用。对新进场的设备、机具也要进行检查，合格后贴上合格证才开始使用。承包商还应定期对现场的临时用电设施、消防设施、医疗设施、劳动保护用品等进行检查。

以上的检查是承包商(有时包括业主和工程师)对施工现场进行的检查，在某些国家或地区，政府有关安全管理机构也可能定期或不定期地对项目进行检查。例如，美国OHSA(职业健康安全管理局)检查员就经常对承包商的施工现场进行检查，一旦发现任何不符合职业健康安全法律法规的事件，将就此事件发出传讯通知，并要求承包商在规定时间内改正，同时对违反健康安全管理法规的情况处以高额罚金，并制止对生命安全造成威胁的施工作业。

4)安全教育培训

国际工程承包中，承包商应根据工程所在国的相关法律法规，对所有进入现场的施工人员和管理人员进行相关培训。

(1)新入场的施工人员应接受安全培训教育，并已具备岗位操作技能，通过了安全技术考核，持有相应的执业资格证书。

(2)对于调换工种、转岗、脱岗一定时间以后再重新上岗以及使用新工艺、新技术、新设备、新材料的施工人员，应重新进行安全教育及技术培训。

(3)临时劳务和其他临时进入现场工作的人员，应根据需要进行安全教育培训，合格后方可进入现场工作。

(4)应明确各管理人员的现场安全管理方面的职责，并进行必要的健康安全培训。

(5)专门的现场安全管理人员，如安全总监、监控人员则必须经过有资质的培训机构培训，取得培训证书。

安全培训计划应该和项目施工进度相一致，对于在现场进行实际施工和操作的施工人员，应对他们进行以下内容的培训：

(1)安全生产和环境保护的基本知识。

(2)承包商内部的 HSE 规章制度。

(3)岗位安全操作规程，生产设备、劳动防护用品(用具)的性能及正确的使用方法。

(4)作业场所和工作岗位存在的危险因素、防范措施及事故应急措施等。

对于承包商的现场管理人员，无论其是否直接从事安全管理工作，都要对他们进行教育和培训，培训内容除了以上的现场安全管理的基本规定外，还应包括：

(1)项目的目标和施工进度状态。

(2)对下级及施工人员的领导技能。

(3)事故报告系统的使用方法。

(4)对施工人员的培训方法。

专门的现场安全管理人员的安全培训内容还包括：

(1)安全监督管理、安全技术、劳动保护基本知识。

(2)工伤保险的法律、法规、政策。

(3)伤亡事故、职业病和环境事件的统计、报告及调查处理方法。

(4)重大危险源管理与应急救援预案编制方法。

(5)先进的 HSE 管理经验等。

### (二)职业病

#### 1. 建设行业常见的职业病

建设行业常见的职业病一般包括以下十大类：①尘肺；②职业性放射性疾病；③职业中毒；④物理因素所致职业病；⑤生物因素所致职业病；⑥职业性皮肤病；⑦职业性眼病；⑧职业性耳鼻喉口腔疾病；⑨职业性肿瘤；⑩其他职业病(职业性哮喘、职业性变态反应性肺泡炎等)。

在国际工程项目的承包过程中，易发生的职业病危害包括以下六大类：

(1)生产性粉尘的危害。在建筑施工作业过程中，材料的搬运使用、石材的加工、建筑物的拆除，均会产生大量的矿物性粉尘，长期吸入这样的粉尘可能会发生硅肺病。

(2)缺氧和一氧化碳的危害。在建筑物地下室施工时，由于作业空间相对密闭、狭窄、通风不畅，特别是在这种作业环境内进行焊接或切割作业耗氧量极大，又因缺氧导致燃烧不充分，产生大量一氧化碳，容易造成施工人员缺氧窒息和一氧化碳中毒。

(3)有机溶剂的危害。项目施工过程中常接触到多种有机溶剂，如防水施工中常常接触到苯、甲苯、二甲苯、苯乙烯，喷漆作业常常接触到苯、苯系物外，还可接触到醋酸乙酯、氨类、甲苯二氰酸等，这些有机溶剂的沸点低、极易挥发，在使用过程中挥发到空气中的浓度可以达到很高，极易发生急性中毒和中毒死亡事故。

(4)焊接作业产生的金属烟雾危害。在焊接作业时可产生多种有害烟雾物质，如电气焊时使用锰焊条，除可以产生锰尘外，还可以产生锰烟、氟化物、臭氧及一氧化碳，长期吸入可导致电气施工人员尘肺及慢性中毒。

(5)生产性噪声和局部震动危害。建筑行业施工中使用的机械工具如钻孔机、电锯、振捣器及一些动力机械都可以产生较强的噪声和局部的震动，长期接触噪声可损害职工的听力，严重时可造成噪声性耳聋，长期接触震动会损害手的功能，严重时可导致局部震动病。

(6)高温作业危害。长期的高温作业可引起人体水电解质紊乱，损害中枢神经系统，可造成人体虚脱，昏迷、甚至休克，易造成意外事故。

2. 职业病的防治措施

职业病防治工作必须贯彻“预防为主，防治结合”的方针，实行分类管理、综合治理，创造符合施工所在国(地区)职业健康标准和要求的工作环境和条件，防止职业病发生。职业病的防治措施包括：

(1)进行职业病的防治必须根据国家和当地的有关规定，采用有效的职业病防护设施，同时还须为有可能遭受职业病的人员提供个人使用的职业病防护用品，提供的职业病防护用品必须符合职业病防护要求。

(2)职业病防护设备、应急救援设施和个人使用的防护用品，应当进行经常性的维护、检修，定期检测其性能和效果，确保其处于完好状态。

(3)对产生严重职业病危害的作业岗位，应当在其醒目位置设置警示标志和警示说明。

(4)应定期对职业病危害进行风险评估，完善和建立职业病危害控制措施和事故应急救援预案，应急预案应进行针对性演练，一旦发生危害职工健康的紧急情况应当立即实施救援。

(5)对从事接触职业病危害作业的项目人员，应组织上岗前、在岗期间、离岗时和应急的职业健康检查，并应对职业病病人、疑似职业病病人按规定进行登记、治疗、复查等管理，建立职业病档案，并定期对资料进行分析、提出建议。

(三)流行性疾病

目前，我国国际工程承包的目标市场主要集中在亚非拉等发展中国家，其中很多国家环境条件恶劣、流行性疾病较多，比较常见的有霍乱、伤寒、肝炎等。承包商的本国人员以及雇用的当地人员在工程实施的过程中很有可能感染到此类疾病，一旦流行性疾病在承包商的项目人员之间广泛传播，将对人员的身体健康状况和工程的顺利实施造成严重的威胁。

为了对工程所在国(地区)的流行性疾病进行预防和控制，承包商可以采取以下措施：

(1)在识别项目风险的过程中，应明确工程所在国(地区)常见流行性疾病的类型，并制订现场医疗救治计划，配备一定数量的医务人员，解决一般常见病的诊治。

(2)针对工程所在国(地区)可能缺少治疗、防治流行性疾病的药物的问题，承包商在派遣人员出国时，应考虑携带相应的药品，并注射相应的流行性疾病疫苗。

(3)注意项目人员的食品营养卫生、饮水卫生和医疗卫生条件，保持工作环境和居住环境的清洁卫生，尽力隔绝流行性疾病的传播渠道。

(4)为了避免蚊虫等有害动物传播疾病，可以按照项目所在国(地区)卫生部门的健康安全法规，使用适当的杀虫剂。

(5)与当地医务室、医院及其他医疗救助机构建立良好的联络，保证紧急救护措施通畅有效，并且制定相应的健康、接种防疫、卫生、医疗设施等标准。

(6)针对工程所在国(地区)多种流行性疾病的情况，定期对员工的身体健康状况进行检查，及时发现流行性疾病感染状况并防止扩散。

### (四)社会安全

1. 恐怖主义事件及工程所在国(地区)战争及动乱

针对近年来全球恐怖主义事件逐年上升的事态，防止恐怖袭击成为了国际工程安全管理的重要内容。工程所在国(地区)及其邻国的政局动荡也会导致战争爆发，也是国际工程安全管理的重要内容。例如，2007 年埃塞俄比亚的武装分子突袭了中国某承包商位于埃塞俄比亚的工地，这次袭击造成多名中国和当地项目人员丧生。国际工程承包商在恐怖事件频发和政局动荡的国家和地区承揽工程时，应提高警惕，防止此类事件造成人员伤亡和其他损失。

为了防止恐怖袭击和国内战争及动荡对工程项目安全的影响，承包商应该采取以下措施。

(1)对即将出国的项目人员进行安全培训。培训内容包括工程所在国(地区)历史、现状和政治环境，以及应对恐怖袭击和战争爆发的个人防护措施。

(2)承包商应制定相关的应急预案，如《国际工程涉外突发事件应急预案》、《国际工程涉外防恐应急预案》等。

(3)承包商应和当地政府、军队及地方群众协调关系。承包商应该通过长期的联系得到当地政府和军队的支持，当出现恐怖袭击或战争爆发时，能够得到军方的协助，保护工程现场的人员和设备安全，避免损失。当出现恐怖袭击或战争爆发时，承包商应摆出中立的姿态，防止工程项目受到任何一方的袭击。

2. 违法交易

承包商在国外实施工程项目时，不得进行任何酒精饮料、毒品及武器交易，同时承包商应保证其人员也不进行此类交易。一旦发生这类事件，不仅会触犯工程所在国法律，而且承包商也可能因此被禁止继续实施工程或被驱逐出境。

3. 承包商人员管理

承包商应保证本国人员之间，以及与雇用的外籍劳务人员之间不发生冲突、械斗；对于雇用的外籍劳务人员，应尊重他们的节日、文化、宗教信仰和风俗，避免民族歧视和冲突。此外，承包商还不应为了降低成本而雇用童工来为其工作，也不得以威胁、强制或处罚等形式强迫员工为其工作。

## 三、国际工程职业健康安全事故处理

### (一)人员抢救

事故发生后，应立即抢救受伤人员，并联系医疗卫生部门，防止人员因时间拖延而伤情、病情恶化。如果发现项目人员感染流行性疾病，应立刻进行隔离，防止疾病扩散，并将感染疾病人员送至专业医疗机构救治。

### (二)事故报告

当工程项目中发生任何事故时，承包商应在最短时间内先以口头方式上报业主，并立即派人员赶赴现场，组织抢险救灾，进行现场调查。在发出口头报告后，应尽快向业主提交正式的书面报告，承包商在提交给业主的书面报告中，应包括以下内容：

(1)事故发生的时间、地点。

(2)事故简要经过、基本情况、伤亡人数。

(3)事故导致的直接经济损失估计。

(4)事故发生原因的初步判断。

(5)采取的措施、控制情况以及事态可能进一步发展的趋势。

### (三)事故调查处理

事故发生后，应保护好事故现场，做好标志，为事后进行事故调查保留证据。同时承包商应采取措施抢险救灾，防止事故蔓延扩大。发生事故无论大小，事故的调查处理都应做到弄清安全事故原因、对事故责任者和员工进行教育、对事故责任者进行处理以及制定事故防范措施。承包商应视事故的严重程度，通知业主和事发有关部门参与联合调查。事故调查的主要内容包括：

(1)事故发生的过程、原因、人员伤亡和经济损失情况。

(2)确定事故的性质和责任，查明管理和规章制度上的问题。

(3)确定事故责任人，包括肇事者责任和领导责任。

(4)提出对事故责任者的处理建议。

(5)提出对管理工作和修改规章制度的建议。

(6)编写事故调查报告。

在对事故进行调查后，应对事故相关责任人员进行处理，对于忽视安全施工、违章指挥、违章作业、玩忽职守或者发现事故隐患、危害情况而不采取有效措施以致造成伤亡事故的人员，以及在伤亡事故发生后隐瞒不报、谎报、故意延迟不报、故意破坏事故现场，或者以不正当理由，拒绝接受调查以及拒绝提供有关情况和资料的人员，由对外承包工程公司主管部门或者由对外承包工程公司按照国家有关规定，对公司负责人和直接责任人员给予行政处分；构成犯罪的，由司法机关依法追究刑事责任。

### (四)事故建档

每一起事故处理结案后应将事故材料建档封存，事故档案应包括以下资料：

(1)事故登记表。

(2)事故调查报告、批复处理文件。

(3)现场调查记录、图纸照片。

(4)技术鉴定和试验报告。

(5)物证、人证材料，直接和间接经济损失材料。

(6)事故责任者的自述材料。

(7)医疗部门对伤亡人员的诊断书。

(8)发生事故时的工艺材料、操作情况和设计资料。

(9)处分决定和受处分人员的检查材料。

(10)有关事故的通报、简报及文件。

(11)事故调查组人员名单、职务、单位、专业特长。

## 四、国际工程职业健康安全事故应急处理

对造成或可能造成人员伤亡和经济损失，并将持续一段时间，可能带来次生灾害，需要应急控制或救援的事件，应进行事故应急管理。所有已识别的危险源都应根据风险程度采取相应风险削减措施，将风险削减至可接受水平；针对重大风险，应制定目标、指标管理方案和运行控制措施。

应急管理工作一般包括应急预案和应急演习。

### (一)应急预案

承包商应针对重大危险源、重要施工装置、重点施工场所、要害部位、关键施工环节，以及开展的重大活动，进行危害辨识和风险评估，编制各类应急预案。

应急预案至少应包括以下内容：

(1)事故的基本情况和危险目标。

(2)应急救援组织机构和人员职责，包括指挥、抢险、救护、通信等人员，职责与机构网络图。

(3)救援机构联系方式，如与当地消防、交通、医院、水利气象等部门的联系方式。

(4)与临近危险设施单位的联系方式。

(5)事故(事件)发生后采取的应急措施、人员紧急疏散撤离、危险区的隔离、检测、抢险救援和控制措施。

(6)应急救援保障(内部保障、外部保障)。

(7)主要风险危害与风险评价(针对主要风险危害的调查资料与记录)。

(8)预案分级响应条件。

(9)事故应急救援关闭程序。

(10)应急培训计划、演练计划等。

对应急预案应进行审核和变更管理，不断补充、修订和完善应急预案，及时变更应急预案。

### (二)应急演习

承包商应制订应急预案培训、演练计划，定期进行应急预案演练，以测试、检验各个应急预案的可操作性和时效性，及时了解施工人员对应急预案的掌握程度。应急预案本身存在的任何问题都应及时纠正，培训和模拟应急情况的测试都应该记录在案。

对可能发生涉及周边地区和公众安全的突发重大事件，应与当地政府协商，采取必要的方式做好响应、救援等联合应急演练工作。

现场还应配备必要的医疗措施并制定紧急医疗救护程序，紧急医疗救护程序是对现场发生紧急医疗救护时采取的应急程序。现场应进行紧急救护的培训，必要时进行紧急救护演习，以验证紧急医疗救护程序的实效性。

**【案例 11-1】** 某输油管道项目的健康管理与安全管理。

1. 健康管理

在项目准备阶段，项目经理部通过对工程所在国的现场考察，掌握了该国地理、气

候、流行病谱等信息，编制了《健康安全手册》，并结合职业病的预防制定了《营地卫生与健康计划》、《常见传染病诊治要点》等文件，分发各单位执行。项目经理部和各分包商共配备14名医生，购买了总计近200多万元的医疗器械和药品，对全部项目人员进行出国前体检。

项目开工以后，各单位按照已制订的方案防病治病，项目经理部定期派出巡诊医生协助各公司进行防病治病工作，对一些现场难以处理的病症，送当地条件好的医院治疗。1988年9月之前，管道项目职工未发生任何大规模流行性疾病。进入9月中旬，其中一个分包商的人员陆续出现疟疾患者，10月初疟疾病情呈爆发趋势，共计260名职工患疟疾。致病的主要原因是：该分包商所处地带属热带雨林地区，是疟疾高发区；在野外施工作业，防蚊困难。针对此情况，项目经理部紧急调拨药品，派出医生与分包商医务人员共同开展疟疾的预防和治疗工作，10月下旬疟疾发病情况得到控制。

为了预防疟疾复发，项目经理部又于1988年11月从国内增订了防治疟疾的特效药，对疟疾高发区的职工进行计划服用预防。11月底，项目经理部又从北京热带病研究所请来著名热带病专家到项目上提供现场咨询服务。

由于该地区人烟稀少，无任何社会依托，医疗问题比较突出，因此项目经理部决定在该地区输油管线沿线设置三个医疗站，并利用本项目另外一个合同段的医疗站作为补充，从而形成该区域的医疗网络，以确保职工的医疗需求。

2. 安全管理

(1)实施动态管理。HSE管理必须实施动态管理，发现问题必须及时解决。例如，在《健康安全手册》的“交通安全指南”中，对车速没有具体的限制，对违章驾驶也没有具体的处罚措施，因此承包商和分包商的司机超速驾驶现象比较普遍。发现此问题后，HSE部根据当地交通的实际情况制定了《××管道项目交通安全管理规定》、《××管道项目交通安全奖惩办法》，使交通管理有章可循。此后又制定了《××管道项目保卫方案》、《××管道项目应急反应演习计划》等，使HSE管理体系文件得到进一步完善。

(2)责任的落实。在编制《健康安全手册》时，对从项目经理到一般施工人员的十四种人员的安全职责做出了规定。项目开工后，由于连续发生了几起交通事故，为进一步加强安全管理，把安全管理责任落实到人，并明确各单位的行政一把手为该单位的第一安全责任人。项目经理同各项目分部第一安全责任人签订安全责任书。同时，对于一些危险性较大的作业工序，如下沟等作业，施工作业队长要同该工序负责人签订安全责任书，明确其安全职责。实行一级抓一级，层层落实安全职责，使安全管理工作不留空白点。

(3)安全监督和检查。为加强安全监督、检查的力度，即使在资金比较紧张的情况下，也应配备专车，专门用于检查生产和交通安全工作；并要求各项目分部主要领导每周必须组织一次安全检查，并记录所参加的安全活动。

项目经理部向各单位派驻协调员监管所驻单位的安全工作，有权检查和停止一切不安全行为，并向项目经理部报告。要求各单位明确安全委员会的人员组成和职责范围，同时给各级的兼职HSE协调员每天留出不少于两小时的安全工作时间。

## 第三节 国际工程项目环境保护管理

### 一、国际工程项目环境保护管理的意义

环境保护管理主要是指在工程的建设和运营过程中对自然和生态环境的保护，以及按照法律法规、合同和公司的要求，保护和改善作业现场环境，控制和减少现场的各种粉尘、废水、废气、固体废弃物、噪声等对环境的污染和危害，并注意对资源的节约。

国际工程项目环境保护的意义表现在以下几个方面：

(1)保护和改善项目环境是保证人们身体健康和社会文明的需要。工人是公司的主人，是施工生产的主力军。防止粉尘、噪声和水源污染，搞好施工现场环境卫生，改善作业环境，才能保证职工身体健康，使其积极投入施工生产。若环境污染严重，工人和周围居民均将直接受害。

(2)保护和改善项目环境是消除对外部干扰、保证施工顺利进行的需要。如果工程项目施工扰民问题突出，将会导致工地与当地政府和居民发生冲突，不仅影响施工生产，还影响承包商与当地政府和居民的关系。如果及时采取防治措施，就能防止环境污染，消除外部干扰，使施工生产顺利进行。

(3)保护和改善项目环境是现代化大生产的客观要求。现代化施工广泛应用新设备、新技术、新的生产工艺，对环境质量要求很高，如果粉尘、振动超标就可能损坏设备、影响功能发挥，再好的设备、再先进的技术也难以发挥作用。例如，现代化搅拌站各种自动化设备、计算机、电视机、精密仪器等对环境质量有很严格的要求。

(4)保护和改善项目环境是节约能源、保护人类生存环境、保证社会和公司可持续发展的需要。可持续发展的思想近年来已在国际上得到广泛认同和提倡，随着承包商介入项目的阶段逐渐增多，承包商在进行项目管理的过程中，努力谋求项目的经济效益与保护资源、保护生态环境相协调，与人和社会相统一，最大限度地促进项目人员与工程所在国(地区)的社会、自然环境的和谐统一，才能得到社会的认可，达到社会和公司共同的可持续发展。

### 二、国际工程项目施工的主要环境问题和环境保护措施

工程施工过程中将消耗大量的能源和材料，对环境有着不可低估的影响。工程施工活动产生了大量的废水、废气、固体废弃物等，并形成了噪声、光污染等环境问题。长期在这样的环境下工作，会使作业人员患上各种职业性疾病，影响身体健康。环境污染还会给安全施工带来隐患，降低作业人员的工作效率，因此必须要重视施工环境管理。下面将就施工中主要的环境问题及其保护措施分别加以说明。

#### (一)空气污染

由于施工现场堆积了大量的施工材料，如细砂、堆土等，以及在施工过程中拆除建筑物、堆土、填土等都有可能产生大量扬尘。施工机械使用时排出的尾气，挖掘作业时产生的瓦斯气体等都会对空气造成污染。

空气污染的防治措施主要是施工现场的垃圾渣土要及时清理出现场；施工现场的道路采用渣土等材料，并尽可能利用永久性道路；对可能产生烟气的施工设备，应采取消烟防尘措施。

（二）噪声污染

项目施工若毗邻居民区，就需特别注意噪声污染，施工过程中经常使用的打桩机、混凝土搅拌机、钢筋切割机、挖土机等设备易发出尖锐刺耳的机械噪音和震动，会严重影响附近居民的日常生活和工作。尤其是在进行夜间施工时，噪声扰民的危害就更大。

噪声污染的防治措施主要是在人口稠密地区、学校、医院、居民区等地进行施工时，应采取降噪措施或限制施工时间，避免噪声扰民。施工机械应尽量选择低噪设备，高噪设备的工作时间应合理安排，打桩以及小量的施工爆破尽量选择在白天进行。

（三）水污染

工程施工过程中产生的废水主要包括生活废水和生产废水，其中生产废水主要为基础施工过程中产生的废水、混凝土骨料加工和混凝土生产过程中产生的废水等。

水污染的防治措施主要是施工现场的废水和污水要经过处理后才能排入城市污水管道或河流；应禁止有毒有害废弃物作为土方回填；化学物品和有毒物品也应合理存放，防止其排入水源；砂石料加工系统废水量较大，应沉淀后再排放，从而减少对地表水的影响；项目人员产生的生活废水应有组织地排放入周边污水管。

（四）固体废弃物污染

在工程施工过程中，不可避免地产生大量的破碎砖石、残渣泥土等，这些以固体废弃物为主的建筑垃圾再利用价值低、难处理，大多数只能运往郊区露天堆放或被当做普通生活垃圾填埋处理。建筑垃圾若处理不当，不仅污染周围环境，而且挤占生活垃圾的填埋空间，缩短垃圾填埋场的使用年限。

防止固体废弃物污染主要是收集、贮存、运输、利用、处置固体废物的过程中必须采取防扬散、防流失、防渗漏或者其他防止污染环境的措施。

（五）生态破坏和水土流失

工程建设对生态环境的影响主要表现在工程建设施工对施工场地原生态环境的改变及挖方、填方所造成的水土流失及所产生的后果。

防止生态破坏和水土流失的主要措施有在工程施工以前，进行详细的地质勘察，对不良地基进行处理；安排好施工作业时间，尽量避开雨季，加强排洪及地表水的排泄措施，易于垮塌的地方要先修挡土墙或护坡；施工过程中应结合地形地质条件，做好临时的排水沟渠，采取可行的施工方案，防止水土流失的发生；工程后期应对其区域中的裸地进行绿化，种植防尘降噪植物。

## 三、国际工程项目环境事件管理

环境事件是指在生产经营活动中或与生产经营活动有关的活动中发生的造成环境污染、生态破坏或一定社会影响的事件。

### (一)项目环境事件分类

环境事件按其性质可分为环境污染事故、生态破坏事故、与环境有关的非正常生产状况、敏感环境事件。

1. 环境污染事故

环境污染事故是指在项目施工活动中，一切对环境可能造成不良影响的物质，因各种原因以非正常方式或标准进入外部环境，引起可识别的不良环境影响。

2. 生态破坏事故

生态破坏事故是指在生产、作业活动中，违反有关生态保护法规引起不良后果的行为。

3. 与环境有关的非正常生产状况

与环境有关的非正常生产状况是指防止污染设施连续不能正常运转或污染物排放连续不能达到有关标准。

4. 敏感环境事件

敏感环境事件是指因环境问题引起的所在地及附近单位或居民抗议、投诉、诉讼或政府部门行政处罚以及新闻媒体关注等。

### (二)国际工程项目环境事件报告

发生了环境事件后，需要及时根据事故的严重程度向业主及工程所在国(地区)政府有关部门汇报，报告的主要内容包括：

(1)事件发生时间、地点。

(2)事件起因。

(3)事件损害或可能的损害。

(4)已采取的应对措施和进展情况。

(5)其他相关重要情况。

(6)报告单位、报告人、联系方式和报告时间。

### (三)国际工程项目环境事件管理措施

当环境事件发生时，应视情况采取以下措施：

(1)发生环境污染和生态破坏事故时，应当启动应急预案，同时向业主和工程所在国(地区)政府有关主管部门报告，并及时通知可能受到污染危害的公司和居民。

(2)发生环境污染和生态破坏事故，或者发生对环境可能造成影响的突发公共事件时，应当对事故现场及受影响区域进行应急监测，并按照有关规定将监测信息上报有关主管部门。

(3)对污染环境的废物进行管理应当符合工程所在国环境保护法律法规和相关标准规范的要求，可将废物进行再循环或处理。再循环即将废物进行最大可能限度的回收和再使用，处理则是对废物进行有效的处理使废物产生量或毒性最小化。

(4)在保护环境的同时还应注意采取有效措施保护资源和生物多样性，施工结束后如使资源枯竭或生态遭受破坏应力图及时恢复自然生态。

(5)造成环境污染事件后，应对有关责任人员给予相应处罚。

国际工程项目的国际化特征加之可持续发展的要求，促使各国对保护环境日益重视，国际承包商都必须掌握国际工程环境管理方法和技术，同国际惯例接轨，按国际惯例实施项目环境管理。

**【案例 11-2】** 某输油管道项目的环境保护管理。

某非洲输油管线项目，业主在标书中明确提出“承包商应委托具有独立资格的，熟悉当地情况的第三方环境咨询商，编制环境影响评估报告，该报告应得到当地资源委员会的批准”。承包商选定了当地一所大学的环境学院作为第三方环境咨询商，并向业主提交了资质，很快得到了批准。

在两个月时间内，环境咨询商的环境专家完成了现场考察，水文、气象、地质等基础资料的收集整理，结合管道施工的特点，编制出环境影响评估文件。该项目开工后，承包商依据此“环评报告”确定的环境敏感地区和环境管理计划，采取了以下保护措施：

1. 对热带雨林的保护

工程所在国原是一个热带雨林茂盛的国家，由于经济和技术落后，无力改善居民的生活，当地居民依然沿用较落后的生活方式，靠砍伐树木维持生活需求，致使热带雨林逐步向南部退化。

根据合同约定，当地政府许可承包商施工带的征地宽度为 30 米。为保护热带雨林，承包商对施工人员做出规定：在一般地区施工占地不得超过 15 米，特殊地段不超过 20 米。为减少树木的砍伐量，要求作业人员施工时在不改变设计走向的前提下，尽可能避免砍伐树木，从而使施工对环境的影响减少到最低限度。

2. 对尼罗河的保护

该项目的输油管线需穿越尼罗河，尼罗河是该国农业和生活用水的主要来源，该国主要粮食产区和绝大多数人口均分布在尼罗河两岸，因此管线施工影响到的尼罗河区域被定为环境敏感地区。在制订环境管理计划时，对施工可能造成的负面影响做了充分的估计。如果因设计不合理或施工造成环境污染，不但会影响该国境内流域，还有可能殃及下游的国家，引发极其严重的后果。因此，在进行穿越设计和施工方案比选时把保护环境放在了首位，采用定向钻穿越不会对河堤和河床造成破坏，亦不会给水生动物的生存带来危害。

在施工中，对钻井泥浆可能造成的危害采取了以下措施：一是采用无毒泥浆；二是将泥浆循环使用，减少使用量；三是将废泥浆集中回收处理。通过采取上述保护措施有效地保护了环境。

3. 对文物古迹的保护

距管线几百米处有一个金字塔群，由于年代久远金字塔群大部分被沙土掩埋，不能确定准确的区域位置，因此被列为环境敏感地区。为保护文物遗址，在施工时要求施工人员挖探坑、打探钎确定有无地下文物，确定没有文物后，再进行放线、施工。同时对施工人员做出规定，任何人不准到金字塔群观光，各种车辆必须绕开金字塔群行驶。

4. 恢复地貌

为减少施工过程对环境的影响，在工程后期 HSE 部及时向承包商人员和分包商下发通知，对施工作业带和营地拆除区域的地貌恢复做了具体的规定。HSE 部对恢复地貌后的现场进行了抽查，并把检查中所拍的照片提交给业主，得到了业主的认可，并使业主感到了满意。

# 参考文献


陈东．2003. 工程量清单报价的特点及造价控制[J]. 有色冶金设计与研究，24(2)：54～55.

陈俊，常保光．2009. 建筑工程项目管理[M]. 北京：北京理工大学出版社．

陈勇强，李瑞进，冯淑静．2005. 工程项目中各参与方之间的伙伴关系博弈分析与管理[J]. 港工技术，(3)：32～34.

陈勇强，张水波．2008. 国际工程索赔[M]. 北京：中国建筑工业出版社．

成虎，陈群．2009. 工程项目管理(第三版)[M]. 北京：中国建筑工业出版社．

程鸿群．2008. 工程项目管理学[M]. 武汉：武汉大学出版社．

崔军．2010. FIDIC 分包合同原理与实务[M]. 北京：机械工业出版社．

代宏坤，徐玖平．2008. 项目沟通管理[M]. 北京：经济管理出版社．

邓淑文．2009. 建筑工程项目管理[M]. 北京：机械工业出版社．

丁士昭．2006. 工程项目管理[M]. 北京：中国建筑工业出版社．

FIDIC. 1999. 设计采购施工(EPC)/交钥匙合同工程条件[M]. 中国工程咨询协会译．北京：机械工业出版社．

甘应爱，李维铮．2008. 运筹学[M]. 北京：清华大学出版社．

高峰．2005. BOT 项目融资的管理控制研究[D]. 清华大学硕士学位论文．

龚晓海．2003. ISO 9000 族标准在建筑施工企业的应用[M]. 北京：中国环境科学出版社．

顾慰慈．2009. 工程项目质量管理[M]. 北京：机械工业出版社．

国际咨询工程师联合会．2003. FIDIC 合同指南[M]. 中国工程咨询协会译．北京：机械工业出版社．

何伯森．2007a. 工程项目管理的国际惯例[M]. 北京：中国建筑工业出版社．

何伯森．2007b. 国际工程承包(第二版)[M]. 北京：中国建筑工业出版社．

何红锋．2008. 工程建设中的合同法与招标投标法[M]. 北京：中国计划出版社．

何红锋，赵军．2006. 项目管理法律法规及国际惯例[M]. 天津：南开大学出版社．

Harrington S E，Niehaus G R. 2005. 风险管理与保险[M]. 陈秉正，王珺，周伏平译．北京：清华大学出版社．

江萍，成虎．2000. 施工项目结构分解(WBS)方法及准则研究[J]. 东南大学学报，30(4)：105～108.

金春华，吕文学．2011. 不可抗力下国际工程保函风险分析[J]. 国际经济合作，(10)：68～71.

雷胜强．2012. 国际工程风险管理与保险[M]. 北京：中国建筑工业出版社．

李启明．2010. 国际工程管理[M]. 南京：东南大学出版社．

利镇有，何继善．2010. 关于工程总承包项目管理模式的选择及对项目高效运营的影响研究[J]. 科技进步与对策，27(19)：5～7.

梁鑑，陈勇强．2011. 国际工程施工索赔[M]. 北京：中国建筑工业出版社．

林融，吕文学，林艳．2010. DBO 合同条件风险分类及承包商风险管理对策[J]. 国际经济合作，(6)：52～55.

刘尔烈．2008. 国际工程管理概论[M]. 天津：天津大学出版社．

刘尔烈，刘戈．2010. 项目采购与合同管理[M]. 天津：天津大学出版社．

刘颖琦．2004. 中国工程承包商海外市场选择模型研究[J]. 中国软科学，(10)：77～82.

陆惠民，苏振民，王延树．2010. 工程项目管理[M]. 南京：东南大学出版社．

鹿丽宁．2010. 国际工程项目货物采购[M]. 北京：中国建筑工业出版社．

吕文学．2006．国际工程合同管理[M]．北京：化学工业出版社．
吕文学．2008．国际工程承包[M]．北京：中国建筑工业出版社．
吕文学，张水波．2010．FIDIC设计-建造和运营(DBO)项目合同条件导读与解析[M]．北京：中国建筑工业出版社．
吕文学，杨林峰，葛飞．2006．基于价值链的对外承包企业本土化经营策略[J]．哈尔滨商业大学学报，22(1)：150～152．
闵希华，吕文学．2009．石油工程建设单位项目管理指导手册[M]．北京：中国建筑工业出版社．
牛永宏．2010．国际工程计划管理[M]．北京：中国电力出版社．
齐宝库．2007．工程项目管理[M]．大连：大连理工大学出版社．
邱国林，宫立鸣．2010．工程项目管理[M]．北京：中国电力出版社．
Royer P S. 2005．项目风险管理——一种主动的策略[M]．北京广联达慧中软件技术有限公司译．北京：机械工业出版社．
田兵权，刘东民，陈一君，等．2009．工程项目管理学[M]．成都：西南交通大学出版社．
汪世宏，陈勇强．2010．国际工程咨询设计与总承包企业管理[M]．北京：中国建筑工业出版社．
王辉．2009．建筑施工项目管理[M]．北京：机械工业出版社．
王沛．2000．国际工程承包保函的操作与承包商的对策[J]．中国港湾建设，(4)：54～56．
王守清，柯永建．2008．特许经营项目融资(BOT、PFI和PPP)[M]．北京：清华大学出版社．
王雪青．2000．国际工程项目管理[M]．北京：中国建筑工业出版社．
王卓甫．2005．工程项目管理风险及其应对[M]．北京：中国水利水电出版社．
吴芳，胡季英．2008．工程项目采购管理[M]．北京：中国建筑工业出版社．
向兰兰．2009．建筑企业HSE管理体系实施研究[D]．天津理工大学硕士学位论文．
项目管理协会(PMI)．2009．项目管理知识体系指南(第四版)(PMBOK指南)[M]．王勇，张斌译．北京：电子工业出版社．
邢厚媛．2006．带资承包及BOT发展走势——中国企业开展带资承包面临的问题及对策[J]．施工企业管理，(6)：8～9．
徐森，段建中．2003．WBS方法在工程项目管理中的应用研究[J]．建筑经济，(9)：40～42．
许元龙，徐帆．2005．业主委托的工程项目管理[M]．北京：中国建筑工业出版社．
杨秋波，陈勇强．2010．DB与DBB交易方式下工程项目绩效比较研究[J]．国际经济合作，(2)：56～60．
易涛，陆龚曙．2010．基于工程成本与工期对承包商的激励[J]．系统工程，28(1)：123～126．
于惠中．2008．建设工程监理概论[M]．北京：机械工业出版社．
余建星．2006．工程项目风险管理[M]．天津：天津大学出版社．
张尚．2008．设计-建造承包商的设计管理研究[J]．国际经济合作，(11)：74～81．
张水波，何伯森．2003．FIDIC新版合同条件导读与解析[M]．北京：中国建筑工业出版社．
张水波，杨秋波．2008．国际EPC交钥匙合同业主方的设计管理[J]．中国港湾建设，(5)：63～66．
张余．2010．基于总承包商定价能力确定工程发包范围的探讨[J]．中国石油建设，(6)：76～77．
赵涛，潘欣鹏．2005．项目质量管理[M]．北京：中国纺织出版社．
中国对外承包工程商会．2007．国际工程承包实用手册[M]．北京：中国铁道出版社．
中国建设监理协会．2012．建设工程质量控制[M]．北京：中国建筑工业出版社．
朱红章．2010．国际工程项目管理[M]．武汉：武汉大学出版社．
Anderson S D. 1990. Assessment of Construction Industry Project Management Practices and Performance[M]. Tex：Spec. Publ. Austin，Construction Industry Institute.
Azhar N. 2008. Cost overrun factors in construction industry of Pakistan[R]. Fist International Confer-